시인의 교실

별도의 표시가 없는 한 교육공동체 벗이 생산한 저작물은 크리에이티브 커먼즈 [저작자표시-비영리-변경금지 4.0 국제 라이선스]에 따라 이용하실 수 있습니다.
http://creativecommons.org/licenses/by-nc-nd/4.0

시인의 교실

ⓒ 조향미, 2014

2014년 2월 17일 처음 펴냄
2018년 2월 12일 초판 3쇄 찍음

글쓴이 | 조향미
기획·편집 | 이진주, 설원민
출판자문위원 | 이상대, 박진환
디자인 | 이수정
인쇄 | 주손디앤피

펴낸이 | 김기언
펴낸곳 | 교육공동체 벗
이사장 | 임덕연
사무국 | 최승훈, 이진주, 설원민, 김기언, 공현
출판등록 | 제2011-000022호(2011년 1월 14일)
주소 | (03971) 서울시 마포구 성미산로1길 30 2층
전화 | 02-332-0712, 070-8250-0712
전송 | 0505-115-0712
홈페이지 | communebut.com
카페 | cafe.daum.net/communebut

ISBN 978-89-6880-006-1 03370

이 도서의 국립중앙도서관 출판시도서목록(CIP)은 서지정보유통지원시스템 홈페이지(seoji.nl.go.kr)와 국가자료공동목록시스템(www.nl.go.kr/kolisnet)에서 이용하실 수 있습니다. (CIP제어번호 : CIP2014003589)

시인의 교실

조향미 씀

교육공동체벗

| 책을 펴내며 |

문학 수업, 배움과 성장의 이야기들

1

여고에 있을 때다. 문학 시간, 고전소설 〈흥부전〉 수업 마무리 단계였다. 흥부와 놀부의 삶을 놓고 토론이 벌어졌다. 선택하라면 나는 흥부와 놀부 중 어느 쪽이 되고 싶은가. 놀부 편을 드는 아이들이 훨씬 많았다. 방금까지 놀부가 얼마나 탐욕스럽고 나쁜 인간인가를 배웠다. 흥부는 가난하지만 착하고 인정스러운 사람이라는 것도 알고 있다. 그런데도 아이들은 놀부가 되겠단다. 흥부의 가난과 무능력이 싫다는 거다. 예상은 했지만 숫자 차이가 너무 큰 것이 믿겨지지 않았다.

정말이니? 정말 너희는 흥부보다 모두 놀부가 되고 싶단 말이야? 재차 물었으나 아이들은 꿋꿋했다. 흥부 편은 두세 명, 그나마도 머뭇거리고 있었다. 그때 저 뒤쪽에 앉은 휘경이가 갑자기 목청을 높였다.

"어떻게 이럴 수가 있어요! 심술쟁이 욕심쟁이 나쁜 놈 놀부가 좋다는 친구들이 진짜 이렇게 많은 거예요? 아직 우리는 순수한 학생들이잖아요. 그런데 우리가 벌써 이렇게 돈밖에 모르는 사람이 되면 어떡해요. 정말 이건 아니잖아요."

그리고는 눈물을 뚝뚝 흘렸다. 원래 활달하고 유머 감각도 뛰어난 아이라 처음에는 장난인 줄 알았다. 그런데 눈물까지 흘리는 것을 보고 나도 아이들도 당황하였다. 아, 얘가 정말 진심으로 슬퍼하고 있구나. 세상이 이렇게 되어 버린 것, 순수한 소녀들마저 돈이 인생에서 제일 중요하다고 부끄럼 없이 말하는 것. 사실 이것은 눈물 날 만큼 슬픈 일이지만, 많은 사람들은 '요즘 세상이 그렇지 뭐' 하고 자조적으로 넘겨 버린다. 그런데 이렇게 온 가슴을 열어 우는 아이가 있다. 아이들은 내심 충격을 받은 것 같았다. 휘경이 말이 옳다. 놀부는 나쁜 놈이고 흥부는 착한 사람이다. 그래서 놀부는 벌을 받고 흥부는 복을 받는 권선징악의 이야기가 아니던가. 그런데 착한 흥부를 무능하다고 싫어하고, 부자라는 이유로 놀부가 좋다고 부끄럼 없이 지지했다. 아이들이 조용히 고개를 숙였다. 나는 애들을 어떻게 설득해야 하나 난감했는데, 선생보다 백배의 감동으로 일깨워 주는 학생이 있으니 얼마나 고마운가.

"오늘 휘경이에게 정말 감동받았어. 놀부를 선택한 친구들 마음도 이해는 돼. 하지만 흥부가 가난한 건 무능하거나 게을러서가 아니라 욕심쟁이 놀부가 흥부의 몫까지 다 뺏어 가서 그렇게 된 거잖아. 가난뱅이들은 아무리 노력해도 부자가 되기 힘든 세상이었지. 놀부의 부는 자신의 노력이나 능력이 아닌 탈취나 착취의 결과였어. 물론 현실에선 건전하게 노력해서 부자가 된 사람들도 있지만, 이 작품에서 놀부를 옹호하는 건 우리가 너무 돈에 눈이 멀어 버린 것 아닐까. 설사 놀부가 유능하다 하더라도 탐욕과 부도덕까지 눈감으며 추종해선 안 되지."

휘경이의 눈물이 있어서 내 말에도 훨씬 무게가 실렸다. 교실은 고요하고 다정했다.

문학 수업의 한 풍경이다. 한 편의 문학작품을 읽는다는 것은 인간과 세계와 만나는 일이며, 사람살이의 욕망과 허위와 진실을 파악하는 일이다. 문학작품을 놓고 벌어지는 대화와 토론, 배움과 성장의 과정은 때때로 매우 드라마틱하다. 문학 수업은 예술적 행위이자, 철학과 윤리, 종교적 수행이며, 정치, 사회적 참여이기도 하다. 궁극적으로 문학 수업은 존재의 진실을 밝히며, 자유와 평화의 세계를 실현하는 것을 목표로 삼는다. 이것은 문학이 가진 본래적인 힘에서 나온다. 사실 모든 인간의 삶은 문학적이다. 노래와 이야기, 시와 소설과 무관한 인간은 없기 때문이다.

2

이쯤 살고 보니 인생은 고향을 떠나와서 다시 고향으로 돌아가는 과정인 것 같다. 내가 시를 쓰고 문학 선생이 된 것도 고향 때문이다. 향수鄕愁, 떠나온 고향에 대한 그리움은 오랜 시절 내 마음을 지배했다. 고향은 특정한 공간만이 아니다. 사람은 누구나 깊은 마음의 고향이 있고, 늘 그곳으로 향하는 그리움을 품고 산다. 인간의 평생이란 어찌 보면 이 그리움, 비어 있음을 채우는 과정일 테다. 마음의 근원에서는 항시 환한 햇살이 비친다. 가장 춥고 외로운 시절에도 빛은 사라지지 않는다. 고향은 그 빛의 다른 이름이다.

고향을 찾는 길 위에서 문학을 만나 한 세월을 살아왔다. 문학은 오랫동안 가장 가까운 벗이었고 나 스스로이기도 했다. 그래도 문학을 사무치게 좋아했던 시절은 십 대 때였던 것 같다. 그때만큼 온 세상이 신비와 의문으로 가득한 적은 없었으니까. 세상이 온통 안개 같았다. 문학은 그 안개 속의 길을 밝히는 등불이었다. 문학의 빛을 따라 더듬더듬 세상을 해독하며 십 대 시절을 보냈다. 그리고 문학 교사로 다시 십 대들의 세계로 돌아왔다. 내가 아무리 문학을 좋아했어도 혼자 읽고 덮어 버렸으면 쓸쓸했을 것이다. 감수성 충만한 십 대들과 시와 소설을 읽으며 보낸 시간들, 기쁨과 행복이 컸다. 문학에서 행복과 힘을 얻었던 나는 아이들에게도 그런 것을 주고 싶었다. 진실과 용기와 아름다움을 추구하는 문학을 좋아하면 삶도 그리 닮아 갈 수 있으리라 믿었다.

문학 선생 삼십 년, 교육 현장에서 문학이 어떻게 읽혀지는지, 교사와 학생들이 어떻게 문학으로 만나고 소통하는지에 대해 공유하고 싶어졌다. 문학이 얼마나 우리를 일깨우고 위로하고 용기를 주는지에 대해서도 대화하고 싶었다. 그래서 우리가 읽었던 많은 문학작품들, 때론 감동적이고 한편 지루했던 수업 장면들을 되새겨 보았다. 이 글들은 문학을 통한 교사와 학생들의 배움과 성장의 기록이며, 현재 우리의 학교와 사회에 대한 짧은 보고서다. 더불어 한 인간의 오랜 고향-근원에 대한 탐색의 자취이기도 하다.

시인의 교실에는 많은 시인과 작가들이 기다리고 있다. 무언가 외롭고 궁금한 날, 누구든 이 교실 문을 열고 들어와서 우리들의 대화에 동참하면 좋겠다. 그래서 인생의 성찬인 문학과 예술을 사랑하고 즐기게 되면 좋겠다. 오랜 시간 배움과 가르침을 주고받았던 수많은 학생과 선생님들, 그 공동 저자들과 이 책을 나누고 싶다.

2014년 2월 새봄
금정산 자락에서 조향미

차례

책을 펴내며 문학 수업, 배움과 성장의 이야기들 • 4

1부 시, 이 좋은 공부

씨앗 뿌리는 사람 • 16

있는 그대로 족하다 • 29

만물은 변화한다 - 절망을 극복하는 시 1 • 40

나보다 크고 높은 것 - 절망을 극복하는 시 2 • 49

詩, 애프터서비스 • 59

시의 힘 • 74

나도 시를 와싹 깨물어 먹었으면 • 92

2부 문학이 우리를 풍요롭게 할지니

소매를 부여잡는 이별 • 106

어린 왕자와 희망버스 • 122

성장하는 수업 • 131

그 겨울, 길 위의 청춘들 • 142

자유와 사랑의 광장 • 157

소유와 자유 • 171

하늘과 땅과 사람 • 184

3부 나는 우리가 될 수 있을까

꽃도둑과 낙서회 • 198

교사는 무엇으로 사는가 • 208

그 많은 수업 시간은 다 뭐란 말인가 • 217

영혼과 제도 • 225

싸울까, 사귈까 • 237

"세상은 우리가 모르는 것들로 가득하다" • 246

4부 고향으로 가는 길

소사(小使), 소사(小事) · 260

비, 바다, 집 · 268

쑥 이야기 · 277

웨하스를 먹는 밤 · 284

화(火) · 292

물이여, 흐름이 저와 같구나 · 301

토함산 아래 잠시 깃들다 · 312

나중에 너거는 어데 기대 살래 · 319

시인의 교실에 놓인 책들 · 336

심수환, 〈개나리 피다〉, 2009

1부

시, 이 좋은 공부

씨앗 뿌리는 사람

...

이육사 〈광야〉

까마득한 날에

하늘이 처음 열리고

어데 닭 우는 소리 들렸으랴.

모든 산맥들이

바다를 연모해 휘달릴 때도

차마 이곳을 범하던 못하였으리라.

끊임없는 광음을

부지런한 계절이 피어선 지고
큰 강물이 비로소 길을 열었다.

지금 눈 내리고
매화 향기 홀로 아득하니
내 여기 가난한 노래의 씨를 뿌려라.

다시 천고의 뒤에
백마 타고 오는 초인이 있어
이 광야에서 목 놓아 부르게 하리라.

— 이육사, 〈광야〉

"저는 안 뿌릴 거예요."

이 말 한마디 때문에 열 개 반의 〈광야〉의 마무리 수업을 새로 했다. 오랜 시간 뒤에도 〈광야〉가 강렬하게 기억에 남는 수업이 된 것도 이 대답 때문이었다.

앞서 작품의 내적 의미, 작가와 시대에 대한 공부를 했다. 이제 독자의 입장에서 작품의 의미를 내면화하는 시간이었다. 작가의 손을 떠난 작품을 살려 내는 것은 독자다. 문학 교사는 독자인 학생들의 마음을 일깨우는 데 제일 공을 들여야 한다. 그런데 나의 의도된 질문에 전혀 예상치 못한 대답이 튀어나왔다.

육사는 스스로의 삶을 씨앗으로 뿌렸다. 이런 분들 덕분에 우리는 해방된 조국에서 살고 있다. 광복을 위해 목숨을 바쳤던, 끝내 스스로는 그 광복을 보지 못했던 시인의 시가 오늘 나에게 어떤 의미를 갖는가. 육사는 자신이 뿌린 씨앗이 언젠가 피어나 열매를 맺을 줄을 믿었다. 그러나 자신의 인생에선 그 열매를 거두지 못할 것을 예감했다. '천고의 뒤'라는 표현에서 볼 수 있듯이 실제 아득한 미래는 아니더라도 적어도 자기 시대에 수확을 못 하리라는 것은 각오한 듯하다. 눈 내리는 겨울 들판, 꽝꽝 언 땅을 파서 씨앗을 뿌리는 정경을 생각해 봐라. 비유적 표현이 아니라, 그 자체가 미래를 위한 헌신이요 투신이었던 육사의 사십 평생을 생각해 봐라.

"너희도 이렇게 씨앗을 뿌릴 수 있겠니?"

내가 불쑥 물었다. 아이들은 조금 당혹스러워한다. 일제강점기에 태어났다면 나는 어떻게 살았을까. 한 번씩은 대면해 보는 이런 질문에 아이들은 "독립운동은 못 하겠고 돈 벌어서 독립군 자금 대 줄래요", "독립군 옆집에서 살면서 빨래나 해 줬겠어요" 장난처럼 이런 식의 대답을 한다. 비슷한 것 같으면서도 조금 다른 질문. 내가 직접 열매를 따 먹지 못해도 나는 씨앗을 뿌리는 사람이 될 수 있는가? 아이들은 제법 진지하게 고민하는 표정이다.

옆 친구들 눈치를 보며 두어 명이 "예"라고 대답을 한다. 육사의 삶을 듣고 난 터라 그런 희생을 각오하기가 쉽지 않다. 짐작한 바였다. 요즘 아이들은 허세를 부리지 않는다. 그런데 대뜸 은수가 "저는 안 뿌릴 거예요" 한다. 툭 던지듯 목소리도 컸다. 그 도발적인 대답에 내 마음이 출렁했다. 씨앗을 '못' 뿌리겠다는 마음은 이해가 되는데 '안' 뿌리겠다고? 그것을 이리 당당하게 말한단 말이지?

"씨앗을 안 뿌리겠다는 말은 용기가 없어서 못 뿌리는 것이 아니라 뿌릴 필요성을 못 느낀다는 말이네?"

"내가 열매를 따 먹지도 못하는데 뭐하러 뿌려요?"

"흠…… 그래? 그럼 네가 지금 따 먹고 있는 열매들은 다 네가 뿌린 씨앗이니?"

아이는 순간 멈칫한다.

시 수업에서 시 자체의 내재적 의미를 넘어서 시인과 그의 시대를 강조하여 가르치지 않을 수 없는 대표적인 시인이 이육사와 윤동주다. 그들의 시와 삶은 하나다. 그 시인들은 쓴 대로 살았고, 산 대로 썼다. 윤동주의 〈십자가〉 같은 시는 거의 죽음을 각오한 듯하여 읽을 때마다 모골이 송연하다. "괴로웠던 사나이 행복한 예수 그리스도에게처럼 십자가가 허락된다면, 모가지를 드리우고 꽃처럼 피어나는 피를 어두워 가는 하늘 밑에 조용히 흘리겠습니다." 어떻게 이런 시를 쓸 수 있을까. 아이들에게 물어본다. 예수처럼 살 수 있겠다는 사람 있니? 아무도 대답을 안 한다. 예수처럼 살겠다는 말은 예수처럼 죽겠다는 말이라는 것을 누구나 알기 때문이다. 예수는 위대한 성인이지만, 나보고 예수가 되라 하면 선뜻 나설 사람이 얼마나 될 것인가. 그런데 윤동주는 그러겠다고 다짐한다. 예수처럼 죽겠다는 것이다. 식민지 시대란 진실한 영혼을 가진 청년들이라면 늘 이렇게 죽음을 각오하지 않을 수 없는 비장한 세월이었다.

육사는 어떻게 그럴 수 있었을까 싶은 삶을 살았다. 스무 살 무렵부터 독립운동의 길에 들어 마흔 살 북경 차가운 감방에서 생을 마치기까지 열일곱 번이나 투옥당했다. 감옥에서 얼마나 모진 고문을 받았는지 가족들이 수감된 육사를 면회할 때마다 피투성이 옷을 받아 냈다고 한다. 아, 식민지 시대는 이랬구나. 스물 몇 살의 청년이 예수와 같은 죽음을 각오하고 짧은 생애에 십 수 번 투옥당하다 결국 감옥에서 죽음을 맞은 시대. 조정래 선생은 친일파가 백만 명은 되었을 거라 했지만,

그래도 우리에겐 이런 시인이 있어서 그 백만 명의 치욕을 극복할 수 있는지 모른다.

그런데 이 시인들은 어떤 정신의 힘으로 그렇게 꿋꿋이 싸울 수 있었을까. 그 내면의 힘은 어디서 나온 것일까. 육사의 여러 시편들은 대체로 아주 의지적인데, 그런 의지의 원천 같은 것을 확인할 수 있는 시가 〈광야〉다. 15행밖에 안 되는 짧은 시이지만 육사의 정신의 크기와 힘이 잘 드러난다. 기본적으로 이 시는 육사의 역사의식이 드러나는 작품이다. 까마득한 태초부터 천고의 뒤까지 무한한 시간과 광활한 광야 속에서 육사는 자신의 삶의 좌표를 짚어 보고 있다. 인간은 우주 속에서 한 점 티끌이지만, 또 우주 전체를 마음에 담을 수 있는 존재다. 이런 광대무변廣大無邊의 입장에서 바라보면 시대 현실과 자기 존재에 대해서 비교적 객관적인 인식을 할 수 있다. 살아온 길과 살아갈 길도 보인다. 인류 역사 속에서 수많은 '나'들은 다양한 방식으로 시대와 조응하며 살다 갔다. 나는 어떻게 살아야 할 것인가.

육사는 자신의 시대를 '지금 눈 내리'는 겨울로 인식한다. 이것은 식민지 백성의 상식이다. 그는 다른 시 〈절정〉에서 겨울을 '강철로 된 무지개'라고 표현했다. 언젠가 강철은 부서지고, 겨울도 지나갈 것이다. 어쩌면 나는 겨울의 시절을 벗어날 수 없을지도 모른다. 그러나 도피하거나 굴복하지 않는다. 역사 속 무수한 겨울을 살다 간 지사들이 그랬듯이 담담히 맞설 뿐이다. 이런 통찰과 관조, 객관화는 시인에게 안락한 일신(一身)에의 유혹을 극복할 수 있는 힘을 주었을 것이다. 나는 유일무이한 존재이지만, 한편으론 무한시공 헤아릴 수 없이 많은 씨앗 중의 하나다. 나는 이 겨울에 노래의 씨앗을 뿌리리라. 이것이 내 삶의 소명이다. 언젠가 씨앗은 활짝 피어나 온 광야를 채울 것이다.

학생들에게 육사처럼 까마득한 태초부터 천고의 뒤까지 기나긴 역사 속에서 자신의 삶을 떠올려 보라고 말한다. 이 끝없는 시공 속에서 나는 누구인가.

"마음이 아득해져요."

"내가 너무 작은 존재 같아서 허무해요."

다양한 대답이 나온다. 허무하다고 표현한 것은 내 속에만 몰두해 있다가 자기 밖으로 나가서 자기 존재의 하찮음을 처음 느껴 본 탓일 테다.

"자유롭고 해방된 느낌, 삶의 무게가 가벼워지는 느낌도 들지 않니?"

나는 사춘기 시절에 그랬다. 화나고 슬프고 내 존재가 버거워질 때면 밤하늘을 바라보았다. 그리고 거기에 있는 무수한 별들, 밤하늘을 수놓는 보석 같은 별이 아니라 거대한 땅 덩어리인 별을 떠올려 본다. 그리고 내가 살고 있는 별과의 아득한 거리를 생각해 본다. 광대무변한 우주가 떠오르고 먼지보다도 작은 내가 보인다. 내가 가지고 있는 문제들도 티끌처럼 가벼워진다. 까짓것 아무려면 어떠랴. 괜히 먼지 같은 일들로 울고불고 야단을 피웠네. 마음이 대범해진다.

육사의 정신적 힘, 그 놀라운 극기와 초월의 비결도 이것이 아닐까. 광활한 광야를 바라보며 스스로 무한시공이 된다. 생각과 육신에 갇혀 있는 작은 나를 벗어난다. 언젠가는 사라지고 말 이 육신은 한 점 씨앗으로 묻혀도 좋으리.

"한번 생각해 보자. 지금 우리가 누리고 있는 것들, 예를 들어 여전히 우리나라는 분단국가로 문제가 많은 상태지만 그래도 해방된 나라에서 살고 있는 것, 이거 지금 우리 세대가 노력한 결과니? 남녀 구분 없이 모두 학교를 다니고, 선거로 권력자들을 뽑고, 표면적이지만 신분의 차별이 사라지고…… 이런 일들은 백 년 전만 해도 우리가 누리지 못하던 거야. 이런 일이 저절로 이루어졌을까?"

"아니요."

아이들은 일제히 대답을 한다. 뒤에서 잡담하던 녀석들도 말을 멈춘다.

"우리나라의 경우도 그렇고 인류의 역사에서 우리가 지금 자연스럽게 누리고 있는 것들은 앞 시대 사람들이 수많은 투쟁과 희생을 겪어 가며 이룬 열매들이라는 거 인정해야겠지? 그러면 우리는 다른 사람들이 뿌려 놓은 씨앗을 거둬 먹기만 하고 아무것도 뿌리지 않고 세상을 떠나도 될까? 이제 모두들 있는 열매만 따 먹어도 될 만큼 세상이 완벽해졌나?"

"전혀요."

"그럼 어떻게 해야 해?"

"우리도 씨를 뿌려야 해요."

"좋은 시는 시인 자신의 이야기만이 아니라 모든 사람이 자신의 문제로 받아들일 수 있는 보편적인 삶의 문제를 전달하는 시야. 자, 이 시에서 우리는 무엇을 느끼고 무엇을 해야 할까? 씨를 뿌린다고 했는데 육사는 독립을 위한 씨를 뿌렸고 지금 우리는 어떤 씨를 뿌릴 수 있을까."

시간을 주고 아이들에게 생각을 해 보도록 했다. 글로 써서 발표해도 좋다고 했다. 아이들은 모두 진지하게 생각에 빠진다. 여기저기서 또닥또닥 글 쓰는 소리가 들린다.

"이 시가 일제강점기 이육사의 이야기만이 아니라는 것을 알겠어요. 이 세상을 사는 모든 이에게 자신의 처지에서 어떤 일을 해야 할지 생각해 보게 하는 시인 것 같아요. 저는 이 시를 읽고 청소년의 입장에서 무엇을 해야 할지 생각해 보았습니다. 청소년은 학교라는 인형의 집 안에서 공부만 하는 똑같은 인형이 아닙니다. 청소년들은 말할 권리가 있고, 힘이 있습니다. 저는 우리의 권리를 누리기 위해 노력할 것입니다. 우리가 청소년의 권리를 외치는 것, 이런 일도 지금 당장 결과를 보지 못한다 해도, 이육사처럼 미래를 위해 씨를 뿌리는 것이라고 생각합니다."

평소에도 적극적으로 호응을 잘하는 영미가 메모한 글을 또박또박 읽었다.

"그렇지. 청소년의 인권을 위한 씨앗을 뿌리겠다. 지금 당장 우리는 못 누리더라도 후배들을 위해서라도 무언가를 시도해 보겠다. 그렇게 역사는 발전을 하는 거지. 멋지다!"

"저는 시를 처음 읽었을 때 아주 광대한 느낌이 들었습니다. 수업을 하며 내용을 분석하고 내 생각을 적어 가며 여러 가지를 느꼈어요. 정말 지금 내가 살아가는 이 세상은 거대하고도 기나긴 세월을 헤쳐 왔구나. 먼 옛날 원시시대, 불도 도구도 없었던 그 시대에서 편리한 오늘날에 이르기까지 수많은 사람이 정의를 위해 죽었고, 지금 내가 누리고 있는 자유나 권리도 그 수많은 사람의 죽음으로 얻을 수 있었구나, 이런 생각이 들었어요. 내가 이렇게 지금 웃을 수 있는 것도 다 그들의 목숨 값이라 생각하면 마음이 착잡해집니다. 아직도 우리 사회는 고칠 것이 많은데 저는 저만 편하자고 아무 일도 하지 않고 있다는 것이 참 부끄럽다는 생각을 했습니다."

생각이 깊은 지혜였다. 지혜처럼 처음으로 역사적 존재로서의 자신의 삶을 성찰해 본 느낌이 매우 특별하다고 말한 아이들이 많았다. 아, 나는 나만이 아니구나. 역사 속의 존재, 더 크게 우주 속의 존재구나. 아이들의 마음이 커졌다.

"그래, 우리는 세상을 살면서 내가 뿌린 씨앗만 거둬 먹는 것이 아니다. 넓게 보면 온 우주 만물이 나를 먹여 살리고 있어. 인간으로 좁혀 보자면 나는 누군가가 뿌려 놓은 씨앗을 거둬 먹고 있는 거야. 나도 씨앗을 뿌려 둬야 또 다른 누군가가 살아갈 수 있겠지? 〈광야〉의 화자처럼 우리도 긴 역사 속에서 내 삶의 좌표를 가끔 확인해 볼 필요가 있겠다. 모든 삶은 흘러가고 역사도 변화하는데, 역사를 올바로 흐르게 할 힘은 우리 모두에게 있어. 좋은 씨앗을 뿌리는 사람이 많으면 시간이 걸리더라도 세상은 좋아지겠지? 육사처럼 목숨까지 던지진 못해도 우리도 각자의 역량에 맞게 씨앗을 뿌리는 사람이 되자."

수업을 마무리하려 하는데 재희가 손을 들었다. 상기한 표정으로 글을 읽는다.

"〈광야〉를 읽으면 꿋꿋해지는 내 자신을 느낄 수 있습니다. 추위와 고통 속에서도 희망 하나를 가슴에 품을 줄 알았던 시인의 모습이 뚜렷이 그려집니다. 그런 시인을 그리는 것만으로도 마음이 굳건해지네요. 내가 지금 누리고 있는 이 모든 것들, 아주 작은 사소한 것들도 고통을 거친 후 태어나는 것인데, 나는 그것에 감사해할 줄 몰랐습니다. 지금 이 시간 속에 내가 있는 것도 시인과 같이 희망으로 내일을 약속한 이들이 있어서가 아닐까요. 이 시가 육사의 유명한 저항시로만 읽히는 것이 아니라 역사의 흐름 속에 있는 나에게도 내가 이 사회를 위해서 무엇을 할 수 있는가 하는 진지한 물음을 던져 주는 것 같습니다."

아이들이 짝짝짝 박수를 쳤다. 교사와 학생들이 모처럼 한마음으로 공감한 수업이 되었다.

"너희들 오늘 매우 훌륭했어. 그런데 제일 크게 박수를 받을 사람은 '씨앗 안 뿌릴래요'라고 말한 은수네. 그런 대답이 없었으면 이렇게까지 이야기가 확산되지는 못했겠지?"

아이들이 와아~ 웃으며 다시 박수를 쳤다. 은수는 얼굴이 빨개졌지만 표정은 밝았다. 그랬다. 처음엔 아이의 이기적인 대답에 좀 불끈했지만 덕분에 진지하게 생각해 보는 시간이 되었다.

 모두 눈앞의 이익만 따지는 세상, 교육도 이기심을 부추기는 방향으로 흐르고 있다. 그대로 둘 상황이 아니다. 내가 열매를 얼마나 거둘 것인가에 대한 계산과 집착 없이 성심껏 씨앗을 뿌리는 사람이 많아지면 다른 세계는 가능하다. 세상은 결국 어떤 씨앗을 뿌리는 사람이 많으냐에 달려 있다. 장 지오노의 〈나무를 심은 사람〉처럼 〈광야〉는 독자들을 좋은 씨앗을 뿌리는 사람으로 성장하도록 일깨운다.

있는 그대로 족하다

...

두보 〈강촌〉

자연 속에서 유유자적하는 시를 읽으면 마음이 편안해진다. 이백李白과 더불어 중국 최고의 시인, 시성詩聖이라 불리는 두보杜甫의 〈강촌江村〉도 그런 작품이다. 학창 시절에 배우고 선생이 되어서도 여러 번 가르쳤는데 언제 읽어도 푸근한 고향의 풍경이다. 마을 앞으로 강이 흐르고 집 위로 제비가 절로 오락가락, 강 위의 갈매기는 서로 친하게 노닌다. 늙은 아내는 종이에 장기판을 그리고 어린 아들은 낚싯바늘을 만든다. 병 많은 이 몸이 필요한 것은 단지 약물뿐 이밖에 무엇을 더 구하리오.

번역된 시를 한 번 읽고 나서 아이들에게 느낌이 어떠냐 물으니 '평화로워요', '한가해요', '느긋해요' 이런 반응들이다. 간혹 '슬퍼요'라는 아이도 있다. 병 많은 이 몸, 약물 말고는 바랄 것이 없다는 그 말이 서글프게 느껴졌나 보다. 두보가 살았던 8세기 당나라는 급격한 쇠락의 길을 걷고 있었다. 혼란스럽고 위태로운 상황에서 전란이 끊이질 않았다. 두보는 고향을 떠나 가족과도 헤어져 나라와 백성을 걱정하며 병들고 외로운 나그네의 심사를 한탄하는 시를 많이 썼다. 이 시는 모처럼 고향으로 돌아와 작은 벼슬도 하며 한가롭게 지낼 때의 시라 한다. 시는 흐르는 강물처럼 유유하고 평화롭다. 아이들도 이런 시를 좋아한다. 도시의 일상과 입시에 쫓기고 찌든 마음을 은은하게 풀어 준다. '이 시는 읽으면 무척 기분이 좋아진다. 평화로운 강촌이 머릿속에 떠올라 나도 그 순간만큼은 평화로움을 느낄 수 있기 때문이다. 나도 이렇게 단순하고 안분지족安分知足하는 삶을 살고 싶은 생각이 든다.' 이런 감상을 표현하는 아이들이 많다. 우리 모두는 이런 평화를 꿈꾸면서도 전쟁 같은 일상을 치르고 있다. 왜 지금 당장 이런 삶을 살지 못하는 것일까.

그런데, 이 시가 얼핏 보는 것처럼 마냥 평화롭기만 한 것은 아니다. 깊이 따져 보면 무언가 날카롭게 걸리는 것이 있다. 문학 교과서에도 이런 학습 활동 문제가 나온다. '이 시를 세태 비판으로 읽을 수도 있다. 어떤 면에서 그러한가?' 5, 6행에서 찾아보라고 친절하게 힌트도 준다. 이 대목에서 화자는 무엇을 비판했을까? 제법 골똘히 머리를 굴리더니 몇 아이들이 대답을 한다. 두보가 들었으면 껄껄 웃었을 내용들이 많다.

老妻畫紙爲棋局 노처화지위기국   늙은 아내는 종이에 장기판 그려 만들고
稚子敲針作釣鉤 치자고침작조구   어린 아들은 바늘 두드려 낚시를 만든다.

"아내와 아들한테만 일을 시키고 아버지는 놀고 있어요. 노동력 착취예요."

"맞아요. 가부장제를 비판하고 있는 거예요."

"두보는 8세기 사람이야. 그때는 가부장 어쩌고 하는 개념 자체가 없었던 시대지. 너희 말대로라면 시의 화자가 아내와 아들한테만 일을 시킨 데 대한 반성적인 인식을 갖고 있어야 하는데 그렇게 보이니? 정말 시인이 그런 생각을 했다면 일을 시키지도 않았을 테고 이런 시를 쓰지도 않았을걸. 또 장기판 그리고 낚싯바늘 만드는 건 무슨 대단한 노동이라기보다 그냥 한가한 놀이 정도로 봐야 하지 않을까. 장기와 낚시는 주

로 남자 어른들이 하는 여가 생활인데 그 도구를 자신이 만들지 않는다는 점에서 너희 비판이 맞는 측면도 있겠지만, 그건 오늘 우리들의 시각에서 그렇지."

또 다른 아이가 번쩍 손을 든다. 자신만만한 얼굴이다.

"지금 이 사람들은 장기판이 없어서 종이에 그리고 낚싯바늘도 없어서 바늘을 두드려 만들고 있어요. 그때 전쟁이 끊이지 않았다 그랬는데 백성들이 이렇게 가난하게 살고 있다는 걸 고발하고 있는 거예요."

"오, 제법 일리가 있네. 백성들의 궁핍을 드러내면서 세상을 비판하는 작품이다? 흠, 이런 해석도 그럴듯하지만 이 시를 직접적인 사회 비판 시로 보기는 어려워. 전반적으로 평화로운 자연을 즐기는 강 마을 사람들의 풍경을 그려 낸 시거든. 좀 더 고민해 봐. 더 가까운 데 답이 있어. 다시 힌트를 줄게. 장기와 낚시가 무얼 하는 행위지?"

대부분의 아이들은 멀뚱한 얼굴이고 몇몇이 머리를 싸맨다. 그러다가 반짝! 탄성처럼 대답이 튀어나온다.

"아, 알았어요. 장기는 싸우는 거고요, 낚시는 낚는 거, 가지는 거예요!"

"빙고! 그래서?"

"인간들은 늘 싸우고, 뭔가를 소유하려고 해요."

"그렇지! 장기와 낚시는 한가할 때의 놀이인데 인간들은 놀 때도 서로 싸우고 죽이는 일을 하네. 네 편 내 편 나눠서 싸우고 경쟁하고 내가 이겨야 직성이 풀리는 거지. 낚시도 그래. 미국의 소로우라는 사상가는 낚시를 매우 야만적인 취미라고 비판했는데, 사실 그렇지 않니? 먹고살려고 물고기를 낚는다면 모르겠는데 그냥 즐기려고 생명을 죽이고 서로 더 큰 것을 낚으려고 경쟁하고……. 인간은 잠시도 그냥 쉬지 못하고 싸우고 남보다 많이 소유하려 하지. 그런데 새들은 어떻게 살고 있지? 자연과 비교해 보면 인간의 문제가 더 잘 보여."

한자를 거의 모르는 아이들이지만 원문을 들어 설명을 한다. 원문을 잘 살펴보면 두보가 인간과 자연을 대비시키면서 참다운 행복은 어떤 마음에서 오는지를 말하려 했음이 분명하다.

自去自來堂上燕 자거자래당상연   절로 가며 절로 오는 것은 집 위의 제비요
相親相近水中鷗 상친상근수중구   서로 친하며 가까운 것은 물 가운데 갈매기로다.

제비는 아무 의도도 욕망도 없이 저절로, 스스로[自] 날며 생을 누리고, 갈매기들은 서로[相] 친하고 가깝다. 먹이를 구

하거나 짝을 짓고 새끼를 돌보는 등 그들에게도 의도나 목적이 있는 활동도 있겠지만 대부분의 시간은 '그냥' 존재한다. 저절로 존재를 누린다.

그런데 인간은? 놀면서도 만족하지 못하고 무언가를 욕망한다. 아내는 장기판을 만들고[爲] 아들은 낚싯바늘을 만든다[作]. 작위[作爲]. 자연은 저절로[自], 무위[無爲]인데, 인간은 저절로 있지 못한다. 이런 작위의 욕망이 있어서 인간은 자연을 변형시켜 지금과 같은 놀라운 문명을 이루어 살고 있다. 하지만 그 작위의 마음 때문에 인간은 번뇌와 고통에서 벗어나지 못한다. 나아가 문명과 자연 자체를 절멸의 위기에까지 몰아넣고 있다.

어떻게 무위의 자연을 본받을 수 있을까. 어떻게 필요할 땐 작위를 하면서도 근본적으로 무위에 마음의 뿌리를 내리고 살 수 있을까. 인간 존재의 참된 자유와 해방은 사실 여기에 달렸다. 본래 인간도 자연의 일부이며 본바탕은 무위의 존재다. 그런데 호모사피엔스, 즉 끝없이 굴려 대는 이 생각에서 '나'라는 개념이 발생하고 그 밖의 모든 것은 타자로 규정하며 스스로를 육신의 작은 경계에 고정시켜 버렸다. 전체의 관점에서 보면 '나'란 하나의 이미지며 환상이라고 한다. 불교에서는 아상我相, 서양에서는 에고ego라 부르는, 본래 하나인 세계에서 분리되어 작은 '나'에 갇혀 버린 이런 상태를 〈반야심경般若心經〉에서는 전도몽상顚倒夢想이라 규정하였다. 대부분의 사람들은 이런 이야기를 잘 이해하지 못한다. 우리는 모두 분리된 육체와 마음이 있지 않은가. 그런데 어찌 세계와 내가 하나인가. 타인과 경쟁하고 이겨야 내가 살 수 있다. 이것이 보편적인 인간의 생각이다.

그러나 더 깊이 따져 보면 분리된 존재란 아무것도 없다. 흙과 공기와 빗물이 없이 독립된 나무가 없듯이 벌레가 없이 새가 없으며 땅과 하늘이 없이 인간이 없다. 자연-스스로 그러한 존재, 모든 것은 이 속의 일부다. 만물을 분별하는 것은 인간의 생각일 뿐 근본적으로 세계는 하나이다. 근대에 접어들어 과학기술 문명이 인간을 자연과 분리시키면서 개인, 개체의식이 강해졌다. 어찌 보면 인간의 인지가 발달한 것 같지만 참된 진리와는 멀어졌다. 자의식, 에고가 강한 사람이 똑똑하고 주체적이라고 칭송받던 때도 있었다. 그러나 사실 에고는 인간의 장애다. 에고는 끝없이 분리와 비교, 경쟁을 부추기기 때문이다. 그러니 분쟁과 전쟁이 그칠 날이 없다. 이것이 자연에서 불거진 '인간'이란 질병이다. 깊이 들여다보면 의식을 하든 못 하든 인간의 궁극적인 소망도 우주 만유萬有의 근원과 합일하는 것이다. 그것은 다른 게 아니다. 지극히 평범하고 단순하다. 분리와 비교를 벗어나 지금 있는 그대로의 삶을 받아들이는 것, 저 제비처럼 갈매기처럼 본래 그대로의 마음으로 돌아가라는 것이 동서고금 종교와 학문과 예술, 성현들의 가르침이다.

두보도 이런 이야기를 하고 싶었을 거다. 끝없는 전쟁과 살육의 시대를 살면서 시인은 인간의 헛된 욕망에 넌더리가 났겠지. 무언가를 더 짓지 않고 싸우지도 않고 저절로 존재하는 저 새들처럼 나도 지금 이밖에 더 바라는 것이 없다. 있는 그대로 족하다. 병이 있으니 약이 좀 필요할 뿐이다. 병도 이 우주의 일이니 거부하지 않는다. 다만 약을 먹어 다스릴 수 있으면 고마운 일이다. 안분지족이란 이러한 겸허한 수용의 태도다. 이 시에 대해 '슬퍼요'라고 말한 친구는 삶은 있는 그대로 족하다는, 삶에서 수용하지 못할 것이 없다는 생의 비의秘意에 대해서 아직 눈치채지 못했겠지. 지금 여기에 머물지 못하고 늘 다른 곳을 바라보며 끝없이 무언가를 갈구하는 것이 인간의 병이라는 것을 깨닫기에는 아직 꿈꾸는 것이 많을 나이겠다. 그러나 언젠가 아이들도 두보의 마음을 깊이 공감할 수 있으면 좋겠다. 이밖에 더 구할 것이 없다는 깨달음. 지금 이대로 온 우주는 더할 나위 없이 충만하고 친절하다는 것을 모두가 깨닫는 것. 이것이 우리 모두의 꿈이 되면 좋겠다. 이런! 또 꿈을 꾸고 있구나. 늘 다른 곳을 바라보게 하는 이놈의 꿈이 문제다. 내친 김에 꿈 이야기를 조금 더 하기로 한다.

"우리는 늘 멋진 꿈을 가져야 한다고 말하지. 특히 너희 청소년들은 '꿈이 뭐냐, 넌 꿈도 없냐' 이런 말들을 많이 들었을 거야. 꿈이란 인생의 목표와 방향이니까 반드시 있어야 한다고 생각하지. 음, 그런데 자기에게 명확한 꿈이 있는 사람은 얼마나 될까?"

'난 꿈도 없는 못난 놈이다.' 아이들은 이런 생각들을 은연중에 주입받아 왔다.

"자기가 하고 싶은 일이 뚜렷한 건 좋은 일이야. 그래 꿈이 있는 건 좋아. 하지만 꿈이 분명치 않다고 전혀 주눅 들 건 없어. 지금 잘 살고 있으면 되는 거야. 미래엔 또 그 상황에 맞는 어떤 일들이 반드시 나타나게 되거든. 어떻게 보면 지나친 꿈이 인간의 문제일 수도 있어. 꿈이란 달리 말하면 욕망이지. 이제까지 두보의 시에서 우리가 살펴본 것도 이런 얘기잖아. 지금 있는 이 삶에 만족한다. 달리 바라는 것이 없다. 두보에겐 꿈이 없다고 말할 수도 있는 거지. 그는 꿈이란 부질없는 것임을 깨달은 거야. 그러니까 꿈도 중요하지만 깸은 더욱 중요해. 깸에 대해서 들어 봤니?"

"아니요."

칠판에 '꿈과 깸'이라고 쓴다.

"깸, 깨어남. 진실에 대해 깨어난다는 말이야. 지금 자신이 처한 현실과 처지를 올바로 깨닫는다는 의미도 되지. 있는 진실 그대로를 사는 것. 꿈은 지금 있지 않은 무언가를 소망하는 것이고, 깨어남은 지금 그대로의 삶을 수용하고 만족하는 거야. 청소년기는 미래를 위한 준비 기간이라고만 생각해서 꿈을 강조하지만 에너지를 분출하고 풍부한 감수성을 발휘하면서 이 시기의 삶을 충분히 누리는 것도 중요하지. 오늘의 행복을 내일로 미루지 말라는 말이 있어. 오늘 행복하면 내일도 행복하게 될 거야. 있지도 않은 꿈만 꾸지 말고 지금 생생히 깨어서 사는 것. 이게 가장 잘 사는 방법이야. 물론 하기 싫은 일은 안 하면서 냐냥 놀기만 하라는 얘기는 아니야. 힘들어도 할 일은 하는 것, 그것이 진짜 수용이거든. 그러니까 대학이든 취업이든 오지 않은 미래에 대해 너무 불안해하거나 또 반대로 꿈만 꾸지 말고, 오늘 나에게 주어진 일에 최선을 다할 것. 진정한 안분지족은 지금 내게 주어진 모든 것을 온전히 받아들이는 거지. 잘났니 못났니 분별하고 비교하는 것은 인간의 망상일 뿐, 진짜가 아니야."

아이들은 고개를 끄덕인다. 구석에서 별 존재감 없이 앉아 있던 아이들의 표정이 밝아졌다. 아마도 나는 꿈이 없다고, 못난 놈이라고 스스로 주눅 들어 살아온 녀석들일 테다. 인간을 괴롭히는 것은 지금 여기 존재하는 진실이 아니다. 생각이 만들어 낸 개념과 망상이다. 그것은 지금 여기 실재하지 않는다. 진리는 생생히 실재하는 것. 이 속에서만 살 수 있다면 우리는 자유롭다. "진리가 너희를 자유케 하리라."(요한복음) 성현의 말씀에 그른 것이 없다.

淸江一曲抱村流 청강일곡포촌류
長夏江村事事幽 장하강촌사사유
自去自來堂上燕 자거자래당상연
相親相近水中鷗 상친상근수중구

맑은 강 한 굽이가 마을을 안아 흐르니
긴 여름 강촌의 일마다 그윽하도다.
절로 가며 절로 오는 것은 집 위의 제비요
서로 친하며 가까운 것은 물 가운데 갈매기로다.

老妻畫紙爲棋局 노처화지위기국
稚子敲針作釣鉤 치자고침작조구
多病所須唯藥物 다병소수유약물
微軀此外更何求 미구차외갱하구

늙은 아내는 종이에 장기판 그려 만들고
어린 아들은 바늘 두드려 낚시를 만든다.
많은 병에 얻고자 하는 것은 오직 약물뿐
미천한 몸이 더 바랄 게 무엇이랴?

— 두보, 〈강촌江村〉

만물은 변화한다
- 절망을 극복하는 시 1

...

한용운 〈님의 침묵〉

　얼마 전 뉴스에 수도권의 중3 여학생이 특목고 입시에 낙방한 것을 비관하여 고층 아파트에서 투신하여 목숨을 끊었다는 기사가 나왔다. 해마다 대입 수능이 끝나면 자살하는 수험생들이 나오더니 이제 고교 입시까지 내려간 것이다. 수업 시간에 들어가서 이야기를 꺼내 보았다. 아이들의 반응은 예측대로였다.

　"헐~ 그럼 일반고 다니는 우린 뭐예요. 우린 다 죽어야겠네."

　"진짜 바보다. 특목고 못 가면 인생이 끝난 건가. 그런 애는 그냥 죽게 내버려 둬야 해요."

어이없고 이해하기 힘들다는 냉소적 반응들…….

"죽은 그 애에겐 특목고가 인생의 전부로 느껴졌겠지. 사람이 하나에 몰두하면 그것밖에 안 보이잖아. 인생에서 실패와 성공은 당연히 되풀이되는 흐름이라는 것을 이해했으면 그렇게 죽진 않았을 텐데. 그냥 특목고가 전부였고 입시에 실패하자 자기 인생은 끝난 거라고 느낀 거지. 그런데 그런 사람들이 많지 않니? OECD 국가 중 우리나라의 자살률은 1위, 행복도는 최하위잖아. 실패나 좌절이 없는 인생이 있을까?"

"없어요!"

"너흰 정말 간절하게 바라던 것이 이루어지지 않으면 어쩔래? 지금은 자살한 아이를 이해하기 힘들다고 말하지만 너희가 가장 가치 있게 여기는 것이 와르르 무너지면 절망감이 장난 아닐 텐데? 어떤 마음으로 그걸 극복할 수 있을까?"

아이들은 갑자기 잠잠해진다. 모두 자기의 보물과 소망을 들여다보고 있는지 모른다. 잃고 싶지 않은, 반드시 이루고 싶은 무엇을 가지지 않은 아이는 드물 터이다.

"오늘은 실패와 좌절에 대하여 이야기해 보자. 인생에서 한 번도 실패를 겪지 않을 순 없어. 그런데 그 실패에 매몰되어 우울증에 걸리고 마침내 자살까지 하고…… 이런 일이 많지 않니? 우리나라 청소년 사망 원인 1위가 자살. 그만큼 청소년들의 삶이 절망적이라는 거지. 그런데 또 다른 면에서 생각해 보면 우리 교육이 청소년들의 내면의 힘을 키워 주는 데 너무 등한시한 까닭이 아닌가 싶어. 자기 삶의 고민은 하나도 풀지 못하는데 껍데기뿐인 입시 문제나 풀고 있으니까 아이들의 마음의 힘이 갈수록 쇠약해지는 것 아닐까?"

아이들이 고개를 끄덕이며 솔깃해한다.

"그래서 오늘 우리가 공부할 시는 마음의 힘을 키워 주는 작품이야. 시험에 나올 수도 있지만, 시험을 위해서 공부하는 시가 아니라 너희 인생에 주는 나의 선물이라고 생각하면 좋겠다. 시인이 어떻게 실패와 좌절에서 일어섰는가를 아주 장엄하게 보여 주는 작품이야. 평생 너희 마음에 간직해서 힘들 때마다 새겨 보렴."

칠판에 제목을 쓴다. '절망을 극복하는 시.' 그리고 미리 나누어 준 학습지에 적힌 한용운의 〈님의 침묵〉을 읽는다.

님은 갔습니다. 아아 사랑하는 나의 님은 갔습니다.
푸른 산빛을 깨치고 단풍나무 숲을 향하야 난 적은 길을 걸어서 차마 떨치고 갔습니다.
황금의 꽃같이 굳고 빛나든 옛 맹서는 차디찬 띠끌이 되어서, 한숨의 미풍에 날아갔습니다.

날카로운 첫 '키쓰'의 추억은 나의, 운명의 지침指針을 돌려놓고, 뒷걸음쳐서, 사러졌습니다.

나는 향기로운 님의 말소리에 귀먹고, 꽃다운 님의 얼골에 눈멀었습니다.

사랑도 사람의 일이라, 만날 때에 미리 떠날 것을 염려하고 경계하지 아니한 것은 아니지만, 이별은 뜻밖의 일이 되고 놀란 가슴은 새로운 슬픔에 터집니다.

그러나 이별을 쓸데없는 눈물의 원천源泉을 만들고 마는 것은 스스로 사랑을 깨치는 것인 줄 아는 까닭에, 걷잡을 수 없는 슬픔의 힘을 옮겨서 새 희망의 정수박이에 들어부었습니다.

우리는 만날 때에 떠날 것을 염려하는 것과 같이, 떠날 때에 다시 만날 것을 믿습니다.

아아 님은 갔지마는 나는 님을 보내지 아니하였습니다.

제 곡조를 못 이기는 사랑의 노래는 님의 침묵을 휩싸고 돕니다.

— 한용운, 〈님의 침묵〉

오래전 군사정권 시절. 개인사도 세상사도 철벽같았다. 아무리 발버둥을 쳐 봐도 출구가 안 보였다. 이대로 생이 끝나고 세상도 끝나려나. 이렇게 울울한 나날을 보내고 있었다. 0교시가 있던 시절, 바다가 보이는 학교. 비까지 내리는 아침.

도저히 잠긴 목소리로 수업을 하고 싶지 않았다. 오늘은 우리 아무것도 하지 말고 그냥 시 낭송만 듣자. 교실에 들어가서 시 낭송 테이프를 돌렸다. 아이들은 와~ 함성을 지르며 좋아했다. 눈뜨자마자 밥숟갈을 퍼 넣는 것처럼 0교시는 모두에게 소화가 안 되는 시간이었다. 아이들은 아련한 눈동자로 시를 듣기도 하고, 엎드려 자기도 하고, 무언가를 긁적이며 쓰기도 했다. 빗소리와 시 읽는 소리, 저 멀리 바다에선 파도 소리도 들려왔다. 그때 녹음기에서 흘러나오는 한용운의 〈님의 침묵〉에 딱 내 마음이 멈추었다.

얼마나 많은 사람들이, 얼마나 많이 이 시를 읽었을까. 사랑을 잃고 읽고 세상에 절망하고 읽었으리라. 한용운은 그 폐허의 시대에 어떻게 이런 시를 쓸 수 있었을까. 그는 정녕 처절한 절망 속에서 희망을 확신할 수 있었을까. 현실을 뛰어넘는 그 정신의 힘, 통찰의 힘은 어떻게 생기는 것일까. 그때 나는 너무 지쳤고 좌절했으므로 희망이 믿기지 않았다. 도무지 슬픔에서 힘이 나올 것 같지 않았다.

그러나 한참 창밖으로 봄비를 내다보니 과연 그랬다. 겨울이 지나면 봄비 속에서 파릇파릇 새싹이 돋는 것은 자연의 이치다. 인간사라고 자연과 다를까. 절망적인 인생 속에도 다시 햇살이 비치고 기쁨의 시간들이 오지 않을까. 이 시가 나왔던 1920년대로서는 너무나 아득했지만, 조국은 결국 해방도 맞았다. 우리의 시대도 나의 인생도 그렇게 될까. 있는 힘을 다해 희망을 믿어 보기로 했다.

마침내 소망이 실현되는 날이 왔다. 님과 다시 만나게 되었고 기쁨과 희망에 들떴다. 그런데 얼마 뒤 님이 또 떠나 버렸다. 또다시 절망……. 그러나 이제 알겠다. 님과 이별했다고 그것으로 끝이 아니며, 님과 만났다고 또 영원한 해피엔딩은 아니라는 것을. 인생에 결말은 없다. 생은 마냥 굽이치는 파도, 끝없는 바다라는 것을 깨달았다. 그런 줄을 알면 기쁨과 슬픔에 일희일비, 온 존재가 요동치며 살지 않을 지혜는 생긴다. 폭풍은 폭풍대로, 햇빛은 햇빛대로 맞고 보내면 될 일이다. 인생을 잘 사는 비결은 멀리, 길게, 넓게 보는 눈을 갖는 일이었다. 아이들이 자라면서 스스로 체득하게 되겠지만, 이런 진실을 머리로라도 알고 있으면 한순간의 절망에 생을 포기해 버리는 일은 없지 않을까. 담담한 마음으로 생의 파고를 맞고 보낼 수 있지 않을까. 그래서 학생들과 꼭 한 번은 이 시를 가지고 수업한다. 인생의 굽이굽이 출렁이며 살아 보니 이제 공감과 확신으로 이 시를 가르칠 수 있겠다 싶다.

님은 갔다. 모든 만남은 영원하지 않다는 것을 나는 알고 있었다. 그러나 역시 이별은 고통스럽다. 그렇게 황금 같은 맹세를 하던 님이 티끌처럼 사라져 버리다니. 우리는 생에서 수없이 찬란한 황금을 얻고 또 그것이 일순에 허망한 티끌로 날아가 버리는 것을 경험한다. 생이란 그런 것이다. 만남에 황홀해하고 이별에 통곡하며 굽이치는 생의 파도는 멈출 줄을 모른다. 통곡하고 몸부림치는 시간이 없을 수 없다. 그런데 반전이 일어난다.

"시의 내용이 갑자기 바뀌지? 어떤 말이 나와?"

"그러나!"

"그래, 그러나, 그러나가 우리 인생의 구원이야. 그런데 뭐 외부의 상황이 달라졌니? 떠났던 님이 돌아오기라도 했어?"

"아니요."

"그럼 뭐가 바뀌었지?"

생각. 인식이 바뀌었다. 사실 죽을 것 같은 고통도 생각과 느낌이었다. 우리를 쥐락펴락하는 것은 객관적 상황이라기보다 그것을 받아들이는 생각에 있다. 한발 물러서 다시 이 상황을 생각해 본다. 만남 뒤에 이별이 왔다. 그래서 나는 고통스럽다. 그런데, 이별 뒤엔 무엇인가. 이것으로 끝인가? 영원한 만남도 없듯이 영원한 이별도 없다.

"그런데 너희는 진짜로 이게 믿어지니? 이별 뒤에 다시 만날 것을 믿을 수 있어?"

"아니요."

"그럼 만해 선생이 거짓말한 걸까? 식민지 백성들을 위로하려고 괜히 허세를 부린 건가? 그건 아니지. 이별 뒤에 만남은 진실이야. 모든 만남은 이별로 끝나지만 또 다른 만남이 있거든. 사랑은 개별적인 만남과 이별에 좌우되는 것이 아니야. 언제나 우리 삶의 근원으로 존재하는 거지. 한 여자랑 헤어졌다고 사랑이 끝난 것이 아니고 시험에 한 번 떨어졌다고 인생이 끝난 게 아니야."

헬렌 켈러는 이렇게 말했다. "행복의 문 하나가 닫히면 다른 문들이 열린다. 그러나 우리는 대개 닫힌 문들을 멍하니 바라보다가 우리를 향해 열린 문을 바라보지 못한다." 우리는 그녀의 인생에서 그것을 확인한다. 인생이란 행-불행으로만 분별할 수 있는 것이 아니다. 만남도 진실이고 이별도 진실이다. 그러나 우리는 생의 이 양면성과 역설을 잘 받아들이지 못한다. 만남에만 집착하거나 이별에만 집착하기 일쑤다. 만물이 변한다는 것, 어떤 것도 영원하지 않다는 것은 삶의 허망함, 쓸쓸함의 증거로 말해진다. 그러나 한편으로 이것만 한 희망도 없다. 이별과 실패의 슬픔과 고통의 시간이 변하지 않는다면 인간은 목숨을 부지하지 못할 것이다. 변하니까 생명이다. 만남 뒤에 이별이 있다는 것을 알기에 인간은 교만하지 않을 수 있고, 이별 뒤에 만남이 올 것이라는 것을 믿기에 우리는 절망에서 다시 희망으로 돌아설 수 있다.

만해가 이광수나 최남선 같은 친일파가 되지 않을 수 있었던 정신의 힘을 이 시는 보여 준다. 피할 수 없는 생의 시련과 고통에 어떻게 꺾이지 않고 꿋꿋이 살 수 있는지, 변화할 순 있으나 변절하지 않으며 올곧은 정신을 지키며 살 수 있는지, 비결은 이 시 속에 있다. 일제강점기 친일의 길을 택한 사람들은 이별-망국亡國이 영원한 줄 알았을 것이다. 모든 소멸 뒤엔 생성이 있는 법인데, 그 생의 진실을 통찰할 안목을 갖지 못했다. 스스로 비루해졌고 세상을 더럽혔다. 이별의 순간에 다시 만남을 믿고 절망에서 다시 희망을 본다는 것은 사실 쉬운 일은 아니다. 그것은 눈에 보이는 것만을 보고 믿는 자들에겐 불가능한 능력이다. 믿음이란 얼마나 강한 정신의 힘을 필요로 하는가. 만해는 선사였다. 한 생生에, 한 시대에 일희일비하지 않는 큰 선사였기에 소인배들의 허약한 정신이 쓰러져 갈 때도 이와 같은 희망의 시를 남길 수 있었던 것이다. 식민지라는 절망의 시대든, 한 사람이 겪은 이별의 시간이든 그가 믿었던 더 크고 높은 법法에 비하면 고통은 잠시 지나가는 사건이었을 것이다.

나보다 크고 높은 것
– 절망을 극복하는 시 2

...

백석 〈남신의주 유동 박시봉방〉

　　인간의 좌우명은 내가 존재한다^{sum}는 것이 아니라, 내가 위를 향하여 존재한다^{sursum}는 것이다.

― 가브리엘 마르셀

어느 사이에 나는 아내도 없고, 또,
아내와 같이 살던 집도 없어지고,
그리고 살뜰한 부모며 동생들과도 멀리 떨어져서,
그 어느 바람 세인 쓸쓸한 거리 끝에 헤매이었다.
바로 날도 저물어서,

바람은 더욱 세게 불고, 추위는 점점 더해오는데,

나는 어느 목수네 집 헌 삿을 깐,

한 방에 들어서 쥔을 붙이었다.

이리하여 나는 이 습내나는 춥고, 누긋한 방에서,

낮이나 밤이나 나는 나 혼자도 너무 많은 것같이 생각하며,

딜옹배기에 북덕불이라도 담겨 오면,

이것을 안고 손을 쬐며 재 우에 뜻 없이 글자를 쓰기도 하며,

또 문 밖에 나가지두 않구 자리에 누어서,

머리에 손깍지베개를 하고 굴기도 하면서,

나는 내 슬픔이며 어리석음이며를 소처럼 연하여 쌔김질하는 것이었다.

내 가슴이 꽉 매어올 적이며,

내 눈에 뜨거운 것이 핑 괴일 적이며,

또 내 스스로 화끈 낯이 붉도록 부끄러울 적이며,

나는 내 슬픔과 어리석음에 눌리어 죽을 수밖에 없는 것을 느끼는 것이었다.

그러나 잠시 뒤에 나는 고개를 들어,

허연 문창을 바라보든가 또 눈을 떠서 높은 천장을 쳐다보는 것인데,

이때 나는 내 뜻이며 힘으로, 나를 이끌어가는 것이 힘든 일인 것을 생각하고,

이것들보다 더 크고, 높은 것이 있어서, 나를 마음대로 굴려 가는 것을 생각하는 것인데,

이렇게 하여 여러 날이 지나는 동안에,

내 어지러운 마음에는 슬픔이며, 한탄이며, 가라앉을 것은 차츰 앙금이 되어 가라앉고,

외로운 생각만이 드는 때쯤 해서는,

더러 나줏손에 쌀랑쌀랑 싸락눈이 와서 문창을 치기도 하는 때도 있는데,

나는 이런 저녁에는 화로를 더욱 다가 끼며, 무릎을 꿇어 보며,

어느 먼 산 뒷옆에 바우 섶에 따로 외로이 서서,

어두워오는데 하이야니 눈을 맞을, 그 마른 잎새에는,

쌀랑쌀랑 소리도 나며 눈을 맞을,

그 드물다는 굳고 정한 갈매나무라는 나무를 생각하는 것이었다.

— 백석, 〈남신의주 유동 박시봉방南新義州 柳洞 朴時逢方〉

1980년대 후반 뒤늦게 남한에 소개된 백석의 시집은 많은 이들에게 신선한 충격이었다. 이런 시인이 있었단 말인가. 근대문학이 시작된 지 얼마 되지도 않은 시기에 이렇게 세련되고 심오한 시편들이 우리 문학사에 있었다니. 백석 시집의 작품 한 편 한 편이 보석이었다. 하나도 허투루 넘어갈 시가 없

었다. 그중에서도 이 시, 〈남신의주 유동 박시봉방〉! 가난한 곁방살이 주소를 제목으로 쓴 이 시는 얼마나 커다란 감동과 위안과 힘을 주었던가. 이 시를 등불처럼 마음에 담아 둔 사람들은 수없이 많다. 백석이란 '외롭고 높고 쓸쓸한' 시인이 있어서 얼마나 고마운가.

그런데 이런 시를 남기기 위해서 그는 참으로 가난했고 외로웠고 슬프고 고통스러웠다. 그의 고단한 삶이 없었다면 이 시는 탄생하지 못했을 것이다. 절망에 짓눌려 죽을 것 같은 숱한 독자들을 '굳고 정한 갈매나무'로 일으켜 세우지 못했을 것이다. 절망과 고통이 희망과 위안을 불러왔다. 생은 얼마나 오묘한지!

시 속의 '나'는 더할 나위 없이 비참한 인생의 궁지에 몰렸다. 인간관계도 경제력도 아무것도 없다. '나'는 일어날 힘도 없이 방에 누워 뒹굴고 있으며 심각한 우울증 상태다. 이러한 실패는 모두 나의 어리석음이 자초한 것이다. 아, 나는 그때 왜 그렇게 행동했을까, 왜 그런 선택을 했을까. 생각해 보면 부끄럽고 후회스럽지 않은 것이 없다. 스스로 자초한 생의 구렁에 빠져 죽을 것만 같다. 이 모든 불행과 고통의 책임이 바로 나 자신이라는 것, 이것만큼 괴로운 일도 없다. 다른 사람이나 외부 상황의 탓이라면 원망이라도 하지, 내가 이 모든 불행의 원인이라는 생각이 점점 강해지면 나를 그냥 죽여 버리는 수밖에 없게 된다. '나'는 극단적인 행동을 할 수도 있는 심적 상황에 처해 있다.

"화자는 완전 우울증 모드지? 너흰 이런 정도 경험은 없지?"
"그래도 어느 정도 이해는 가요."
"이 시에서도 한용운의 〈님의 침묵〉에서처럼 '그러나'가 나오네. 구원의 그러나! 화자가 어떻게 하지?"
"방에서 뒹굴고만 있다가 문창도 바라보고 천장도 쳐다봐요."

나의 바깥을 쳐다볼 수 있다는 것은 내 안의 고통이 조금 헐거워진 것이다. '나'는 다시 생각한다. 지난 세월 나의 행동과 선택은 그 당시로는 최선이었고 어쩔 수 없었다. 나의 탐욕이나 어리석음 때문만이 아니었다. 나로서도 어쩔 수 없었다. 그래, 내 탓만이 아니다. 내 인생을 굴려 가는 것은 내 뜻과 힘만이 아니다. 더 크고 높은 무엇이 있다. 이것은 체념인가. 시인은 숙명론자가 되어 버린 것인가. 아니다. 이것은 작은 자아의 경계를 벗어나 '더 크고 높은' 존재에 대한 자각이며 겸허한 수용이다. 수용이란 내 존재가 더 커지지 않으면 불가능하다. 내가 나의 고통보다 작을 때 나는 고통에 짓눌려 죽는다. 우울증이나 자살이 그런 경우일 테다. 내가 바다처럼 커지면 섬만큼 큰 바윗돌도 아무것도 아닌 게 된다. 모든 것을 수용한다는 것은 작은 '나'의 경계를 벗어날 수 있게 된다는 것이다. 소용돌이치는 흙탕물 같은 내 마음이 잔잔히 가라앉는다. "슬픔이며, 한탄이며, 가라앉을 것은 차츰 앙금이 되어 가라앉고 외로운 생각만이 드는 때쯤 해서는" 고요한 외로움만이 맑은 물처럼 떠올라 깊은 성찰과 사색의 시간을 가져온다.

"그래서 '성자는 수용신神이다' 이런 말이 있어. 수용은 체념이나 굴복과 달라."

우주의 모든 것을 수용하는 자, 그가 바로 성인이다.

"더 크고 높은 것. 이것을 각 종교에서는 신, 하나님, 한울, 부처라고 부르지. 기성 종교의 색채를 걷어 내기 위해서 '거대한 신비Mystery'라고 지칭하는 영성가들도 있어. 이 시는 결국 작은 나를 벗어나서 더 큰 신비한 무엇을 받아들이게 된 것이 변화의 핵심이야. 너희는 이런 마음에 공감이 가니? 믿어지니?"

"예."

"모르겠어요."

"종교가 있는 사람은 무슨 말인지 알 테지. 하지만 이건 딱히 특정 종교의 얘기가 아니라 우리 삶의 진실에 관한 거야. 언젠가 너희도 이 문제가 인생에서 제일 중요한 일이라는 것을 깨닫게 되는 날이 올 거야."

'크고 높은' 생의 신비를 받아들인 '나'는 자신의 상황을, 외로움과 슬픔과 가난을 담담히 받아들인다. 지금은 싸락싸락 문창을 치며 눈이 내리는 겨울이다. 춥고 쓸쓸한 눈이 내리는 것을 막을 수 없다. 자연이 겨울을 피하지 않듯이 나도 인생의 황폐한 겨울을 수용해야 한다. 일어날 힘도 없이 널브러져 있던 '나'는 차츰 몸을 일으켜 무릎을 꿇기도 하며 바우섶에 외로이 눈을 맞고 선 '굳고 정한 갈매나무'가 된다. 무릎을 꿇는 것은 자신을 겸허히 내려놓는 기도의 자세다. 나보다 더 크고 높은 것 속에 나를 밀어 넣는 것이다. 물방울이 바닷속으로 뛰어들어 바다가 된다. 물방울이 자신의 경계만 고집하면 바다를 만날 수 없다. 그러나 이제 물방울은 자신이 바다의 일부임을 안다. 이것이 참된 자유와 해방이요, 해탈이다. 한 번도 본 적 없는 백석의 갈매나무는 슬픔과 절망의 바닥에서 허우적거리는 우리를 견결하게 일깨운다. 일어서라고, 지금은 겨울, 눈의 시절이니 눈을 받아들이라고 말한다. 시인이 굳이 봄을 말하지 않았으나 자신의 고난을 눈 내리는 겨울의 나날로 인식하였으니 언젠가 이 겨울이 끝나고 눈이 멈출 날이 올 것임을 믿는 것이다.

  슬픔에 빠져 살던 한 시절. 신영복 선생의 《감옥으로부터의 사색》에서 큰 힘을 얻은 구절이 있다. "세상의 수많은 슬픔 가운데 내 몫의 한 조각 슬픔을 받아들였다." 슬픔을 겪는 사람은 나만이 아니다. 모두 다 겪는 슬픔이라면 나라고 피해 갈 수 없다. 자신의 고통과 슬픔을 담담하게 객관화시켜 받아들이는 평정의 정신력. 이런 정신의 힘이 선생으로 하여금 이십 년 청춘의 감옥살이를 깊은 성장의 시간이 되도록 만들었을 것이다. 구도자, 수행자의 삶처럼 그 세월은 향기롭게 삭아서 깊고 큰 사람으로 거듭나게 했던 것이다. '나'는 세상의 숱한 존재들 중 하나일 뿐이다. 세상에 슬픔이 넘치는데 나만 피해 갈 수 없는 것이다. 나도 '나의 슬픔'을 이 세상 숱한 슬픔 가운데 내 몫의 한 조각으로 수용하는 법을 배웠다. 백석의 이 시 또한 나에게 그러한 관조와 평정, 수용의 힘을 주었다.

그동안 우리는 부당한 것에 대한 거부와 저항의 가치에 대해서만 많이 배웠다. 긍정과 수용은 비겁한 것, 수동적인 체념으로 비치기 십상이다. 그러나 큰 스승들은 거부와 저항의 마음까지 수용해야 한다고 말한다. 고뇌와 절망도 피하지 말고 받아들여라. 참된 수용이란 거인의 정신이다. 어느 것도 배척하지 않는다. 이것은 불의에 타협하고 복종하라는 차원의 이야기와는 다르다. 이미 일어난 일을 부정하고 거부하는 일은 어리석다. 절망을 극복하는 힘은 역설적으로 절망도 수용하는 큰마음에서 나온다.

언젠가부터 만해와 백석 두 편의 시를 같이 수업했다. 내면의 힘을 키워 주는 대표적인 작품들인 까닭이다. 〈님의 침묵〉의 관건은 생을 얼마나 길게, 멀리, 깊게 보느냐에 달려 있다. 만남과 이별을 넘어선 영원한 사랑. 그것은 물결이 어떻게 일렁이더라도 변함없는 바다와 같다. 그 사랑을 믿으라고 만해 선사는 가르친다. 백석은 생의 새로운 관점을 제시한다. 삶은 내 뜻과 힘으로만 이루어지지 않는다. 더 크고 높은 무엇이 나를 이끌어 간다. 수업을 끝내고 소감을 들어 보면 이 시편들에 깊은 인상을 받은 아이들이 제법 있다.

"실패는 매우 흔한 일이고 누구나 겪는 당연한 일이다. 그러므로 또다시 다른 길을 걸을 것이다. 누구도 자신의 앞날을 알 수 없고 자신의 끝을 알 수 없으므로 그저 최선을 다하는 삶이 올바르다고 생각한다."

"행복이든 불행이든 이 모든 것은 어떤 거대한 신비가 이끌어 온 것이기 때문에 다 수용한다는 백석 시인의 생각은 대단한 것 같다."

"끝없이 고민하고 때로는 좌절하는 학생 시절. 두 시인이 슬픔을 극복하는 자세는 매우 인상 깊었고 큰 도움이 되었다. 이미 지나간 일은 곱씹으면 곱씹을수록 기분만 상할 뿐이라는 걸 안다. 백석 시인의 시는 자신의 실수를, 좌절을 용서할 수 있는 힘을 준다."

자신의 실수와 좌절을 용서할 수 있는 힘을 주는 시, 그리고 우리의 생을 끌어가는 거대한 신비에 대한 이야기가 있는 이 시편들이 주는 감동은 고교 시절 한두 시간 문학 수업으로 끝나지 않을 것이다. 나에게 그랬던 것처럼 두고두고 이 시는 아이들에게 생을 이해하고 수용하는 힘을 주리라 믿는다.

詩, 애프터서비스

...

영화 〈시〉

몇 년 전 스승의 날. 전 해 담임을 했던 졸업생들 열 명이 학교로 찾아왔다. 점심도 같이 먹고 선물로 들고 온 케이크도 잘라 먹고 샴페인도 나눠 마셨는데 녀석들이 머뭇머뭇 궁싯거리고 있었다.

"쌤, 이대로 가라는 거예요? 지금 우리 쫓아내는 거예요?"

반장이 총대를 메기로 했나 보다. 적극적인 의사 표현을 한다.

"나도 좀 아쉽네. 근데 너희랑 차를 마시자니 싱겁고, 대낮부터 술은 또 너무 진하고. 우리 영화 보러 갈까? 단, 내가 보자는 거 보면 저녁에 술 사 줄게."

"무슨 영환데요?"

"아주 세계적인 작품이야. 칸영화제에서 상도 받은, 우리나라에서 최고 감독이 만든 영화지."

"그러니까 뭐냐고요?"

"영화 상영이 끝나고 프랑스 관객들이 모두 기립 박수를 쳤대."

"쌤! 제목이 뭐예요?"

"시!"

기대에 부풀었던 아이들의 눈빛이 꺼진다.

"에이~ 재미없는 거 아녜요?"

"야~ 시만 해도 재밌는데 시라는 영화라니, 환상적이겠지. 잔말 말고 빨리 가자."

"다른 영화 보면 안 돼요? 〈아이언맨〉 재밌다던데."

"그럼 너희끼리 보러 가라. 난 다른 사람이랑 보러 갈 거야. 물론 술도 안 사 줘."

"알았어요. 가요, 가요."

선약이 있다는 둘은 보내고 여덟 명을 끌고 영화관으로 갔다. 상영관 안에 있는 사람은 우리 일행을 빼고는 열 명도 안 되는 것 같았다. 영화를 보기엔 아직 이른 시간이기도 했지만 시간대 때문만은 아니라는 것을 알겠다.

영화는 정말 좋았다. '시'라는 제목의 영화를 만들 생각을 하다니. 이창동 감독이 아니면 누가 이런 영화를 만들겠는가. 특히 스토리가 좋았다. 처음 이창동 감독의 〈박하사탕〉을 봤을 때만큼이나 가슴을 흔드는 내용이었다. 〈박하사탕〉에 비하면 훨씬 잔잔한 내용이지만 구체성과 보편성, 시의적절한 문제를 제기하는 현실성에다 심오한 철학성을 갖추었다. 영화의 구성적인 디테일까지는 잘 모르겠지만, 일단 문학적인 이야기 구성과 비유와 상징이 풍부했고 주제를 매끄럽게 풀어내는 솜씨가 놀라웠다. 이창동 감독의 영화는 빼놓지 않고 봤지만 그중에서도 〈시〉는 최고의 작품으로 느껴졌다.

그런데 영화를 보는 도중에 한 놈씩 자리를 뜨더니 세 놈이 나가서 돌아오지 않았다. 처음엔 화장실엘 가나 했다. 그런데 영화가 끝날 때까지 아예 돌아오지 않았다. 이 녀석들 튀었구나. 설마 가 버린 건 아니겠지? 저녁에 술을 사 준댔으니 그럴 리는 없을 것이다. 밖에 나가서 놀고 있거나 옆 관에서 다른 영화를 보겠지 했는데, 영화가 끝나고 나와 보니 후자였다. 〈아이언맨〉을 봤단다. 어쨌든 다 보고 나온 다섯 명의 반응도 내 예상 밖이었다.

"와~ 이 영화 너무 어려워요. 뭔 말을 하는지 도통 모르겠어요!"

나도 좀 풀어낼 것이 많은 영화라고 생각은 했다. 하지만 명색이 대학생이라는 녀석들이 이 영화를 보고 이 정도의 반응을 보일 줄은 몰랐다. 아니 이렇게 재미있는 영화에서 재미를 못 느꼈단 말인가. 이런 딱할 데가. 시도 영화도 너무 안 가르쳤구나. 그놈의 문제 풀이 수업 때문에 문학교육이고 문화교육이고 완전 꽝이었구나. 이 녀석들과는 작년 고3 때 처음 만나 문학 수업다운 수업을 해 보지 못했다.

"좋아. 술 마시러 가자. 모르는 거 다 물어봐. 너희가 고3 때 문제 풀이만 해서 문학적 소양이 하나도 없구나. 그래 문학 선생 책임이다. 시 수업 애프터서비스 하고, 영화 수업도 같이 해 보자."

그리하여 서너 시간은 족히 시와 사랑과 진실에 대해서 왁자하게 떠들었다. 서로의 의견도 듣고 질문도 하면서 주막집의 문학 수업은 분위기가 꽤 무르익었다. 그런데 나중에는 뭔 말을 했는지 기억이 안 난다. 인류가 가장 사랑해 온 그 오랜 액체에 시도 영화도 다 녹아 버렸지 싶다.

그 뒤로 수업 시간에도 이 영화 이야기를 하고 여름방학 과제로 영화 감상문 쓰기를 내 주기도 했는데 아이들이 혼자서는 영화를 제대로 이해하기 힘들어하는 것 같았다. "와~ 쌤, 실망이에요. 그렇게 이상한 영화를 우리보고 보라고 했어요? 완전 변태 영화던데요." 이런 말을 하는 애들도 있었다. 뭘 가지고 그러는 줄은 알겠다. 하지만 저희들은 더한 포르노 영상들도 보는 거 알고 있는데, 무슨 순진한 척은. 하여튼 애들이 영화를 어려워하는구나, 그냥 보라고만 할 게 아니라 함께 보고 수업을 해야 하는 작품이구나 싶었다.

그러다 이 영화 이야기를 다시 꺼내게 된 계기가 생겼다. 고3 교실, 5교시 수업을 들어갔는데 아이들이 점심시간부터 보고 있던 TV를 끌 생각을 안 했다. 끄라고 하니까, 성폭행 이야기라면서 좀만 더 보자고 조르는 걸 그만 됐다, 수업해야지 하면서 TV를 껐다. 그러자 한 녀석이 대뜸 "아, 시× 성폭행하고 싶네!" 하고 말했다. 내가 너무 놀라서 아무 말도 못 하고 가만히 녀석을 바라보았다. 아이들도 좀 놀란 표정. 녀석도 뒤늦게 말실수했다 싶은지 얼굴을 붉히며 "아, 사실 그렇잖아요. 서면 나가면 가시나들 전부 팬티 같은 걸 입고 다리 통째로 내놓고 다니잖아요. 그거 다 남자들 꼬시려고 그러는 거 아녜요?" 한다. 무안하니 목소리를 더 높이는 줄은 알겠다. 흠, 그러나 이건 그냥 넘길 일이 아니다. 수능도 입시도 중요하지만 남자아이들을 이런 식으로 가르쳐 내보내서는 안 되겠단 생각이 들었다. 잠시 문제집을 덮고 얘기 좀 하자, 그러고 나서 영화 〈시〉 이야기부터 꺼냈다. 그즈음 성폭력 문제가 사회적으로 크게 대두되면서 신문 칼럼에 조한혜정 교수가 이 문제로 글을 썼는데, 글 말미에 성폭력대책위원회에서는 이창동의 영화 〈시〉부터 보라고 한 걸 읽고 맞아, 맞아! 하며 새삼 영화를 떠올리기도 했었다. 하여 그 녀석의 '성폭행' 발언을 계기로 3학년들에겐 〈시〉에서 성폭력과 관계된 부분을 중점적으로 들려주었고, 재량 수업을 맡은 2학년 한 반에서는 아예 몇 시간을 투자해서 영화를 보여 주었다. 그 전에 영화를 본 선배 녀석들이 어찌나 어렵다고 해 쌓는지 잘 볼 수 있을까 걱정했는데 교실에서 함께 보니 의외로 아이들이 퍽 흥미로워하면서 보았다. 생각할 거리를 뽑아서 토의도 했다. 교실에서 친구들, 선생님과 함께 보면 재미없는 것도 재미있어지는 걸까? 문학 수업이 필요한 것처럼 영화도 함께 탐구하고 토의하는 공부가 꼭 필요하다는 걸 느꼈다. 상영 시간이 길어서 수업 시간에 보여 주기가 쉽지 않지만 그만한 가치가 충분한 텍스트다.

중학교 3학년 여학생이 강물에 투신자살을 했다. 알고 보니 여섯 명의 동급생들에게 몇 달 동안 성폭행을 당했던 거다.

한 시대를 풍미했던 여배우 윤정희가 연기한 할머니 '미자'의 외손자 '욱이'도 그중 한 명이다. 영화의 스토리는 이렇게 시작한다. 할머니 배우가 나와서 좀 심드렁하니 보던 아이들이 긴장하며 영화에 몰두한다. 성폭행은 모두가 분개하면서 또 야릇한 호기심을 갖게 하는 주제다. 남자아이들이 더 그렇다. 성폭행이 주로 남자가 여자에게 가하는 폭력이므로 남학생들에게 이 문제에 대한 진지한 교육이 절실하다. 피해자 못지않게 가해자의 인생도 비참한 것이다. 영화를 볼 때도 성폭행을 당해 죽은 여학생의 고통에 대해서야 더 말할 것이 없지만, 가해자 남학생 여섯 명 저들의 인생을 어찌할거나 싶어서 가슴이 답답했다. 내가 아들만 가진 엄마고 남학교의 선생이어서 더 그랬는지 모른다.

영화에 등장하는 중3 남자아이들은 떼 지어 몰려다니며 밤낮 없이 게임을 한다. 미자는 사랑하는 외손자의 친구들이 집에 놀러 오면 이야기도 나누며 귀애하고 싶지만 아이들은 늘 방문을 닫고 컴퓨터 앞에서만 논다. 할머니에게 컴퓨터는 괴이한 화면에 요란한 소음만 내는 이상한 기계일 뿐인데 아이들에겐 매혹의 대상이다. (이 영화가 상영될 때는 아직 스마트폰이 보편화되기 이전이다. 요즘 아이들의 애정은 손안의 컴퓨터, 스마트폰으로 옮겨 갔다.) 노인과 소년 세대는 불통이다. 아이들은 할머니가 귀찮고 할머니는 아이들이 낯설고 막막하다. 손자가 등교를 하고 나서도 컴퓨터에서 괴음이 나오기에 할머니가 끄려고 손을 대 보는데 아무리 해도 꺼지지 않는다. 컴퓨터와 씨름하는 할머니는 '괴물'과 싸우는 듯하다. 마침내 전원을 꺼 버림으로써 그 괴물을 일단 죽여 놓는다. 그러나 손자는 집에 와서 밥숟가락을 놓자마자 또 컴퓨터 앞으로 달려든다. 그 소년들의 삶엔 꽃도 나무도 바람도 강물도 없다. 가족도 있으나 마나고. 삭막한 학교와 학원만 오가는 그들은 시끄러운 소음, 현란한 화면의 가상 세계 속으로 도피한다. 현실은 재미없고 고달프니 기계 속으로 들어가 스스로도 기계가 되어 간다.

  손자 욱이가 소녀를 죽게 한 가해자 중 한 명이라는 청천벽력의 소식이 미자에게 전해진다. 미자는 가난하지만 소녀처럼 감수성이 풍부하고 멋을 아는 할머니다. 꽃을 사랑하고 시를 좋아하여 문화센터에서 시 창작 강의도 듣는 교양 있는 노인이다. 이런 할머니의 손자가 성폭행이라니. 게다가 할머니는 죽은 소녀의 시신을 실어 가는 구급차를 우연히 보았다. 소녀의 어머니가 넋이 나간 채로 허둥대던 모습을 보며 마음 아파했는데 손자가 이 비극의 가해자라니. 미자는 믿기지가 않는데 손자는 무심하기만 하다. 미자는 가만히 있을 수가 없다. 성당에서 소녀의 추모제가 열리는 걸 알고 뒷자리에 참석했다가 나중에 소녀의 사진을 들고 와서 집의 식탁에 둔다. 욱이는 밥을 먹으러 앉았다가 그 사진을 보고 잠깐 멈칫하더니 아무렇지도 않게 밥을 먹는다. 하, 이런 대목에선 미자와 함께 관객들도 억장이 무너진다. "저런 싸가지 없는 새끼! 와, 진짜 한 대 패 주고 싶네." 영화를 보던 학생들도 흥분한다. 몇 달 동안이나 겁탈을 한 여학생이 스스로 목숨을 끊었는데도 저렇게 무심할 수 있다니……. 미자는 침대에서 쿨쿨 잠만 자는 손자의 등을 흔들며 "왜 그랬어, 왜 그랬어" 가슴이 찢어질 듯 흐느끼지만 정작 당사자는 귀찮기만 할 뿐이다.

가해자의 부모들은 죽은 아이가 불쌍하고 유족에게 미안하지만 자기 자식들 앞날이 더 중요하다며 돈으로 입막음하자는 계획을 세운다. 어디 언론에라도 흘러나갈까 봐 쉬쉬하며 돈 계산만 한다. 학교 관계자도 회의에 참여했는데 어쨌든 사건이 밖으로 확대되지 않게 하는 데만 모든 관심이 가 있다. 한 소녀의 죽음에 대한 애도도 없고, 끔찍한 범죄를 저지른 소년들이 앞으로 어떤 인간으로 살게 될지에 대한 진심 어린 근심을 하는 사람도 아무도 없다. 회의는 모든 가해자가 각자 5백만 원씩 분담하여 3천만 원으로 합의해 보자는 것으로 결론 난다. 중풍에 걸린 노인네의 가사 도우미를 하며 외손자를 데리고 어렵게 살고 있는 기초생활수급자 미자에게도 똑같이 5백만 원을 배당한다. 참으로 야멸차게 공정한 계산이다.

미자는 돈을 마련할 길도 막막하지만 일을 이런 식으로 처리하는 것을 이해할 수 없다. 아이들이 성폭행을 해 왔다는 학교 과학실을 혼자서 찾아가 본다. 그곳은 말이 과학실이지 동물 가죽을 벗겨 걸어 놓고 사체를 약품에 담가 놓은 살상과 죽음의 공간이다. 이곳에서 여섯 달을 여섯 놈이 그 야비한 짓을 벌였단 말이다. 소녀는 얼마나 외롭고 무서웠을까. 얼마나 끔찍했으면 목숨을 던지고 말았을까. 그런데, 소녀만이 아니다. 그 소년들은 어떤가. 분명 첫경험일 텐데 사랑하는 상대와 가슴 떨리게 나눠야 할 생의 가장 감동적인 순간을 이 살벌한 공간, 차가운 시멘트 바닥에서 떼를 지어 겁탈한 것이다. 그 소년들은 앞으로 어떻게 살게 될까. 청소년기를 이렇게 보낸 아이들이 정상적으로 사랑하고 결혼하고 자식을 낳고 살 수 있을까. 이런 식으로 첫경험을 한 그 가해자들의 내면에는 얼마나 깊은 어둠이 자라고 있을 것인가.

아이들에게 이 부분을 강조하여 이야기하게 된다. 성폭행은 피해자만이 아니라 가해자의 인생도 망치는 것이라고. 그들은 앞으로 아름답고 행복한 사랑을 나눌 수가 없을 것이라고.

이렇게 타락하고 무감각한 아이들과 그 아비들에 비해서 한 편의 아름다운 시처럼 순수한 영혼을 가진 미자는 극심한 괴로움에 빠진다. 합의금을 마련하라는 압박을 받지만, 차마 딸에게는 연락을 못 한다. 자식이 얼마나 고통스러울 것인지 알기 때문이다. 결국 그동안 일해 주던 그 중풍 걸린 노인의 추한 욕망에 자신의 몸을 판다. 그전부터 자신의 몸을 탐하던 영감이었다. 손자가 저지른 성폭행의 벌을 받기 위하여 할머니가 성매매를 하는 장면. 영화를 제대로 읽지 못하는 아이들은 이 장면을 변태스럽다, 더럽다 하지만 참 가슴 먹먹한 대목이다. 이 괴로운 장면은 타락이 아니라 숭고다. 손자 입에 밥 들어가는 것이 제일 기쁘다는 할머니는 이렇게 자신의 몸을 더러운 흙탕 속에 던지는 것 외에 다른 능력이 없는 것이다.

처음에 합의를 거부하던 피해자의 어머니도 결국 돈을 받기로 한다. 돈, 결국 돈이면 다 되는구나. 불쌍한 딸은 이미 죽었고 그 동생이라도 잘 키워 보겠다고 가난한 어미는 돈을 받고 딸의 죽음을 덮기로 하는 것이다. 이제 깨끗이 끝났다고, 아무 걱정할 것 없다고 웃으며 술잔을 부딪는 아비들에게 미자는 묻는다.

"이것으로 정말 끝인가요?"

이 대목에서 화면을 잠시 중지시키고 아이들에게 묻는다.
"정말 이대로 끝일까? 끝이 아니라면 무슨 문제가 남았지?"
아이들은 고개를 갸웃거린다.
"피해자 엄마 마음이 바뀌어요?"
"욱이와 친구들, 그 애들은 어떻게 되지? 그 애들의 영혼을 그렇게 내버려 둬도 될까?"

자신의 무자비한 폭력으로 죽어 간 소녀에게 진실한 참회 한번 할 줄 모르는 아이들이다. 부모들은 돈으로 입막음만 하면 자식들의 앞날에 아무 문제가 없을 것이라고 생각하지만, 이것이야말로 자식을 영원히 구제하지 못할 처방이다. 이렇게 아무런 죄의식도 못 느끼는 아이들이, 사랑의 정점이 되어야 할 육체적 결합을 짐승보다 못한 폭력으로 풀어 버리는 아이들이 어떻게 참된 인간이 되겠는가. 이들을 진정 구원할 길은 그들의 죽어 버린 영혼을 되살리는 일이다. 그것은 참회와 속죄로부터 시작되어야 한다는 것을 미자는 알고 있다.

미자는 마침내 결심한다. 마지막으로 손자를 깨끗이 씻기고 좋아하는 피자를 사 주고 손톱 발톱도 깎아 준 뒤 집 앞에서 함께 배드민턴을 친다. 평화로운 풍경이다. 그때 경찰차가 온다. 시 낭송회에서 만났던 아는 형사가 손자 욱이를 태운다. 욱이는 말없이 할머니를 본다. 화면이 바뀌어 욱이의 엄마가 미자의 집으로 와서 엄마를 부른다. 대답이 없다. 빈 집이다. 그리고 시 창작 교실의 마지막 수업 시간. 창작 시를 발표하는 시간인데 아무도 시를 지어 오지 않았다. 오직 미자만 시를 보냈다. 시인 선생께 그동안 감사했다며 국화꽃 한 다발과 함께. 시의 제목은 죽은 소녀의 세례명을 딴 〈아네스의 노래〉다. 마지막 화면은 소녀가 몸을 던졌던 그 강물을 다시 비추고, 〈아네스의 노래〉가 낭송된다. 소녀와 할머니는 강물 속에서 합일한 것이다. 죄와 벌도 하나가 되었다. 영화를 다 보고 나면 가슴이 먹먹하여 한동안 일어날 수가 없다.

"할머니가 신고한 거예요?"

"그렇지. 손자의 타락한 영혼을 구원하려는 거겠지. 죄를 짓고도 참회할 줄 모르면 그건 인간이 아니지."

"그런데 아빠들에게 돈은 왜 줬어요?"

미자는 영감에게 찾아가 억지로 돈을 받아 내서 그 아비들에게 건네 줬었다.

"만약 돈을 안 줬으면 다른 사람들은 미자가 돈을 주기 싫어서 아이들을 고소했다고 생각하지 않았을까? 돈 때문에 그런 게 아니라 아이들이 진정한 속죄를 하길 원해서 그랬다는 걸 미자는 말하고 싶었을 거야."

"아……."

그런데 영화 제목은 왜 '시'인가. 성폭력과 시가 무슨 관계인가. 가사 도우미나 하는 할머니를 시 한 편을 쓰기 위하여 애태우는 인물로 표현한 것은 비현실적인 설정이 아닌가. 아니다. 시를 표현하기에 이보다 적절한 인물 배역도 없지 싶다. 소설가 출신인 이창동 감독은 진정 시가 무엇인지를 알고 있다. 이 비루하게 타락한 시대를 구원할 수 있는 것은 참된 시 정신이라는 것을 말하는 영화다. 간절하게 시를 쓰고 싶어 하는 미자는 진정 아름다움과 순결함을 아는 사람이다. 시를 사는 사람이라고 말해도 좋겠다. 미자는 정직한 노동으로 밥을 벌어 손자를 키우면서도 품위를 지키고 아름다움을 가꿀 줄 아는 노인이다. 꽃을 사랑하고 바람에 나부끼는 나뭇잎에 취하는 감성을 가졌으며, 목숨을 던져 진실과 사랑을 일깨워 주는 사람이다. 진짜 시는 이런 곳에 있지 않겠는가. 돈으로 자식들의 범죄를 은폐하려는 아버지들, 그리고 기계와만 놀다가 기계가 되어 영혼을 잃어버린 소년들, 이들은 미자와 대척점에 있는 사람들이다. 이미 굳어 버린 아비들이야 어쩔 수 없다 하더라도 남은 생이 구만리인 소년들을 이렇게 방치할 수는 없다. 할머니는 소년들의 죽은 영혼을 구하기 위해서 자신의 육신을 바쳤다.

  시는 가장 순결한 영혼이며, 그것은 꽃과 쓰레기통 속에서 같이 존재함을 영화는 보여 준다. 무고한 죽음에는 책임져야 할 사람이 있다. 참된 참회와 속죄가 없는 세상에서는 죽임당한 자만 죽은 것이 아니라 죽인 자 또한 죽은 자다. 살아 있어도 죽은 자, 죽어 가는 자들을 살릴 유일한 길은 진실한 사랑과 헌신이다. 이제 제대로 벌을 받고 죄의 대가를 치르게 될 손자 욱이는 할머니의 소식을 듣게 될 것이다. 처음에는 할머니 때문에 안 받을 수 있는 벌을 받게 되었다고 원망할지 모른다. 그러나 그는 잃어버렸던 영혼, 양심과 수치심, 사랑을 서서히 되찾을 것이다. 할머니가 목숨을 던져 자신에게 준 것은 벌이 아니라 구원이었음을 깨닫게 될 것이다. 시는 인간의 진실한 영혼이다. 이 영화를 보면 시와 반대되는 말은 돈과 기계인 것 같다. 옳다. 그것들은 영혼을 갉아먹는 녹이다.

시는 높고 고귀한 곳에서 피지 않는다. 시는 낮고 누추한, 그러나 가장 진실한 영혼 속에 피어나는 꽃이다. 영화를 보고 난 아이들도 가장 아름다운 것은 진실이며 그것의 형상화가 시라는 것을 이해하게 된다.

시란 무엇인가. 시 수업을 이 영화 한 편으로 시작해 봐도 좋을 것이다.

시의 힘

...

시인은 질문하는 자, 받아쓰는 자다

'한 사람의 크기는 그가 던지는 질문의 크기다.' 누가 한 말인지는 잊었지만 이 말을 듣는 순간 크게 공감하여 학생들에게도 종종 들려준다. 큰 질문, 빅 퀘스천. 생의 본질과 근원에 대한 질문을 던지는 자들이 진정한 학자요, 예술가요, 종교인이다. 그런데 그 큰 질문은 지금 여기 저잣거리의 삶과 동떨어져 있지 않다. 시인들은 그런 질문을 제대로 던질 줄 아는 이들이다. 큰 질문은 자잘한 현실을 넘어설 수 있는 힘을 주기도 하고 생의 신비와 맞닥뜨리게도 한다. 질문하는 법을 잊은 아이들. 굴만 파고드는 개미처럼 던져진 문제의 답을 찾는 데만 골몰한 아이들에게 존재의 근원에 대한 질문을 던지는 시를 소개한다. 경이로움은 저 먼 하늘이 아니라 여기에 존재하는 모든 것이다. 너무나 당연한 것을 낯설게, 놀라움과 경탄으로 볼 수 있게 눈을 열어 주는 이들이 시인이다. 근원적인 시의 힘은 우리를 인간이란 관념에 갇히기 이전 상태, 존재 그대로의 세계로 몰입하게 하는 충격과 경이로움에 있다.

무엇 때문에 그 누구도 아닌 바로 이 한 사람인 걸까요?
나머지 다른 이들 다 제쳐두고 오직 이 사람인 이유는 무엇일까요?
나 여기서 무얼 하고 있나요?
수많은 날들 가운데 하필이면 화요일에?
새들의 둥지가 아닌 사람의 집에서?
비늘이 아닌 피부로 숨을 쉬면서?
잎사귀가 아니라 얼굴의 거죽을 덮어쓰고서?
어째서 내 생은 단 한 번뿐인 걸까요?
무슨 이유로 바로 여기, 지구에 착륙한 걸까요? 이 작은 혹성에?
얼마나 오랜 시간 동안 나 여기에 없었던 걸까요?
모든 시간을 가로질러 왜 하필 지금일까요?
모든 수평선을 뛰어넘어 어째서 여기까지 왔을까요?
무엇 때문에 천인(天人)도 아니고, 강장동물도 아니고, 해조류도 아넌 걸까요?

  무슨 사연으로 단단한 뼈와 뜨거운 피를 가졌을까요?

  나 자신을 나로 채운 것은 과연 무엇일까요?

  왜 하필 어제도 아니고, 백 년 전도 아닌 바로 지금

  왜 하필 옆자리도 아니고, 지구 반대편도 아닌 바로 이곳에 앉아서

  어두운 구석을 뚫어지게 응시하며

  영원히 끝나지 않을 독백을 읊조리고 있는 걸까요?

  마치 고개를 빳빳이 세우고 으르렁대는 성난 강아지처럼.

— 비스와바 쉼보르스카, 〈경이로움〉

'이것은 무엇인가?' 모든 것은 이 물음으로 출발한다. 이 화사한 가을 햇빛, 살랑대는 바람, 팔락이는 커튼 자락, 이 모든 것은 무엇인가? 끝없이 무엇인가, 무엇인가 질문하는 '나'라는 이놈은 또 무엇인가. 지구별 이 거대한 땅덩이는, 이 거대함을 한 톨 먼지로 만들어 버리는 저 광활한 밤하늘, 광대무변한 우주, 삼라만상森羅萬象은.

질문한다는 것은 분리되었다는 것이다. 먹고 자고 놀며 세계도 없고 나도 없이 그렇게, 통째로, 온전하게, 그냥 있는 그대로 살다가 선악과를 먹고 인식의 눈을 뜬 아담과 이브처럼 모든 인간은 같은 과정을 밟는다. 어느 날 갑자기 세계로부터

떨어져 나와 있는 자신을 발견하는 것이다. 인식의 눈이 열리고 지혜의 눈이 닫히는 것이라고, 신神, 전일全-적 존재로부터 분리되어 이 불가해한 세계에 던져지는 것이라고 철학자들은 말한다.

시는 에덴동산으로부터 떨어져 나온 인간이 본래의 고향으로 가닿고자 하는 필생의 여정을 밝히는 등불이다. 그리워하고 질문하고 발견하고 감동하고 좌절하고 다시 또 길을 떠나고. 시는 그 길에서 만나는 삼라만상이며 바로 그 길이다. 그러므로 시의 마음은 경이로움이다. 일상의 먼지 속에서 눈앞의 일에만 코를 박고 사는 생활인들을 시인은 흔들어 깨운다. 쉼보르스카의 시를 읽으며 우리는 새삼 깨닫는다. 그렇지 나는 인간이지. 조류도 아니고 파충류도 아니고 식물도 아니고, 다른 혹성이 아닌 이 지구별에 살고 있는 인간이지. 다른 때도 아니고 지금, 다른 곳도 아니고 여기 이곳. 잠시 스쳐 가는 존재인 나는 여기에 왜 이렇게 태어나서 살다가 죽는 것일까. 삶의 참뜻은 무엇일까?

"시인은 의미하지 않고 말한다. 이미지는 수단이 아니라 목적이며, 이미지 자체가 의미이다." (옥타비오 파스,《활과 리라》) 시 〈경이로움〉의 이미지는 우리를 다른 존재 — 조류, 파충류, 식물, 강장동물 — 가 되게 한다. 이 생생한 이미지를 통해서 우리는 다른 종으로 변신했다가 살과 뼈와 피와 질문을 가진 인간으로 돌아온다. 굳이 답을 구하는 것이 질문의 목적이 아니다. 지금 여기에 이렇게 한 존재가 있다는 것. 존재만 한 경이가 어디에 있는가. 질문이 곧 답이다. 시인이 보여 주는 것은 이 불가사의한 존재의 경이로움이다.

어디에서 도마뱀은
꼬리에 덧칠할 물감을 사는 것일까.

어디에서 소금은
그 투명한 모습을 얻는 것일까.

어디에서 석탄은 잠들었다가
검은 얼굴로 깨어나는가.

젖먹이 꿀벌은 언제
꿀의 향기를 맨 처음 맡을까.

소나무는 언제
자신이 향을 퍼뜨리기로 결심했을까.

오렌지는 언제

태양과 같은 믿음을 배웠을까.

연기들은 언제

공중을 나는 법을 배웠을까.

뿌리들은 언제 서로 이야기를 나눌까.

별들은 어떻게 물을 구할까.

전갈은 어떻게 독을 품게 되었고

거북이는 무엇을 생각하고 있을까.

그늘이 사라지는 곳은 어디일까.

빗방울이 부르는 노래는 무슨 곡일까.

새들은 어디에서 마지막 눈을 감을까.

왜 나뭇잎은 푸른색일까.

우리가 아는 것은 한 줌 먼지만도 못하고

짐작하는 것만이 산더미 같다.

그토록 열심히 배우건만

우리는 단지 질문하다 사라질 뿐.

— 파블로 네루다, 〈우리는 질문하다가 사라진다〉

보라. 얼마나 많은 신비가 있는가. 별들은 어떻게 물을 구할까. 거대한 먼지 뭉치 뜨거운 별이 식으면서 수증기로 올라가 구름이 되고 구름이 비로 내려 바다가 되고 바다에서 생명이 탄생하고…… 이런 과학적인 답변으로 질문이 해소되는 것이 아니다. 태초에 우주는 왜 있으며 먼지는 왜 뭉쳐서 별이 되는가 말이다. 답이 없는 질문이다. 굳이 답을 말하자면 '알 수 없음'이다. 거대한 신비라고 말해도 좋다. 이 모든 것들은 다 무엇인가. 누가 이 모든 것들을 존재하게 하는가. 불교의 선사들은 '오직 모를 뿐'이라 하고 '공空'이라고도 한다. 색이나 공은 개념적인 말이라 사람들의 머릿속에 또 어떤 생각을 불러일으킨다. 생각은 답이 아니다. 그래서 불립문자不立文字, 도가도 비상도道可道非常道라 했다. 오직 질문 그대로, 존재 그대로가 답인 것이다. 알지 못함 속에서 '한 줌 먼지만도 못한' 앎이 나온다. 알지 못함을 받아들이고 나 또한 알지 못함이 되어 사라지는 것. 궁극이란 이런 것이다.

그러나 이렇게 찬란한 세계는 역시 눈앞에 있다. 소금도 소나무도 연기도 뿌리도 빗방울도 새도……. 이렇게나 많은 생생한 것들이 나타나고 사라진다. 어디에서 와서 어디로 가느냐고 근원을 탐구하는 것도, 이 놀라운 형상의 아름다움에 취하는 것도 시인의 놀이다. 이 신비로운 세계 속에 살고 있으면서도 신비를 신비인 줄 모르는 이들의 손을 잡아당긴다. 이 놀라운 것들을 좀 봐라. 이 충만한 햇살은 얼마나 신비한가. 물과 바람과 흙은 또 얼마나 놀라운가. 삼라만상 둘러보면 신비 아닌 것이 없다. 우리는 시인의 눈을 통해 새로이 세계를 발견한다.

시인은 기본적으로 질문하는 자다. 당연한 것을 당연하게 보지 않고 경탄하며 질문하는 사람, 세계에 대한 경이의 마음을 잃지 않은 사람, 그것을 전파할 소명을 받은 이들이 시인이다. 만해선사의 질문 또한 위의 시인들과 다르지 않다.

바람도 없는 공중에 수직의 파문을 내이며 고요히 떨어지는 오동잎은 누구의 발자취입니까.

지리한 장마 끝에 서풍에 몰려가는 무서운 검은 구름의 터진 틈으로 언뜻언뜻 보이는 푸른 하늘은 누구의 얼굴입니까.

꽃도 없는 깊은 나무에 푸른 이끼를 거쳐서, 옛 탑 위의 고요한 하늘을 스치는 알 수 없는 향기는 누구의 입김입니까.

근원은 알지도 못할 곳에서 나서, 돌부리를 울리고 가늘게 흐르는 적은 시내는 굽이굽이 누구의 노래입니까.

연꽃 같은 빌꿈치로 가이없는 바다를 밟고, 옥 같은 손으로 끝없는 하늘을 만지면서, 떨어지는 날을 곱게 단장하는 저녁놀은 누구의 시詩입니까.

　타고 남은 재가 다시 기름이 됩니다. 그칠 줄을 모르고 타는 나의 가슴은 누구의 밤을 지키는 약한 등불입니까.

— 한용운, 〈알 수 없어요〉

　오랫동안 이 시가 참 어려웠다. 그래, 이 질문들에 대한 답은 뭐란 말인가. '알 수 없어요'가 어떻게 답이 될 수 있는가. 그런데 이제는 알 수 없음을 수용한다. 아니, 내가 알 수 없음 속에 수용된다. 세계는 오직 이뿐이다. 보이지도 않고 붙잡을 수도 없는 무궁무진 전지전능한 알 수 없음. 저 우주 바깥 어디에 신비한 다른 세계가 있는 것이 아니다. 그냥 여기 있다. 연꽃 그대로, 바다 그대로, 노을 그대로, 타는 가슴 그대로, 쉼 없이 움직이는 손가락 그대로. 이것이 바로 알 수 없음이며 신비. 시는 이 신비와 더불어 노는 것이다.

　무엇이든 알려고, 이해하려고 하는 것이 인간의 일이다. 알 수 없음을 견디지 못한다. 그래서 오히려 거대한 신비를 놓치고 있는 것이다. 이해란 소주잔 속에 바다를 담으려는 허망한 일이다. 이해란 곧 오해라고, 지식이란 인간의 머리로 헤아리는 일일 뿐이므로 진실하지 못한 것이라고 선지식 스승들은 말씀하신다. 이런 이야기를 학생들에게 하면 어리벙벙한 표정이다. 공부란 앎인데, 알 수 없음이 맞다니. 이해가 진실하지 못하다니. 자아의 틀이 강한 아이들은 반발하기까지 한다. 대체 무슨 얘기예요? 그럼에도 불구하고 이야기한다. 인생의 목적이 앎은 아니다. 신비와 함께, 신비 속에서 그냥 존재하는 것이다. 이것을 받아들이지 못하면 우리는 오동잎도 푸른 하늘도 나무도 시내도 만나지 못한다. 세계는 저만치 멀리 떨어져 있을 뿐이다. 그러나 사실 나와 세계는 저만치 멀리 떨어져 있는 것이 아니라 모든 것은 나의 세계이며 바로 나이다. 보고 듣고 만지는 모든 것이 바로 나이다. 나는 한 육신 안에 한정된 존재가 아니다.

    그래 그 무렵이었다. 시가
    날 찾아왔다. 난 모른다. 어디서 왔는지
    모른다. 겨울에선지 강에선지.
    언제 어떻게 왔는지도 모른다.
    아니다. 목소리는 아니었다. 말도,
    침묵도 아니었다.
    하지만 어느 거리에선가 날 부르고 있었다.
    밤의 가지들로부터
    느닷없이 타인들 틈에서

격렬한 불길 속에서
혹은 내가 홀로 돌아올 때
얼굴도 없이 저만치 지키고 섰다가
나를 건드리곤 했다.

나는 무슨 말을 해야 할지 몰랐다.
입술은
얼어붙었고
눈은 사람처럼 앞이 캄캄했다.
그때 무언가가 내 영혼 속에서 꿈틀거렸다.
열병 혹은 잃어버린 날개들,
그 불탄 상처를
해독하며
난 고독해져 갔다.
그리고 막연히 첫 행을 썼다.
형체도 없는, 어렴풋한, 순전한
헛소리,
쥐뿔도 모르는 자의
알량한 지혜.
그때 나는 갑자기 보았다.

하늘이

흩어지고

열리는 것을

행성들을

고동치는 농장들을

화살과 불과 꽃에

들쑤셔진

그림자를

소용돌이치는 밤을, 우주를 보았다.

그리고 나, 티끌만 한 존재는

신비를 닮은, 신비의

형상을 한,

별이 가득 뿌려진

거대한 허공에 취해

스스로 순수한 심연의 일부가 된 것만 같았다.

나는 별들과 함께 떠돌았고

내 가슴은 바람 속에 풀려났다.

— 파블로 네루다, 〈시〉

시인에게 무슨 일이 있었던 걸까. 목소리도 말도 침묵도 아닌 것이 언제 어디에선지도 모르는 것이 느닷없이, 격렬하게 나를 찾아온 그 시란 놈은 대체 무엇일까. 왜 이렇게 내 영혼을 흔드는 것일까. 세계는 어둠처럼 모호하고 시인은 알 수 없는 영혼의 울림을 해독하려 애쓴다. 아무것도 아닌, 순전한 헛소리 같은 첫 시행. 그런데 갑자기 하늘이 열리고 별들과 농장과 밤과 우주가 소용돌이친다. 나는 그 소용돌이에 휘말릴 뿐이다. 시는 더 이상 시인이 쓰는 것이 아니다. 시인은 어디에서 어떻게 오는지도 모르는 시를 받아쓸 뿐이다. 우주의 티끌만 한 존재인 시인도 사실은 별들과 바람과 하나로 떠돌고 풀려나는 심연, 거대한 신비의 일부이다.

이 시로 수업을 하면서 나는 '우주와의 합일, 물아일체物我一體, 범아일여梵我一如', '우주와 내가 둘이 아니다', '세계와 나는 하나다' 이런 말들을 칠판에 써 댔다. '한 알의 먼지 속에 우주가 들어 있다(일미진중함시방一微塵中含十方).' 내가 '심연의 일부'라는 말은 이런 것이다. 우리는 모두 이 거대한 신비다. 일부이며 전부이다. 색즉시공色卽是空 공즉시색空卽是色. 색이란 우주 삼라만상이요, 공이란 이 시에서 말하는 '거대한 허공'이다. 만물은 이 거대한 허공에서 출몰하며 시인은 지금 그 허공과의 합일 체험을 쓰고 있다. 이런 해설들을 아이들은 얼마나 이해할까. 나도 제대로 체득하지도 못한 개념들을 아이들에게 쏟아 놓고 있지는 않은가. 다행히 아이들은 제대로 이해하긴 어려워도 뭔가 신비한 자극, 마음이 무한하게 열리는 것 같은 느낌은 받는다. 너무 과장된 건 아닌가라고 말하는 애들도 있지만, 강렬하게 기억되는 시임에는 틀림없는 것 같다. 네루다라는 시인의 이름을 잊지 않는다. 너무 일상적이고 쉬운 시보다 이런 게 진짜 시 같다고 말하는 아이들도 있다. 이렇게 불가사의不可思議의 세계로 마음이 열리는 것은 귀한 체험이다. 나도, 세계도 신비로구나. 이런 것을 마음에 품은 이들은 세속의 탐욕 속에만 자신을 던져둘 수 없다. 속물이 되지 않게 하는 힘. 이것은 어쩌면 가장 가치 있는 시의 힘이다.

    함양 백전 녹색대 가는 버스는 오십 분 간격이다
    버스가 떠나려면 아직 한참이나 남았다
    일찍 차에 오르니 할머니들만 다섯 먼저 타고 계시다
    아는 사람 모르는 사람 노친네들은 서로 거리낌이 없다
    할매는 올해 나이가 몇이오
    나는 아직 얼마 안 되요 칠십 서이
    아직 젊구마 한참 농사 짓것네

그래도 오만 데가 아푸고 쑤시요 할매는 얼마요

나는 칠십 아홉 저 할매하고 동갑이오

칩십 셋은 아직 괜찮소 여섯 넘기면 영 힘에 부치요

손수레와 도리깨를 옆에 둔 할머니가 칠십 제일 젊다

중년 아낙 둘이 상자보따리를 들고 새로 탔다

저기 뭣이꼬

삼이까

삼은 아닌 것 같은데 더 무거버 뵈는데

젊은 할머니가 호기심을 참지 못한다

새댁이 그기 뭣이요

친정 엄마가 싸주는 거라요

아이고 추석도 마이 지났는데 친정 어마씨가 꼭꼭 챙기났구마

자식들한테 저래 싸주마 맘이 시원하재

하모요 오목조목 싸 주먼 묵을 놈이 묵으니께 주는 마음 좋고

싸갖고 가면 엄마가 주는 거니께 묵으민서 좋고 안 그러요

할매는 콩 도리깨를 샀구마 올해는 콩이 질어서 타작 좀 하겠네

콩이 잘 되야재 팥 없이는 살아도 콩 없이는 못 사니께

할머니는 도리깨로 마당 가득 콩 타작을 하여

둥글둥글 메주 띄워 간장 된장 청국장 단지 단지 담아서

전국 각지 오남매에게 또 오목조목 싸 부칠 것이다

묵을 놈이 묵으니께 주는 마음 시원하재

— 조향미, 〈함양 군내버스〉

세계적인 시인들의 시 끝에 졸작 한 편을 덧붙이니 민망하다. 그러나 위대한 것과 소박한 것은 그렇게 멀리 떨어져 있지 않다. 변변찮지만 이 시를 통해서 시인이란 어떤 사람인가, 시는 어떻게 써지는가에 대해서 덧붙이고 싶다.

하이데거는 참된 사유하기는 따라-사유하기이고, 참된 말하기는 따라-말하기이며, '말하기'는 무엇보다 '듣기'라고 했다. 근대 이후 인간은 개인, 개성, 자아를 강조하고 주체성, 능동성을 찬양하게 되었다. 하지만 그것은 인간의 교만, 도리 없는 공허를 불러들였다. 우주 최고의 자리에 '나'가 놓이는 것은 명백한 착각이고 미망이다. 나의 생은 내가 느끼는 것만큼 능동적이지도 주체적이지도 않다. 우선 탄생과 죽음, 생로병사 자체가 내 뜻과 의지로 행해지는 것이 아니지 않은가. 자기만의 세계, 자기만의 생각이 절대선인 양 추구해 왔지만 그렇게 파편화되어 갈수록 고독하고 공허해질 뿐이다. 개성을 주장하지 않고 나와 남을 그렇게 분별하지도 않고 공동체 속에, 큰 생명의 흐름 속에 자아를 녹여 버리는 이들을 보는 것은 늘 훈훈한 감동이다.

〈함양 군내버스〉의 할머니들이 그러하다. 그 할머니들에게 자아는 중요하지 않다. 나라는 존재는 다른 누구와도 다르게 독특하고 개성적이어야 한다고 고집하지 않는다. 그냥 몇 살 몇 살의 노인들, 누구나 그 나이가 되면 그렇게 늙고 아프고 죽어 가는 것이다. 마지막까지 내줄 수 있는 것은 내주며 살다 가는 것이다. 그들은 자아라는 짐을 지고 낑낑대며 살고 있지 않아 보였다. 이 시는 할머니들을 따라-사유하고, 할머니들의 말을 듣고 따라-말한 작품이다. 필자의 판단을 최대한 제거하고 존재를 그대로 드러나게 하려고 했다. 이런 시작詩作은 즐겁다. 그리고 언젠가 나도 이 모든 근원과 합치하여 무장무애無障無礙하기를 바란다. 그것은 대단한 것이 아니다. 그냥 있는 그대로 생을 수용하며 자아에서 해방된 할머니가 되는 것이다.

이창동 감독의 영화 〈시〉에 출연한 김용택 시인은 "어떻게 하면 시상이 찾아오나요?"라고 묻는 문학도文學徒 할머니 미자에게 답한다. "시상은 앉아서 기다리면 오지 않아요. 간절한 마음으로 찾아가야 합니다. 꽃에도 쓰레기통에도 시는 있어요." 하이데거의 말은 이렇다. "인간이 존재의 진리를 말하는 것은 그가 그때그때 스스로 말하는 존재의 언어를 따라 말하거나, 반복해 말하거나, 응답해 말할 때뿐"이라고. 시는 시인을 찾아온다. 느닷없이 혹은 간절한 기다림 끝에 시가 모습을 나타낸다. 억지로 여기저기 들추어 대면서 찾아다니는 행위는 작위이기 쉽다. 그런 시들도 많다. 생각의 조작, 유희, 억지. 사실 기다림이나 찾는다는 것도 인간의 말놀음이지만, 어쨌든 좋은 시는 온 마음을 열고 존재의 소리를 듣는 데서 탄생한다. 고요하고 간절한 소리가 들린다. 여기 나를 받아쓰라고. 제대로 받아쓰지 못하면 그 존재의 소리는 자꾸만 귓전에서 달그락거린다. 나를 제대로 듣고 따라 말하라고. 그래서 "시인은 시의 전능한 주인이 아니라 충실한 종복從僕일 뿐이다. 그래서 시인은 언제나 복되지만 곤궁하기도 하다". (김용규, 《철학카페에서 시 읽기》)

그 복되고도 곤궁한 시인을 따라서 세상 속으로 또는 우주의 신비 속으로 들어가다 보면 우리는 찬란한 한세상을 만난다. 또 스스로 그 한세상이 된다. 물론 시는 문자의 세계다. 문자를 문자로만, 뜻으로만 받아들이면 진리에 이르지 못한다. 그러나 문자 또한 진리의 한 조각임을 깨닫는다면 시는 진리에 가장 가까운 언어다. 진실과 진리. 세상에 이보다 큰 힘은 없다.

나도 시를
와싹 깨물어 먹었으면

...

 나에게 시는 창과 햇살의 이미지를 갖고 있다. 햇살이 부드럽고 따스한 봄날 혹은 가을날, 깨끗이 책상을 치우고 창 앞에 앉아 시집을 펼쳐 들면 더없이 평화롭고 행복하다. 여백이 많은 넉넉한 책, 두껍지 않아서 부담스럽지 않은 책, 말이 적어서 마음이 자유로워지는 책, 맑은 물처럼 마음을 씻어 주는 책이 시집이다. 인간의 삶에서 놀라운 것이 한두 가지가 아니지만 예술을 향유할 수 있다는 것도 생각해 보면 참 경이로운 일이다. 인간의 탐욕과 이기심, 경쟁심도 끝이 없지만 또 아무런 보상 없이 순수하게 지금 존재하는 그대로 시와 음악과 그림을 즐길 수 있는 아름다운 존재가 인간이다. 예술은 존재 자체가 목적이다. 무엇을 위하여 예술을 한다면 그것은 이미 예술이 아니다. 과거도 미래도 아닌 지금 이 순간의 순수한 몰입과 현존이 예술이다. 시를 읽으면서 지금 즐겁고, 지금 흘러나오는 음악이 감미로운 것이다. 그림이 지금 눈앞에서 감춰졌던 세계를 열어 보인다.

그러므로 예술은 무엇을 위한 도구가 아니다. 시를 읽고 혁명가가 될 수도 있지만 혁명가를 만들기 위해서 시가 존재하는 것은 아니다. 그저 읽고 쓰면서 충만하고 행복한 것이 시다. 그런데 누구나 행복하기를 바라지만 시와 같은 예술을 통해서 행복감을 더욱 높일 수 있다는 것을 잘 모르는 사람이 많다. 행복의 개념이 세상의 틀과는 좀 다를 수도 있지만 어쨌든 이것은 아쉬운 일이다. 시와 음악과 그림을 자신의 삶 속으로 스며들게 한 사람들은 돈이나 권력이나 명예가 없어도, 주변에 사람들이 많지 않아도 행복하게 자재自在할 수 있다. 훨씬 적은 것을 가지고도 훨씬 넉넉하게 살 수 있다.

어떻게 하면 시를 즐길 수 있을까. 시는 어려운 것이라는 생각 때문에 사람들은 쉽게 접근하지 못한다. 하지만 시집도 가지가지니 우선 내 취향과 수준에 맞는 시집을 골라서 자주 시를 접하는 것이 좋겠다. '독서백편의자현讀書百遍義自見'이라 했으니 많이 읽다 보면 저절로 뜻이 통한다. 시는 길지 않은 글이므로 시어 하나하나 한 구절 한 구절을 거듭 읽고 음미해 보기에 좋다. 시간에 쫓기며 각박하게 살아가는 현대인들이 시집 한 권을 펼쳐 들고 느긋이 읽을 수 있다면 그 자체로 '힐링'이 될 것이다.

  나의 경우 시를 읽고 쓰고 가르치는 인생을 살아오면서 시는 최고의 벗이자 나 자신이었다. 고해苦海인 인생의 큰 복이라 느낀다. 그래서 내가 가르치는 아이들에게도 시의 맛을 느끼게 해 주고 싶다. 시험을 치르기 위해서 이해하고 분석하는 데 그치는 시 공부가 아니라 순수하게 시라는 예술의 아름다움에 빠져드는 향유자가 되어 주길 바란다. 그렇게 하려면 아이들 스스로 시를 즐길 기회를 주어야 한다. 교과서 시 수업을 할 때도 내가 해석을 다 해 주기보다 아이들이 이 작품에서 어떤 느낌을 받았는지 먼저 말해 보게 한다. 모둠별로 자유로이 해석을 하라 하면 정말 생각지도 못한 구구하고 기발한 해석들이 많이 나온다. 이렇게 자유로이 시를 즐겨 보는 시간이 아주 소중하다. 그러고 나서 수업을 하면 아이들의 집중도도 높고 한 편의 시에 이렇게 깊은 뜻이 있었던가, 새삼 놀라기도 한다. 또 시험을 위해서만 배울 뿐이라고 생각하던 운율이며 비유, 상징과 같은 시의 요소들, 시인의 삶과 시대를 이해하는 것이 시를 폭넓게 감상하는 데 매우 중요하다는 것도 느낀다. 교과서라고 무조건 재미없고 딱딱하게만 생각하는 것은 편견이다. 사실 교과서는 여러 집필자들이 가장 공들여 만든 정선된 교재인 것이다. 교과서 시 단원을 마치고 소감을 써 보게 한다. 이런 시간은 배운 것을 되새김질하며 자기 것으로 내면화하는 시간이다. 또한 교사에게는 학생들의 글을 읽으면서 수업에 대해 반성하고 정리하는 시간이 된다.

물론 교과서 시 몇 편으로 아이들을 시를 즐기는 단계까지 끌어올릴 수는 없다. 좋은 시를 접할 수 있는 기회를 더 마련해 주려면 수행평가를 동원하는 것도 좋은 방법이다. 아이들의 활동을 점수화한다는 한계가 있지만 그래도 현재로선 가장 자율성이 큰 평가 제도이다. 독서 공책 쓰기를 하면서 한 달에 두 편씩 자기가 좋아하는 시를 베껴 쓰고 감상을 써 보게 하는 활동을 꾸준히 해 보았다. 처음에는 혼자서 시를 읽는 것을 어려워하고 완전히 빗나간 해석들을 내놓기도 했지만 일 년쯤 지나면 시를 보는 안목이 성큼 자란다.

시와 문학이 사람을 얼마나 성장시켜 주는가를 크게 깨닫게 해 준 학생이 있다. 1학년 때부터 함께 수업해 온 혜화라는 아이였다. 얼굴은 예쁘장하니 귀염성이 있는데 뭔가 마음에 그늘이 있는 듯 보였다. 무슨 말을 하면 삐딱하게 받아들였다.

'돈과 물질도 중요하지만 사람에게 진짜 중요한 것은 마음이고 영혼이다.' 특히 이런 말에 녀석은 가소롭다는 표정을 지었다. '세상에서 제일 중요한 건 돈이에요. 돈보다 중요한 것이 있다는 말은 위선이에요.' 이런 이야기를 하고 싶어 하는 듯 보였다. 뭔가 상처가 있구나 싶었지만, 금방 어떻게 할 수가 없어서 내버려 두었다.

그해는 아이들에게 책을 많이 읽혔다. 《내 영혼이 따뜻했던 날들》, 《한티재 하늘》 등은 독서 수행평가로, 《신경림의 시인을 찾아서》는 보충수업 시간에 함께 읽었다. 아이들은 독서 공책에 신문 비평이며 시 감상도 꾸준히 썼다. 그렇게 지낸 일 년 뒤. 2학년이 된 아이들을 나도 따라 올라갔다. 새 학기에 김상욱의 《시의 길을 여는 새벽별 하나》를 독서 과제 책으로 읽히고 처음으로 독서 공책 검사를 했다.

혜화의 공책을 펼쳐 들며, 이 녀석 생각이 좀 변했나 궁금했다. 글을 읽어 가던 나는 깜짝 놀랐다. 1학년 초의 느낌과 너무나 달랐기 때문이다. 글이 깊이도 있고 무엇보다 시를 정말 즐기고 있었다. 《시의 길을 여는 새벽별 하나》의 독후감도 그렇고 개별적인 시 감상문들도 아주 훌륭했다. 더 이상 삐딱이가 아니었다. 감수성이 풍부하고 순수한 열정이 가득한 소녀가 되어 있었다. 그러고 보니 표정도 순하고 맑아 보였던 것이 떠올랐다. 교육이란 변화와 성장이란 것을 절실히 느끼게 해 준 아이. 문학작품을 그냥 읽기만 해도 저절로 마음의 변화가 일어난다는 것을 깨닫게 해 준 혜화의 글을 소개한다. 문학 교사, 시인으로서의 나에게 문학에 대한 믿음과 용기를 새삼스럽게 준 글이다.

나도 시를 '와싹' 깨물어 먹을 수 있다면…….

작가의 고등학교 때의 이야기를 읽으며 내내 생각한 말이다. 주제와 제재, 운율 등으로 머릿속을 채우는 것이 아니라 지금 그저 마음으로 본다면 얼마나 좋을까. 한 사람의 '머리'로 분석된 시가 아니라 나의 '마음'으로 보는 시는 얼마나 감동적일까. 수능이 가까워져 옴에 따라 언어영역 문제집을 들추고 있는 나는 이 책을 보며 간절히 바랬다.

이 책은 전에 읽었던 《신경림의 시인을 찾아서》와는 또 다른 책이다. 시-시인만을 소개하는 것이 아니라 그 시에서 느낀 자신의 생각과 생활 모습을 친근하게 보여 준다. 더욱 정감 있는 모습이었다. 그의 생각에 '이건 나도 같다', '이건 나와 생각이 달라. 난 이렇게 생각하는데……' 하고 작가에게 문답을 하고 보니 더욱 재미있게 끝까지 읽을 수 있었다.

이 책의 필자는 정말 시를 좋아한다. 책 한 장 한 장마다 시 하나

하나마다 작가가 무엇을 느끼고 있는지, 어떤 감동을 받았는지 알 수 있었다. 그는 시 예찬론자 같았다. 그는 시가 단순한 문학이 아니라 우리의 일상생활에도 있는 것이라고 했다. 즉, 시는 짜장면이고 낙엽이 지는 것이고 화를 내는 것이라고도 할 수 있다. 그렇게 생각하면 시는 얼마나 쉬운가. 감정이 북받칠 때 다른 이의 시로라도 표현할 수 있다면 그는 이미 시인이란다. 그러면 다른 이의 시를 읽고 단 한 번이라도 기쁨을, 슬픔을, 감동을 느껴 본 적이 있다면 우리는 이미 훌륭한 시인이 아닐까 하는 건방진 생각도 해 본다.

그러나 역시 직접 시를 쓰는 시인이 되기는 너무 힘든 것 같다. 이런 때가 있다. 무언가 가슴속에서 끓어올라 쓰지 않고는 견딜 수 없어 펜을 들었지만 막상 한 줄, 아니 한 글자도 나의 마음을 표현하지 못한 때가 있다. 무척이나 답답했다. 가슴속의 덩어리들을 글로써 표현하는 것이 이렇게도 어려울 줄이야. 소설 〈메별〉에서 최명희가 한 말처럼 가슴과 가슴을 맞대어 서로를 알 수 있길 나 역시 바랬다.

그런데 이런 마음들을 조심조심 거의 완전하게 글로 옮겨 놓은 시인들은 얼마나 대단하단 말인가. 나는 시의 위대함을 또 다른 곳에서도 찾을 수 있었다. 언어의 초월성. 언어는 보편성을 가진다. 그 보편성 때문에 우리는 뜻을 더 쉽게 이해할 수 있지만 그로 인해 늘 한계를 갖게 된다. 그러나 시는 시이기 때문에 이 모든 것을 초월할 수 있다. 언어에 속해 있으면서도 그보다 더 넓고 자유로운 시. 그래서 필자는 시를 그렇게 사랑할 수 있었을 거라 생각한다.

나는 이 책에서 많은 시와 시인들을 만날 수 있었다. '길이 아닌 길'을 걷는 이도 있었고, 자신의 신념을 지키기 위해 감옥에 갇히기도 하는 등 시와 마찬가지로 다양하고 엉뚱하기도 한 시인들을 만나 보았다. 이전에는 시나 시인은 나와 전혀 상관이 없을 거라고 생각했었다. 그러나 커 가면서 노래와 시만큼 나의 마음을 잘 표현할 수 있는 수단도 없다는 생각을 하게 되었다. 그리고 시를 좋아하게 되었다. 아마 앞으로 나는 이 책의 필자만큼은 아니더라도 생활 속에서도 시를 찾을 수 있을 것이다. 그런 생각을 하면 어쩐지 입가로 웃음이 번져 온다. 본 만큼 느끼고 그것을 표현할 수 있는 나. 정말 내가 벌써 시인이 된 듯한 느낌이다.

— 혜화, 《시의 길을 여는 새벽별 하나》를 읽고

이 친구뿐이 아니다. 1학년 땐 아무 맛도 모르고 그냥 숙제니까 의무적으로 하던 독서 공책이 2학년이 되면 훨씬 풍부해진다. 아름다운 시화를 그리기도 하며, 시 감상이 공책 한 쪽을 넘기는 아이들도 늘어난다. 시 한 편을 읽으면서 묻어 두었던 자신의 이야기를 자기도 모르게 펼쳐 놓기도 한다. 한 해는 문학 시간에 3분 말하기로 애송시를 암송하게 한 적이 있었는데, 한 녀석이 나와서 시를 읊다가 눈물을 흘렸다. 보고 있던 우리도 가슴이 뭉클해졌다. 뒤에 그 애는 시를 읽으면서 울다니 스스로도 깜짝 놀랐다고 독서 공책에 썼다. 시의 힘이 이렇게 큰 줄 몰랐다고. 또 친구들과 왁자하게 떠들고 놀기만 좋아하는 줄 알았던 한 아이는 시 암송 시간에 멋진 배경음악을 준비하고 얼마나 취해서 시를 읽는지, 아이들도 나도 완전 몰입해서 경청했다. 와, 저 아이에게 저런 면이 있었다니! 이런 활동이 아니었으면 그 아이의 진면목을 영영 모를 뻔했다. 국어 지필 시험 점수가 높은 아이와 시를 멋지게 암송하고 감상을 풍부하게 쓸 줄 아는 아이, 과연 누가 진짜 시를 좋아하고 즐길 줄 아는 사람인가.

시는 혼자 읽어도 좋지만, 여럿이 함께 낭송하고 이야기 나누는 시회를 하면 즐거움이 몇 배나 커진다. 내가 한 첫 시회는 중1 때였다. 어느 날 청소를 깨끗이 끝내고 빈 교실에서 대여섯 명의 여자애들이 둘러앉아 제각각 마련한 예쁜 시 수첩을 꺼냈다. 알록달록 예쁜 그 수첩에는 처음 배운 펜글씨로 보라색, 초록색 잉크를 찍어 가며 정성들여 쓴 시편들이 담겨 있었다. 김소월의 〈진달래꽃〉, 〈초혼〉, 윌리엄 워즈워스의 〈초원의 빛〉, 구르몽의 〈낙엽〉 등이 지금 기억나는 그때의 시편들이다. 초원의 빛이여 꽃의 영광이여, 산산이 부서진 이름이여! 불러도 주인 없는 이름이여! 시몬 너는 좋으냐 낙엽 밟는 소리가……. 이런 시구들은 뜻을 몰라도 좋았다. 그냥 ~이여 하는 감탄조의 어투가 괜히 멋있었다. 같은 시를 함께 낭송하다가 한 편씩 자기가 좋아하는 시를 외워 오자 했다. 친구들의 시를 들으면서 내가 모르는 걸 궁금해하기도 하고 서로 자극도 받으면서 정말 순수하게 시를 즐겼다.

학창 시절에 나름대로 이런 경험을 가진, 시를 즐기는 몇몇 벗들이 시회를 만들어 보자 했다. 평소 시를 좋아하고 마음이 잘 통하는 교사들 십여 명이 모였다. 모두 이곳저곳 다른 학교에 흩어져 있는 이들이었다. 한 달에 한 번, 그동안 읽었던 좋은 시 두어 편을 참석자 숫자만큼 복사해 온다. 돌아가면서 시를 낭송하고 작품에 대한 느낌을 나눈다. 책을 한 권 다 읽고 참여해야 하는 독서모임과 달리 시 한두 편만 준비해 가면 되는 시회는 일단 부담이 없으면서도 풍성했다. 짧은 시 한 편이 끌어내는 이야기는 참 많다. 시의 멋진 표현에 감탄하기도 하고, 내용에 깊이 침잠하기도 한다. 혼자서 읽는 것보다 여럿이서 읽으면 훨씬 맛이 난다. 독자들마다 같은 시에 대해서도 주목하는 구절이 다르기 때문에 새로운 시선으로 작품을 볼 수 있게 되는 것이다.

그렇게 우리 교사들끼리 시회를 하다가 한 해는 아이들과 같이하는 자리를 만들어 보자 했다. 그동안 우리가 읽었던 좋은 시들을 모아서 작은 책자를 만들고 모두들 학생들을 몇 명씩 데리고 왔다. 교사들이 먼저 앞에 나와서 시를 낭송하고 느낌을 말했다. 중간에 음악 연주도 곁들이고 하여 분위기는 더욱 무르익었다. 아이들에게도 마음에 드는 시 한 편씩을 골라서 낭송해 보라 했다. 애들은 쑥스러워하면서도 즐거워했다. 시 읽는 모임은 전혀 어렵지 않다는 것, 시는 산문보다 짧으니 읽기에도 부담 없고 친구들과 나눌 이야깃거리도 두꺼운 책 못지않다는 것을 모두들 다시 느꼈다. 아이들은 처음 접하는 문화를 신기해하면서도 무척 고무되는 얼굴들이었다. 이렇게 시와 놀 수 있구나. 예술은 본래 즐거운 놀이였다는 것을 새삼 깨닫는다. 우리도 해 보고 싶다. 입시만 끝나면! 입시만 끝나면 뭐든 할 거 같다. 그러나 입시가 끝나면 또 더 많은 일들이 시간을 내주지 않는다. 지금 당장 한 권의 시집을 펼쳐 보자. 설마, 집에 시집이 한 권도 없다고? 마음 맞는 친구들끼리 같은 시집을 사서 읽고, 어떤 시가 마음을 끌었는가를 이야기 나눠 보는 것도 좋다. 사람들은 참 비슷하면서도 다르구나. 나는 그냥 스쳐 갔는데 친구가 짚어 내는 이 시도 참 좋구나. 이렇게 따로 또 같이, 공감과 나눔의 즐거움을 느낄 수 있을 것이다.

살구꽃이 처음 피면 한 번 모인다.

복숭아꽃이 처음 피면 한 번 모인다.

한여름에 참외가 익으면 한 번 모인다.

가을이 되어 서늘해지면 서지에서 연꽃을 구경하러 한 번 모인다.

국화꽃이 피면 한 번 모인다.

겨울에 큰 눈이 내리면 한 번 모인다.

한 해가 저물 무렵에 화분에 심은 매화가 꽃을 피우면 한 번 모인다.

― 정약용, 죽란시사(竹欄詩社) 규약 가운데

위에서 보듯 옛 선비들은 틈만 나면 핑계를 대어 모여서 시를 읊고 놀았다. 얼마나 풍요롭고 즐거운 삶인가. 그때의 선비들은 자작시를 쓰는 시회를 했겠지만 굳이 직접 시를 쓰지 않아도 좋다. 물론 시를 쓰는 모임도 좋기는 하겠지만, 시인이 써 놓은 좋은 시를 읽음으로써 그 시를 내 것으로 만들 수 있다. 누가 만들었든 즐기는 자가 진정한 주인인 것이다. 이것이 너와 내가 따로 없는 경지이다. 혼자 읽어도 행복하고 여럿이 읽어도 즐거운 시. 이 맛있는 시를 와싹 깨물어 먹어 보자.

심수환, 〈물에 어리다〉, 2010

2부

문학이 우리를
풍요롭게 할지니

소매를 부여잡는 이별

...

최명희 〈메별〉

어느 가을밤. 단편소설 한 편을 읽고 가슴이 두근거려 잠을 설친 적이 있었다. 그때 나는 전국국어교사모임 회원으로 대안 교과서 만들기에 열심이었다. 전국에 흩어져 있는 편집위원들이 단원별로 적절한 작품들을 고르고 학습 활동을 만들어 홈페이지에 올리고, 한 달에 한 번은 모여서 편집회의도 했다. 밤새워 토론하고, 또 밤을 달려 차를 몰아 전국의 지역을 오갔다. 다시 그럴 수 있을까 싶을 만큼 그때 우리는 열정적이었다.

대안 국어 교과서 《우리 말 우리 글》을 만들고 난 뒤 문학

교과서, 교과서가 안 되면 시와 소설 단행본이라도 만들자고 좋은 작품들을 찾고 있었다. 도서관에서 전집류를 살피다 우연히 최명희의 단편소설 두어 개를 발견했는데 특히 〈메별〉이 정말 좋았다. 섬세하고 강렬하고 아름다웠다. 10권짜리 대하소설 《혼불》도 물론 대단한 작품이지만, 나에게는 〈메별〉한 편에 최명희의 탁월한 문학성이 100% 녹아 있다고 느껴졌다.

어떻게든 이 아름다운 작품을 학생들에게 읽히고 싶었다. 보통의 단편소설은 웬만하면 한 시간 수업 안에 읽힐 수 있다. 그런데 이 작품은 분량도 제법 되고, 무엇보다 그 미묘한 인물의 심리, 소재의 상징성, 과거와 현재를 넘나드는 이야기 구성으로 학생들이 쉽게 읽어 내기 힘든 작품이었다. 하지만 언어와 마음의 관계에 대한 깊은 고찰, 무엇보다 모국어가 한 인간에게 무엇인가 하는 것을 어떤 언어학 자료 못지않게 설득력 있게 그려 내어 수업할 만한 가치가 충분했다. 문서 프로그램을 이용해 작품 전문을 입력해서 모임 게시판에 올리고, 학습 활동을 짜서 수업한 후 학생들의 반응도 올리면서 어떻게든 우리가 만드는 책에 이 작품을 넣자고 열성을 부렸다. 작품을 읽어 본 다른 선생님들도 정말 멋진 작품이라고 공감했다. 그리고 그해 우리가 만든 책 《문학시간에 소설읽기 1》에

이 작품을 수록했다. 그러나 지금까지 어떤 문학 교과서에도 이 작품은 실리지 않았다. 다루기가 만만찮은 작품임은 분명하다.

그 이후로 나는 고2 수업을 맡으면 이 작품을 읽히려고 애썼다. 다른 소설은 각자 읽은 후 수업을 진행해도 괜찮은데 이 작품은 혼자 읽으라고 하면 열에 아홉은 무슨 소린지 도저히 모르겠다고 한다. 그래서 교실에서 함께 읽었다. 작품 전체 내용에 대해 간략히 소개한 뒤, 큰 내용 단락별로 낭독을 시키고 내가 설명을 해 주는 방식을 취한다. 문장 하나하나가 어떤 의미인지, 어떤 표현을 쓰고 있는지 주목해서 보게 하면 아이들도 차츰 소설에 빨려 들어간다. 중간중간 멋진 표현이 나올 때는 감탄사를 연발한다. 야~ 어쩌면 이렇게 표현을 할 수 있니. 이 문장 좀 봐라. 정말 가슴이 두근거리지 않냐. 감동은 전염성이 있다. 아이들도 무심히 넘어가던 구절을 한 번 더 본다. 진짜 그러네요. 흠~ 멋지군요. 처음에 골머리를 앓던 아이들도 즐거워하면서 문장을 음미한다. 〈몌별〉을 읽는 시간은 풍성한 문학의 식탁을 마음껏 맛보는 시간이었다. 수업의 효과를 이 작품만큼 크게 느낀 적도 없었다. 좀 힘들긴 하지만 몇 시간 동안 함께 작품을 공부하고 나서 학생들의 감상문을 받아 보면 수업하기를 잘했구나 싶다. 아이들은 〈몌별〉을 통해서 문학의 아름다움이 어떤 것인지, 왜 문학을 예술이라고 하는지를 알게 되었다고 한다. 자신이 읽었던 최고의 작품이 〈메별〉이라고 말하는 아이들도 제법 있다.

여학교에서 아주 반응이 좋았던 작품인데 남학생들은 어떨까. 보통 문학에 대한 관심과 수용 능력이 여학생보다 남학생들이 좀 뒤처지는 것으로 알고 있다. 처음 남학교에서 〈메별〉을 수업하려고 할 때 동료 교사들이 말렸다. 이 작품을 잘 알고 아주 좋아하는 이들이었지만 남학생들은 안 될 거라고, 욕심을 버리라고 충고했다. 그러나 나는 시도해 보고 싶었다. 수업하기 전에 학생들에게 이런 이야기들을 들려준다. 좀 어려운 작품이다. 그러나 너무나 아름답고 멋진 작품이라 여학생들에게는 아주 반응이 좋았다. 남학생들은 안 될 거라고들 하는데, 나는 너희의 문학적 감수성이 여학생 못지않음을 증명하고 싶다. 앞으로 몇 시간 아주 집중을 해야 한다. 다 읽고 나면 너희도 분명 감탄을 할 거라고 믿는다. 내 믿음이 착각인지 시험해 보고 싶다. 어떠니, 같이 한번 도전해 볼까? 은근히 경쟁심을 자극하는 발언에 걸려든 것인지, 학생들은 보통 때보다 뛰어난 집중력을 보여 준다. 대여섯 시간의 수업을 마친 뒤 받아 본 남학생들의 글. 나는 앞으로 남학생들을 적극 옹호하기로 했다. 여학생들과 같은 감성은 물론, 여학생들이 보지 못했던 부분도 깊이 읽어 내는 아이들도 제법 있다. 어떤 분야에서든 성차별은 금물이다.

〈메별〉은 기본적으로 사랑 이야기다. 메별袂別. 소매를 부여잡는 애틋한 이별이란 뜻이란다. 이런 말이 있는 줄을 이 소설을 읽고 처음 알았다. '그녀'는 한국인 국어 선생이고 '그'는 한국과 중국의 역사를 전공하는 대만 출신 유학생이다. 두 사람이 만난 것은 그가 그녀에게 한국어를 배우기 위해서였다. 등장인물은 두 사람인데, 두 사람의 대화에 등장하는 인물로 대만에 있는 '그'의 연인 '소견'이 있다. 그와 그녀는 처음 만났을 때부터 강렬하게 끌린다. 이백李白의 〈월녀사越女詞〉라는 시를 그녀는 한문으로 그는 한글로 번역하여 한 줄씩 주고받으면서 그간 어떤 사람과도 나누지 못한 교감을 느낀다. 이후 그들은 서로 편지와 만남을 이어 가면서 사랑이 깊어 간다. 그런데 그녀는 대만에서 기다리고 있는 소견이 마음에 걸린다. 소견素絹. 흰 비단이라는 뜻의 처녀가 그를 먼 고향에서 애틋하게 기다리고 있을 것을 생각하면 가슴이 '시리다'. 거기다가 언어의 장벽이 두 사람을 가로막는다. 그의 어눌한 한국말은 열정적인 그의 마음을 표현하기에는 너무 불편한 도구다. 편지로 쓸 때 오히려 그의 마음은 잘 느껴진다. 그녀는 설사 알아듣지 못해도 그가 때때로 자신의 모국어(중국어)로 마음을 표현해 주기를 바라는데, 그는 끝까지 한국어만을 고집한다. 그는 한국어 배우기에 매우 열성이다. 그런데 그녀는 그의 더듬거리는 한국말만 들으면 마음이 식어 버리는 느낌이다. 사랑이란 인간의 가장 직접적이고 열렬한 감정이다. 외국어란 단순한 의미만 전달할 수 있을 뿐, 원초적 감정 자체를 전달할 순 없다고 그녀는 생각한다. 정말 끓어오르는 감정이면 그것은 자신의 본래 말, 모국어로 터져 나와야 한다. 그가 끝내 번역된 말로 감정을 표현하는 것은 끓어오를 만큼 자신을 사랑하지 않는 것이라고 그녀는 생각한다. 원초적인 합일이 어려운 두 사람의 삶의 궤적을 생각하면 그녀의 마음은 슬프고 안타까운데 그는 한국말 배우기에 마음이 더 쏠려 있다. 그녀는 마음이 시린데 그는 눈치도 못 챈다. 소맷자락으로 바람이 스민다.

언어가 다른 두 사람이 사랑에 빠졌다. 마음은 대체로 말로 전달되는데, 어떤 일이 벌어질 것인가. 이런 설정을 통해 작가는 마음의 소통에서 언어가 어떤 역할을 하는지, 특히 모국어가 한 인간에게 무엇인지에 대해 깊이 천착한다. 처음 두 사람은 말이 잘 안 통하는 상태에서 시를 매개로 깊은 교감을 했다. 말보다도 마음으로 서로의 존재를 강렬하게 느꼈던 것이다. 그는 고국에 연인이 있으면서도 "살아서 이런 기분 처음이에요"라고 할 만큼 그녀에게 몰입한다. 그녀 또한 벅찬 마음을 안고 귀가하여 〈월녀사〉의 배경이자 그의 고향이라는 '절강성'을 사전에서 찾아본다. 그러나 무미건조한 사전의 몇 마디 말에 그녀는 절망한다. "견고하고 차가운 철대문에 부딪혀 문간에서 거절당한 것만 같은" 무참함을 느낀다. 사전의 언어는 하나의 기호일 뿐, 인간의 내밀한 삶과 추억과 감정이 들어 있지 않다. 그런데 앞으로 그와 소통을 하려면 이런 사전을 통할 수밖에 없다는 사실이 더욱 그녀를 아득하게 한다. 그녀는 차라리 지도를 펼친다.

심지어는 그 지방에 살고 있는 사람들의 걸음걸이와 목소리까지도 손에 잡힐 듯 떠오르는 것이었다. 그녀는 한밤이 이울도록 홀로 지도를 앞에 놓고 앉아 있었다.

혼자서 느낄 때 그처럼 무한한 자유와 더불어 숨소리가 들리게 가깝던 그곳의 사물들은, 그러나 그의 어눌한 한국어를 통하여 더듬더듬 힘들여 소개될 때, 이상하게도 우화적으로 들리었다. (……) 도대체 언어란 얼마나 속절없는 약속이랴. 사물의 자유를 붙잡아 껍질을 씌워 놓은 것이 바로 언어이다. 허나, 그 불완전한 도구마저도 곧바로 주고받을 수만 있다면 얼마나 좋을 것인가.

그가 서투른 한국어로 애틋한 연서를 보내기 시작한다. 그녀는 점점 그에게 빨려든다. 어느 날 그는 "말로 다 못 써서 내가 직접 가려고요. 당신에게"라며 사진 한 장을 보낸다. 그것을 본 그녀는 그의 집으로 '직접' 달려간다. 그녀는 그보다 훨씬 열정적인 성격인 것이다. 그렇게 벅찬 마음으로 달려간 그녀는 그가 친구들과 나누는 중국말-모국어를 처음으로 듣는다. 늘 어눌한 그의 한국말만 들어 온 그녀에겐 거의 경이의 체험이었다. 이 소설에서 가장 가슴 뛰는 대목이다. 정말 "콸콸콸 쏟아지며 놀랍도록 싱싱한" 문장이다. 최명희 선생은 어쩌면 이렇게 힘 있고 유려한 글을 쓸 수 있는지!

일찍이 중국어가 그렇게도 감각적인 관능미를 가지고 있다고는 감히 짐작조차 해 보지 못하였다. 그것은 참으로 휘황하였다. 마치 막힌 봇물이 터진 듯 콸콸콸 한꺼번에 달빛처럼 쏟아지는 그의 목소리, 거기서 울리는 자음, 모음의 투명하고도 장쾌한 유려함이라니. 그가 바로 음악이었다. 참 이상한 일이었다. 자기네 나라 사람끼리 자기네 나라 말을 하는데 왜 그렇게 강렬한 느낌을 받았을까. 그녀를 훑어 내린 것은 전율이었다. 그는 놀랍도록 싱싱해 보였다. 그리고, 그 순간의 그는 거의 완벽하도록 아름다웠다. 그는 처음으로 살아 있는 사람이었다.

그러나 그녀를 발견한 그는 또 더듬거리는 한국어로 입을 연다. 그녀는 차라리 아무 말도 하지 말아 달라고 하지만 그는 또 애써 마음을 '번역'한다.

그녀는 온몸이 터져 나갈 것처럼 뜨겁게 출렁이던 격랑이 한순간에 가라앉으며 식어 내리는 것을 느끼었다. 그리고 지금 이렇게 어눌한 외국어로 더듬거리며, 자신의 심정을 번역하려 애쓰는 그의 모습이 꼭두각시의 몸짓처럼 야릇하게 보였다. 그는 어둠 속에서 흰 가면을 쓰고 있는 종이 인형과도 같았다.

그녀가 지나친 것일까, 그가 눈치가 없는 것일까. 그는 어쨌든 자신의 마음을 '전달'하는 것에만 애를 쓴다. 그의 마음이 정말 강렬하다면 자신도 모르게 모국어로 '표현'하게 될 텐데, 그러면 지도만 보고도 그 고장 사람들의 말소리와 걸음걸이까지도 상상하는 그녀가 얼마든지 그의 마음을 헤아릴 텐데. 그는 열정적으로 '표현'하지 않고 어눌하게 '전달'하려고만 한다. 이런 식의 소통, 어느 쪽이든 번역된 외국어로는 있는 그대로의 마음을 주고받지 못할 것을 깨닫는 그녀의 마음은 '시리다'. 소설 앞부분은 '시리다'라는 단어를 설명해 주는 것으로 시작한다. 과거와 현재의 시간을 오가며 그들 각자의 삶과 인연들이 펼쳐지다가 맨 마지막 부분에 다시 '시리다'가 등장한다. 소설의 실제 시간적 배경은 그들이 고궁에 앉아 '시리다'라는 단어를 놓고 공부하는 몇 시간이었다. 결국 이 소설 전체를 관통하는 감정은 그녀의 '시린' 마음이다. "당신도 소견이랑은 아버지의 사투리로 이야기할 수 있겠네요." 그녀의 이런 말은 모국어는 물론, 고향의 사투리까지 공유할 수 있는 그의 여자 친구 소견에 대한 가슴 시린 부러움, 질투심의 표현이다. 그런데 한국어 배우기에만 몰두해 있는 이 무심한 남자는 이 순간에도 "잠깐⋯⋯ 이랑은⋯⋯ 무슨 말?" 하면서 '이랑'이란 조사助詞가 '와/과'와 어떻게 다른가를 묻는다. 이쯤 되면 같이 읽던 아이들도 흥분한다. 이런 눈치 없는 인간 같으니! 문제는 말이 아니라 마음이다. 사람은 자기 생각을 넘어서 상대방의 마음을 헤아릴 수 있을까. 타인이란 자신이 해석하는 또 다른 자기일 뿐인 것이다. 있는 그대로의 타인이란 과연 존재할까. 그는 그녀를 이해하지 못하고, 그녀도 그를 오해하고 있는지 모른다.

이 소설은 언어를 대하는 그녀와 그, 두 가지 태도를 보여 준다. 이것은 마음을 어떻게 표현하는가 하는 문제와도 연결된다. 그녀에게 언어는 인간의 생각을 전달하는 '중간 세계'이기만 한 것이 아니라, 그 사람의 눈빛이나 머리카락 색깔처럼 존재의 일부분이다. 그녀에게 모국어와 고향 말은 존재의 일부이며, 존재의 표현이다. 그것은 2차 언어인 외국어와 질적으로 다르다. 외국어는 단지 의사 전달의 수단일 뿐. 그러므로 가장 진실한 원초적인 감정을 외국어로 말하는 것은 그녀에게는 감정에 대한 모독처럼 느껴진다. 그러나 그에게 언어는 그냥 의사 전달의 수단일 뿐이다. 그녀에게 어눌하면서도 끝까지 한국어로 자신의 마음을 전달하려고 애쓰는 것은 그것이 상대방에 대한 배려, 사랑이라고 생각하기 때문이다.

사랑이란 두 사람 사이의 완벽한 소통과 교감인데 이들은 처음엔 언어적 소통을 거의 시도하지 않은 상태에서 시 한 편을 통해 강렬한 교감을 느꼈다. 그러나 같은 언어로 소통하려고 하면 할수록 역설적으로 단절감은 깊어진다. 이제 서로 다른 모국어 즉, 원형적인 경험과 기억의 차이로 인한 동질감의 부재는 존재의 합일을 꿈꾸는 그녀를 좌절시킨다. 그들의 첫 만남, 그의 한국말이 더 서툴렀을 때 그들은 마음으로 교감하며 사랑에 빠졌지만, 그가 한국말 배우기에 집착하고 상대방의 마음을 헤아리는 데 무디어지자 사랑은 식어 버린다. 중요한 것은 말이 아니라 마음인 것을……. 바로 곁에 있는 사랑하는 여자의 마음도 헤아리지 못하면서 그는 행인들을 보며 말한다. "저렇게 지나가면서 하는 말도 다 알아들으면 얼마나 좋을까."

어쩌면 우리들도 이렇게 살고 있는지 모른다. 가장 깊이 헤아려야 할 내 곁의 사람의 마음은 팽개쳐 두고, 멀리 상관도 없는 것들에만 마음을 팔고 있는. 그런 삶이 과연 얼마나 좋을까? 행복의 파랑새는 멀리 있지 않듯이, 진짜 행복은 바로 곁에 아니 바로 내 안에 있다는 것을 놓친다. 말과 말의 어긋남의 바탕은 마음의 어긋남이다. 소설 읽기를 마무리하면서 아이들에게 말했다.

"너희, 연애할 때 이 소설을 잘 떠올려 봐라. 상대방이 뭘 생각하고 뭘 원하고 있는가를 헤아리지 못하고 자기 생각 속에만 빠져 있으면 연애는 끝이야. 특히 감정이 무딘 남자들, 이 작품 잘 기억해 둬. 이만큼 수준 높은 연애소설도 드물단다."

이 소설의 아름다움과 깊이는 언어와 마음의 관계라는 주제 이외에도 정말 유려하고 아름다운 문장과 상징적 표현들에 있다. 우선 인물들은 모두 상징하는 색깔이 있다. 그녀는 붉은 색이다. 어린 시절 손톱에 들이던 붉은 봉선화 꽃물로 상징되는 그녀는 섬세하고도 뜨거운 열정을 품은 사람이다. 그는 푸른빛이다. 아버지의 고향 절강성의 푸른 경호의 물빛과 어머니 고향 남전의 쪽빛이 그를 상징하는 빛깔이다. 그도 분명 그녀를 아주 사랑하지만 그녀에 비하면 분석적이고 이성적이다. 저 멀리 있는 중국 처녀 소견은 맑고 순결한 흰 빛으로 상징된다. 세 인물의 상징적 빛깔만이 아니라 소설 전편을 통해 색채가 눈부시다. 노란 은행잎이 떨어지는 가을, 눈부시게 푸른 쪽빛 하늘, 이윽고 서녘 하늘로 지는 붉은 노을. 잎이 떨어지고 하늘이 어두워지며 이들의 관계도 결별에 이를 것임이 암시된다.

그녀는 존재의 원시를 그대로 부둥켜안으며 자유로운 언어로 울 수 있고, 웃을 수 있고, 그리고 제 속에서 저절로 익어 고이는 말로 사랑할 수 있는, 그 무슨 이름인가를 이렇게, 하늘의 갈피를 뒤적이며 찾고 있는 것은 아닌가도 싶었다. 그녀의 손끝은 그저 가 본 일 없는 먼 하늘 너머를 가리키고 있는 것도 같았고, 누구를 간절히 부르려고 하는 것도 같았다. 아니라면 누구에겐가 조용히 손을 흔들고 있는 것도 같았다.

아름답고 슬프고 쓸쓸한 소설이다. 마지막 대목에서 한참 시선이 떨어지지 않는다. 존재의 원시, 먼 하늘 너머, 이 작은 언어의 그릇을 넘어 우리는 거기까지 도달할 수 있을까. 그렇게 존재 그대로 한 사람을 온전히 사랑할 수 있을까.

소설 한 편을 같이 읽고 나서 아이들에게 동영상을 보여 준다. 최명희 선생이 돌아가시고 나서 KBS에서 방영한 스페셜 다큐가 있다. 〈혼불 최명희〉. 글을 쓴다는 것은 무엇인가에 대해 진지하게 고찰한 좋은 영상물이다. 최명희 선생의 삶이 워낙 그랬다. 오로지 글을 쓰기 위해 태어난 것 같은 사람. 어려운 가정환경 속에서도 힘들게 공부해서 국어 교사가 되고도 그 안정적인 자리를 접고 전업 작가의 길로 들어선다. 결혼도 하지 않고 오로지 글쓰기에만 매달렸다. 영상물은 생전의 최명희 선생의 집, 집필실, 작가가 썼던 수십 개의 만년필들, 교정에 교정을 거듭한 원고 뭉치들을 보여 준다. 최명희 선생은 초기에 단편 몇 편을 쓴 것 이외에 18년 동안 《혼불》 집필에만 생애를 바쳤다. 삼십 대에 시작한 소설이 오십에 이르러 완성된다. 그것도 작가는 아직 미완이라고 더 쓸 이야기가 있다고 하지만, 어쨌든 출간이 되고 문학과 문화계의 폭발적인 주목을 받는다. 《혼불》은 하나의 문화사, 예술사라고 할 작품이다. 최명희 선생의 모국어 사랑은 각별했다. 〈메별〉에서도 느낄 수 있지만 모국어란 단순히 의사 전달의 도구로서의 언어가 아니라 바로 한 존재의 근원을 형성한다. 《혼불》을 읽어 본 독자들은 이 대하소설을 작가가 시를 쓰듯이 낱말 하나 문장 하나를 다듬었다는 것을 느낀다. 영상물을 보고 나서 아이들은 꼭 《혼불》을 읽어 봐야겠다고 다짐한다.

영상물에는 깊이 마음에 새길 만한 감동적인 이야기들이 여럿 있는데 아이들이 특히 인상 깊었다고 말하는 부분은 연에 관한 이야기였다. 소설을 쓰면서 작가는 직접 연을 만들어 본다. 연은 가운데를 도려내어 그것을 연의 이마 부분에 붙여야 바람을 안고 올라가게 되어 있다. 사람의 생도 그러하리라. 상처가 도리어 살아갈 힘이 되는 것, 그 상처의 힘으로 날아오를 수 있는 것이 삶이다. 상처와 고통을 두려워하지 말자. 지나고 보면 진실한 힘은 그 상처에서 나오는 것이다.

또 놓칠 수 없는 이야기. 《혼불》을 출간하고 온갖 상을 휩쓸고, '혼불을 사랑하는 사람들', 요즘 식으로 하면 '혼사모'라고 할 만한 팬들이 모여 잔치를 열어 주는데 그때 최명희 선생은 말한다. 자신의 삶은 진주 목걸이의 줄과 같은 것이라고. 진주 한 알 한 알을 줄에 꿰어서 목걸이를 만들 듯, 세상의 수많은 이야기들을 모아서 소설을 쓰는 것이 자기의 존재 이유라 한다. 진주만 드러나야지 줄은 드러나지 않아야 한다. 자신의 삶은 그렇게 묻혀도 좋다는 말씀……. 눈물이 핑 돌았다. 소설가로서 내 이름을 날려 보겠다고 글을 쓴 것이 아니다. 세상에 수없이 존재하는 귀하고 아름다운 삶의 이야기를 받아쓰는 데 나의 생을 바치겠다, 나의 삶 같은 건 아무래도 좋다는 것이다. 진정한 작가는 이런 것이 아닌가. 오로지 아름다운 작품에 자아를 바치는 것이다. 그렇다. 진리의 입장에서 자아란 없다 하지 않는가. 그러나 무아無我인 나는 나에게 주어진 힘과 인연을 최대한으로 끌어 써서 이렇게 위대한 작품을 남기는 것이다. 그리고 스스로의 삶은 흔적 없이 소멸하는 것이다. 최명희 선생은 《혼불》 출간 2년 뒤 세상을 떠나신다. "혼불 하나면 됩니다. 참 잘 살고 갑니다." 선생이 마지막 남긴 말이다. 참으로 아름다운, 이보다 더 좋을 수 없는 삶이다. 혼불 하나면 된다고 했는데, 그 혼불로 건너가는 다리에 〈메별〉이 있다. 이 애틋한 사랑 〈메별〉의 문을 통해서 독자들이 더욱 장대한 《혼불》의 세계로 들어가길 바란다.

어린 왕자와 희망버스

...

생텍쥐페리 《어린 왕자》

 생텍쥐페리의 《어린 왕자》만큼 지속적으로 읽히는 책도 드물 것이다. 판매 부수는 모르겠지만 어쩌면 성경보다 더 보편적으로 접하는 책이 아닐까. 동화책 같은 느낌이라 많은 부모들이 초등학생 자녀들에게 《어린 왕자》를 선물한다. 아이들은 그림을 넘겨 보면서 왕자의 별나라 여행 이야기를 읽는다. 그리고 이 책에서 가장 슬픈 그림이라고 작가가 밝힌, 왕자가 고요히 뒤로 쓰러지는 장면에서 감수성 예민한 아이들은 눈물을 짓기도 한다. 무언가 슬픈 이야기책이라는 느낌을 간직한다.

하지만, 초등학생 시절에 이 책을 제대로 이해할 수 있을까. 중학생들은 온전히 이해할까. 너무 이른 나이에 제대로 이해도 못 하는 상태에서 책장만 넘겨 보고는 그 책을 다 읽었다 생각하는 경우가 있다. 너무 많이 들어서 제대로 읽지도 않고 다 아는 이야기라고 생각하게 만드는 유명한 책들도 있다. 《어린 왕자》가 대표적으로 그런 책이다. 그래서 고등학생들에게 《어린 왕자》를 읽자고 하면, 에이, 애들이 읽는 그런 동화책을 읽어요? 이렇게 시쁘다는 반응들을 보인다. 같은 책이라도 읽는 사람이 달라지면 내용도 달리 보인단다. 너희가 어렸을 때 읽은 《어린 왕자》의 느낌과 비교해 보면 내가 정말 많이 자랐구나 느끼게 될 거야. 꼭 처음부터 다시 읽어 올 것. 학생들의 독서 지도를 할 때 첫 책은 《어린 왕자》로 시작한다. 만남과 관계를 주제로 다룬 문학작품은 낯선 친구와 선생님, 새로운 관계들로 둘러싸인 3월, 아이들의 긴장된 마음을 풀어 주는 데 좋다. 책을 읽고 독후감을 써서 발표하고, 책 전체 내용에서 생각해 볼 질문을 뽑아서 토의를 시켜 보기도 한다. 한 권을 다 읽을 시간이 안 된다면 어린 왕자와 여우, 장미꽃의 이야기들만 발췌해서 인쇄물로 만들어서 수업 시간에 읽고 의미를 파악해 본다.

아이들의 독후감을 읽어 보면 과연 이전에 느끼지 못했던 많은 것을 새로이 느끼게 되었다고 써 놓은 경우가 많다. 또 길들인다는 말이 무언지 제대로 몰랐는데 수업을 듣고 나니 이해가 된다는 아이들도 있다. 그래도 이 책을 제대로 이해했다는 아이들은 한 반에서 삼 분의 일 정도밖에 안 된다. 그만큼 비유와 상징이 많고 철학적인 사유가 깊은 책이다. 그러므로 부모들이 너무 어린 자녀들에게《어린 왕자》를 사 주지 말았으면 좋겠다. 제대로 이해도 못 하면서 괜히 책에 대한 호기심만 떨어뜨리기 때문이다. 그보다는 부모들이 다시 한 번 곰곰 읽어 볼 책이다. 잊고 있던 순수한 마음을 되살릴 계기가 될지 모른다.

올해 독서 재량 교과를 맡게 되어 교과서에 매이지 않고 자유로운 수업을 할 수 있게 되었다. 나는 이런 수업을 선호한다. 수업 자료를 준비하는 것이 좀 힘들기도 하지만, 재량-자유의 즐거움이 크다. 3월 첫 수업에서 틱낫한의 〈공존〉이라는 시적인 산문을 나눠 주고, 현재의 자신과 공존하는 존재들에 대한 짧은 글을 써서 자기소개를 하도록 했다. 그 다음 수업 자료로《어린 왕자》인쇄물을 내 주었다. 3, 4월은 만남과 관계의 달로 수업 주제를 잡았다.《어린 왕자》에는 풀어 볼 상징들이 많다. 바오밥나무, 장미꽃, 여러 별에서 만난 어른들, 여우, 밀밭…….

마음만 같으면 아이들에게 모두 책 한 권씩을 안겨 주고, 첫 페이지부터 한 장씩 읽으며 이야기를 나누고 싶지만 현실 여건이 그렇지 못하다. 여우와의 만남 부분을 중점적으로 해석해 본 뒤 서울대학교의 오래전 논술 문제 하나를 소개했다. 오래되었지만 고전에서 끌어낸 문제가 썩 훌륭하다고 평가받았고, 작품을 깊이 이해하는 데 도움을 주기 때문이다.

현대 사회에서 개인은 거대한 조직에 속해 있으면서 대부분이 익명의 존재로 방치되어 있다고 말하기도 한다. 다음 글은 이 같은 문제를 해결하기 위해 개인과 개인 사이의 참다운 정서적 유대 관계의 형성이 중요하다는 점을 암시하고 있는 것으로 볼 수 있다.

이 글에서 다루고 있는 문제가 어떠한 사회적 조건에서 비롯된 것인가를 간략히 밝히고, 그러한 사회적 조건에 비추어 볼 때, 참다운 인간관계를 형성하는 데에 이 글에서 암시하고 있는 개인적 차원의 노력이 어떠한 의의와 한계를 지니고 있으며, 그 한계를 극복할 수 있는 방안이 무엇인가에 대해 자신의 견해를 논술하라.

— 1997년 서울대학교 정시 논술 문제

아이들에게는 논제 파악부터 쉽지 않다. 이 문제가 요구하는 논제가 세부적으로 몇 개인가를 묻는 것으로 수업을 시작한다. 논제는 어떠한 사회적 조건에서 비롯된 것인가를 먼저 물었다. 생텍쥐페리가 《어린 왕자》라는 작품을 썼던 때는 어떤 시대였나. 인간다운 삶, 사랑과 우정의 관계를 가장 부각시킨 이 작품은 역설적으로 그런 가치가 말살되던 시대에 쓰였으리라는 것을 짐작할 수 있다. 《어린 왕자》는 생텍쥐페리가 비행기를 타고 하늘로 사라져서 다시 돌아오지 않았던 날의 꼭 일 년 전, 1943년에 쓰인 작품이다. 2차 대전 시기, 인류는 전쟁의 광기에 사로잡혔고 물질 만능 가치관 속에서 인간관계는 희박해져 간다. 어른들은 시험 점수만 따지고 돈만 계산하며, 모든 것을 '상점'에서 사려고 한다. 하지만 친구는 상점에서 팔지 않아. 여우는 말한다.

그래서 두 번째 세부 논제는 이런 현실을 타개하기 위해 작가가 제시하는 방법은 무엇인가를 말하란다. 답을 한마디로 하면 길들임-관계 맺기다. 어린 왕자와 장미, 또는 어린 왕자와 여우처럼 연인이나 친구가 되는 거다. 그런데 이것은 개인적 관계다. 개인적 길들임으로 현대 사회의 여러 가지 문제가 해결될까. 어린 왕자를 읽다 보면, 작가는 어떤 생각으로 이 대목을 썼을까 싶은 부분이 있다. 사랑하는 장미와의 갈등 때문에 자기 별을 떠나 여행을 하다가 지구별까지 오게 된 어린 왕자. 세상에서 유일무이한 존재인 줄 알았던 그 장미가 지구별 꽃밭에 수천 송이가 피어 있는 것을 보고 너무나 슬퍼서 엎드려 운다. 그러다 여우를 만나 길들임-관계 맺기에 대해서 듣게 되고, 자기가 길들인 장미는 다른 수많은 장미들과 같지 않다는 것을 알게 된다. 그는 다시 꽃밭으로 가서 말한다.

"내 장미는 너희들 모두보다 중요해. 너희는 아름답지만 텅 비었어."

왕자의 말에 "꽃밭의 장미들은 어쩔 줄 몰라 한다". 이 대목은 어린 왕자의 장미에만 초점을 맞추어 읽어 나가면 별 무리 없이 넘어간다. 그러나 그 꽃밭의 '장미들'의 마음이 되어 보라. 느닷없이 웬 날벼락인가. 너희들은 텅 비었어. 너희들은 아무것도 아니야. 아름다운 왕자에게서 이렇게 차가운 배제의 말을 듣게 되다니. 물론, 어린 왕자의 말은 기본적으로 옳다. 관계 맺지 않은 존재는 나에게 의미가 없다. 내가 시간을 들이고 마음을 바쳐 관계 맺은 존재들만이 내 삶을 의미 있게 만들고, 나에게 기쁨과 행복을 준다. 바로 내 곁의 한 사람을 사랑하지 않는 자가 전 인류를 사랑한다고 말하는 것은 위선이다.

그러나 개인적 관계-길들이기에만 몰두하는 삶은 수많은 문제를 만든다. 끈끈한 개인적 관계는 그 무엇보다 소중한 의

의가 있지만 한계도 크다. 그래서 논제도 개인적 관계의 한계를 짚으라고 했다. 개인적 관계에만 매몰될 때 필연적으로 집단 이기주의, 가족 이기주의, 타인과 사회에 대한 무관심으로 이어지게 된다. 개인적 관계만으로는 사회의 구조적 모순은 해결되지 않는다. 내가 길들인 나만의 '장미'도 소중하지만 꽃밭의 그 수많은 '장미들' 역시 존중할 수 있어야 한다. 나와 나의 사랑이 소중하다면, 그들과 그들의 사랑도 소중한 것이다. 지구라는 공동운명체에 살고 있는 우리에겐 직접적 관계가 아니어도 함께 느낄 수 있는 공감의 능력이 절실하다. 성현들의 가르침은 온 우주가 하나의 그물이요 거미줄이라는데, 나와 전적으로 무관한 타자가 어디 있을 것인가.

겨울의 칼바람과 한여름 땡볕 속에서 몇 달 동안 홀로 허공의 크레인에서 살고 있는 사람이 있다. 목숨을 걸고 동료 노동자들의 복직을 요구하는 한진중공업의 오랜 해고 노동자 김진숙 민주노총 지도위원이다. 해고에 고통받는 수많은 동료들을 대신하여 목숨을 건 아름다운 노동자, 그들의 아픔에 공명하여 희망버스를 탄 수천의 시민들. 희망버스는 이런 것이다. 나와 직접 관계가 없는 그 '장미들'에 대해서도 '너희들은 아무것도 아니야'라고 말하지 않는 것. 나는 당신을 직접 모르지만 당신을 지지하고 승리하기를 간절히 바란다고 생각하는 사람들의 '희망'과 '연대'가 아닌가. 이야말로 '열린 사랑'인 것이다.

그런데 자본과 권력은 그들을 모두 나와 무관한 타인으로만 보라고 말한다. 그들에게 공감의 손을 내밀지 말라고 말한다. 희망버스에 동참했다는 이유로 서울대 정치학과 김세균 교수에 대해 교육부는 징계를 내렸고, 서울대 총장은 명예교수 임명을 보류한다고 발표했다. 그러나 같이 퇴임하는 국문과 교수가 항의를 하고 한 대학원생이 공개적으로 총장을 비판하는 글을 언론에 올리면서 시민사회의 공분을 끌어냈다. 기업이나 권력기관도 아닌 지성의 공간인 대학에서 이런 일이 벌어지는 것은 참으로 부끄러운 일이다. (여론의 비판에 밀려 몇 달 뒤 서울대는 김세균 교수를 명예교수로 추대했다.)

힘 있는 자들은 갈수록 경쟁과 승리만이 최선의 삶인 양 부추기고 있다. 그들의 의도야 뻔하다. 무한 경쟁 속에서 언젠가 나도 승리자가 될 수 있으리라는 환상으로 사람들의 눈을 가려 놓고 기득권을 누리겠다는 속셈이다. 그래서 우리는 그들의 지시대로 아이들을 가르쳐야 할까. 너 이외 주변을 돌아보지 말고 아무것에도 관심 갖지 마라. 누구에게도 공감하지 마라. 약자는 못난 자요 패배자다. 나와 다른 자들을 배척하고 너는 홀로 강자가 되어라. 이렇게 가르치란 말인가.

　우리 사회의 가장 힘센 사람들이 이렇게 배타적이고 이기적이니 학교에서도 따돌림이나 학교폭력이 사라질 수 있겠는가. 사랑과 우정을 권유받지 못하고 자라는 아이들은 외로운 별에 갇힌 어린 왕자와 같다. 지구에 도착한 어린 왕자는 사막에서 외친다. "나는 외로워, 외로워. 내 친구가 되어 줘." 세상은 갈수록 사막이 되어 가고, 외톨이들은 늘어난다. 마음을 터놓을 친구를 사귀지 못해 스마트폰이며 컴퓨터 게임에만 빠져드는 아이들은 햇볕을 외면하며 낮에는 잠들고 유령처럼 밤에만 깨어서 화면 속으로 들어간다. 교실마다 수업 시간에도 꼼짝 않고 깊이 잠든 아이들, 저렇게 홀로 잠든 아이들은 아무도 주목하지 않는 공터의 외로운 장미들이다.

성장하는 수업

...
최시한 〈허생전을 배우는 시간〉

수업이란 무엇인가. 교사와 학생들의 일상은 수업이라고 할 수 있는데 우리는 수업의 본질과 목적에 대해 종종 망각한다. 나날의 일들에 매몰되어 삶의 참된 의미를 잊는 것과 같다. 지정된 책을 진도에 쫓기며 가르치고 시험을 치르는 것을 수업의 목표라고 생각할 때도 있다. 그러나 진실로 공부를 왜 하며, 무엇을 위한 배움이냐 하는 것은 교사도 학생도 늘 품고 있어야 할 화두다. 근본을 굳건히 붙드는 것은 지엽적인 일에 휘둘려 미로를 헤매지 않는 비결이다. 수업은 배움과 가르침의 상호작용을 통한 변화와 성장의 과정이며, 모든 공부의 목적은 좋은 삶이다.

교사와 학생의 수업 과정을 통하여 성장과 변화, 앎과 삶의 관계를 탐구한 소설이 있다. 최시한의 단편소설 〈허생전을 배우는 시간〉이다. 소설은 〈허생전〉 수업으로 시작된다. 왜냐 선생이라는 별명을 가진 국어 선생님은 늘 왜냐, 왜냐 하고 질문하며 일의 원인과 근본을 따져 묻는다. 수업은 아이들과 문답을 주고받으며 자유로우면서도 깊이 있는 앎으로 접근해 간다. 소설 〈허생전〉은 곧 현실로 이어진다. 왜냐 선생이 갑자기 수업에 안 들어오더니 교사노동조합 때문에 교장 선생님과 싸웠다는 소문이 들린다. 급기야 왜냐 선생은 수업 도중에 불려 나가고 다시 학교로 돌아오지 못한다. 그러고 보니 이 소설은 〈허생전〉을 내세우면서 1989년 전교조 사태를 다룬 작품이다. 나는 보충수업 시간이나 재량 수업을 통해서 오랫동안 이 작품을 학생들에게 소개해 왔다. 멋진 성장소설이면서 다양한 주제의 탐구거리가 있기 때문이다. '나'의 일기 형식으로 된 이 작품을 아이들은 처음에는 낯설어하지만, 수업을 마치고 나면 생각이 부쩍 자라 있다. 특히 등장인물들의 다양한 유형에 자신을 투영하여 성찰해 보면서 자신을 객관적으로 인식하는 계기가 된다.

등장인물들을 살펴보자. '나'는 글도 잘 쓰고 말도 잘하는 똑똑한 학생이다. 약자를 배려하는 따뜻한 마음의 소유자에다 현실 비판적인 성향도 강하다. 한편으론 생각이 너무 많아서 행동력은 부족한 편이다. 윤수는 몸이 약하고 말도 더듬는 소심한 아이로 학급에서 소외되어 있는 유형이다. 하지만 '나'와 친해지면서 정의감이 강하고 판단력이 분명한 아이라는 것이 드러난다. 동철이는 공부도 운동도 잘하는 학생이다. 남에게 지기 싫어하고 의사 표현도 분명하다. 그런데 그 자기주장이라는 것이 기실은 주류 언론이나 어른들이 하는 말을 별 반성적 사고 없이 받아들인 것이다. 경미는 '나'가 혼자의 상상 속에서 좋아하던 여학생인데, 막상 만나서 대화해 보니 자기 관심사에만 파묻혀 주변에 무관심한 아이다. 왜냐 선생은 허생처럼 홀로 앞서 가는 지식인보다 끝까지 실천하는 삶을 중시한다. 그가 해직까지 감수하고 노동조합에 참여하는 것은 앎과 삶의 일치를 강조하는 평소의 신념을 실현한 것으로 보인다.

이처럼 인물들은 개성이 뚜렷하면서도 전형성을 띠고 있다. 모둠별로 인물 탐구를 한 뒤 아이들은 스스로 어떤 유형의 인물과 비슷한지 생각해 본다.

이 소설에서 동철이는 부정적으로 설정된 인물인데, 여러 아이들이 동철이의 모습에서 자신을 발견한다고 썼다. 동철이는 자신과 생각이나 행동이 다르면, 그가 교사라 하더라도 반발심을 느낀다. 상당히 견고하게 자기 정체성을 형성한 유형이다. 흔히들 확고한 정체성을 갖는 것이 좋다고 생각하지만 지나친 자기 신뢰는 동철이처럼 자칫 독선에 빠질 위험이 있다. 현실에서도 벌써 이렇게 견고한 틀을 고집하는 아이들이 간혹 있다. 이 수업을 통해 아이들이 스스로를 동철이와 비교하며 반성하는 것은 긍정적인 변화의 신호이다.

가장 많은 학생들이 자신의 모습과 비슷하다고 느낀 등장인물은 '경미'이다. 경미는 자신을 가르치는 선생님이 해직을 당했는데도, '지금 그런 이야기를 왜 하니'라는 반응을 보여 '나'를 실망시킨 여학생이다. 대량 해직으로 이어진 그해 여름의 교사노조-전교조 사태는 당시 가장 뜨거운 사회적 이슈였다. 그런데도 경미는 별 관심 없어 한다. 많은 아이들이 '바깥세상'의 일들에 관심을 갖지 않는 자신의 모습이 경미와 비슷하다고 느꼈다. 우리 교육이 사회의식을 일깨우는 것에 무심하고 오히려 세상에 대한 적극적인 관심을 불순하고 불온한 것으로 느끼게 한 탓이 크겠다.

스스로를 아집에 갇힌 동철이라고, 아무 개념 없는 경미라고, 또는 생각만 많고 행동에 적극적이지 못했던 '나'라고 자각하는 아이들. 이런 솔직한 자기 성찰은 성장의 큰 발판이다.

내면에만 갇혀 있다가 외부자의 시선으로 자신을 한번 점검해 보는 것이다. 그리고 자기만의 환상에 빠져 있던 '나'가 경미의 이름을 지우는 장면, 소심한 윤수가 용감하게 운동장에 피켓을 들고 앉아 있는 장면에서 아이들은 큰 감동을 받았다고 말한다. 소설 첫 장면, 전체 조례 시간에 윤수가 쓰러졌던 그 운동장이다. 그 약하고 못난 윤수가 다른 친구들을 일깨우고 용기를 주는 사람으로 성장한 것이다. '나'는 겉으로 보면 윤수보다 똑똑해 보이지만 실제로는 윤수에게 배운다. 윤수와의 만남과 대화를 통해 자신이 얼마나 관념의 세계에 빠져 있었나를 자각하고, 과감하게 과거의 틀을 벗어 버리는 것이다. 작중 인물의 이런 변화와 성장에 독자인 아이들도 크게 고무받는다. 나도 이렇게 변할 수 있구나. 나도 저렇게 성장해야지.

성장소설이란 이렇게 변화와 성장의 의욕을 북돋우는 작품이다. 학생들과 얘기를 나눠 보면 기성세대인 나보다 더 현실을 비관적이고 부정적으로 본다는 것을 종종 느낀다. 변화의 가능성에 대한 믿음이 없다. 인간은 모두 이기적이고 현실에 순응하고 굴복하며 살 수밖에 없다고 생각한다. 아이들이 왜 이런 가치관을 갖게 되었을까. 부모나 주변에서 보고 들은 삶이 그런가 보다. 그런데 문학작품을 통해서 다른 인간 유형을 만난다. 수업을 통해 소설이 꼭 허구만은 아니라는 것, 현실은 더욱 치열하게 진행되었다는 것을 알게 된다. 아이들은 자신의 우물 밖에 더 큰 세계가 있다는 것을 발견한다. 좁은 경험의 한계에만 갇히지 않는다. 독서와 배움의 가치는 새로운 세계의 발견과 열림이다. 이제 아이들 마음속에는 허생과 왜냐 선생, 윤수와 같은 삶의 모델이 생긴다. 왜냐 선생은 고난을 무릅쓰고 자신의 신념을 끝까지 지켜 간 선구자이고, 허생도 한계는 있었지만 탁월한 지식인이었다. 그리고 윤수를 통해 가장 못나 보이는 사람이 가장 아름다울 수 있다는 것을 발견한다.

이 작품을 다루면서 크게 강조한 주제는 앎과 삶의 일치였다. 왜냐 선생과 윤수가 바로 그런 인물인데, 그들은 배워서 아는 대로 현실에서 실천했다. 어떤 고통이 따를 것인가에 대해서는 따져 보지 않는다. 그것은 올 만큼 왔다가 갈 것이다. 중요한 것은 진실이며 믿음대로 사는 것이다. 아이들에게 묻는다. 왜 배우는가. 알기 위해서. 왜 앎이 필요한가. 모르면 무시당하니까. 인간 대접 받으려고. 그래, 한마디로 잘 살기 위해서다. 잘 산다는 것은 무엇인가. 행복, 자유, 지혜⋯⋯. 멋진 말들은 수두룩하다. 무엇보다 어리석지 않게 산다는 것이다. 고통은 어리석음에서 나오기 때문이다.

왜 달리는지도 모르고 경주마처럼 맹목적으로 앞만 보고 달리다가 문득 멈추어 묻는다. 나는 뭣 때문에 이렇게 달리고 있는 거지? 공부의 의미는 무엇일까? 인간은 의미의 동물이다. 의미 없는 일에는 신명이 나지 않는다. 어떤 일과 행동이든 목표와 목적을 제대로 알고 싶어 한다. 목표가 없고 목적을 모를 때 인간은 방황하고 허무에 빠진다. 여전히 중등교육은 대학을 목표로 내세우지만 이제 그것을 고지식하게 믿는 아이들은 많지 않다. 대학이 더 이상 삶의 길을 제시해 주지 못한다는 것을 알기 때문이다. 배움의 목적이 좋은 삶, 좋은 인간이라면 배움이 필요 없는 사람은 아무도 없다. 그런데 대학만 강조하니 배우지 않아도 되는 양 생각하는 아이들이 있다. 대학 안 갈 건데요. 대학 가 봐야 뭐해요. 이런 반응을 보이는 것이다. 대학은 스쳐 지나가는 아주 작은 정거장일 뿐인데, 대학이 모든 앎을 수렴하는 것처럼 여기는 풍조가 정상적인 배움을 고사시키고 있다.

  이 소설은 배움과 앎의 목적을 일깨운다. 소설의 마지막 "왜냐 선생의 허생전 수업은 계속되고 있었다"는, 수업 즉, 공부란 교실에서만 일어나는 것이 아님을 상징하는 문장이다. 왜냐 선생은 스스로의 삶으로 학생들을 가르친다. 홀로 비판만 하다 사라지는 삶이 아니라, '더 잘 가르치기 위해서' 많은 동료들과 함께 노동조합을 결성하고 끝까지 실천한다. 수업이란 것을 교실과 책의 범위 안에서만 생각하던 아이들은 처음엔 이 문장을 어려워했다. 그러나 참된 공부는 삶에서 일어나는 것이며, 왜냐 선생의 가르침과 학생들의 배움은 교실과 교과서를 넘어서 계속되고 있다는 것을 이해하면서 수업과 공부를 다른 시선으로 보게 된다. 교과서와 시험에 갇혀 있던 배움이 커지고 깊어진다. 모든 배움의 목적은 삶이라는 것을 깨닫는다.

문학 또한 삶에서 왔고 삶으로 돌아간다. 문학 공부에 대한 재인식도 이 작품이 주는 귀한 선물이다. 아이들은 문학조차도 점수의 대상으로만 생각하다가, 지금 여기의 삶에 대해 치열하게 고민하고 행동하는 인물들을 보면서 문학과 현실의 관계에 대해 새로이 깨닫는다. 주인공인 '나'는 〈허생전〉을 읽으면서 끊임없이 현실과 연관 지어 생각한다. 법과 질서만 강조하는 담임 선생은 이완 대장 같은 인물이고, 홀로 쫓겨나는 왜냐 선생은 허생과 같다고 인식한다. 허생은 스스로 사라졌지만, 정의로운 선생을 쫓아내는 현실은 허생의 시대보다 더 폭력적인 시대가 아닌가라고 반문하기도 한다. 요컨대 문학은 책 속에 있는 것이 아니라 현실 속에, 바로 내 곁에 존재하고 있는 것이다.

"우리는 각자 자기 마음대로 걷고 있는 것처럼 여기지만, 실은 닦여진 길로 가고 있다. 우리는 때로 그 길이 어디로 향한 것인지 살펴보고, 필요하다면 새 길을 닦아야 한다." 왜냐 선생이 수업에 빠진 뒤 돌아와서 학생들에게 들려주는 말이다. 나는 닦여진 길을 가는 사람인가, 새 길을 닦는 사람인가. 적어도 새 길을 꿈꾸는 사람이기는 한가. 아이들에게 질문해 본다. 학교 제도 속에서 고분고분 살고 있다는 것 자체가 닦여진 길을 가는 것이다. 이 닦여진 길은 만족스러운가. 계속 이어질 만한가. 아이들은 고개를 흔든다. 하지만 지금 우리에게 닦여진 길로 보이는 이 길도 이전 사람들이 나름대로 고투하면서 새로 닦은 길이기도 하다. 그나마 이 정도의 길을 만들기 위해서도 많은 이들이 만만치 않은 고난을 겪으면서 싸워 왔음을 이야기한다. 사회도 그렇지만 학교도 마찬가지다. 학교가 어느 정도 민주화되고, 학부모들의 참여도 예전보다는 건전해지고, 학생인권에 대해서도 목소리를 높일 수 있는 것. 이런 것도 왜냐 선생 같은 이들이 고난을 무릅쓰며 닦은 길이라는 것을 말해 준다. 그러나 여전히 우리 앞의 길은 만족스럽지 못하므로 새로운 길을 닦는 노력을 계속해야 한다. 그것은 우리 모두의 책임이자 권리다.

마지막으로 이 소설의 핵심적인 사건, 왜냐 선생의 노조 가입. 교사노조가 무엇인지, 왜 그렇게 핍박받아 가면서도 그것을 만들어야만 했는지에 대해서 이야기한다. 교사노조는 좋은 교육을 하고자 결성했으므로 당연히 학생들도 알아야 하는 역사적 사실이다. 그러나 노동운동을 가르치는 것을 금기시하고 전교조를 죄악시하는 보수 진영의 공격에 교사들은 움츠러들고, 학생들은 이런 이야기를 접할 기회를 거의 갖지 못한다. 노동조합에 대해 가르치는 것이 무슨 불온한 일처럼 되어 버린 현실이 슬프다. 노동자가 될 아이들에게 노동조합에 대해서 단 한 번도 가르치지 않고 중등교육을 끝내는 것은 직무유기다. 노동조합 없는 민주주의는 거짓이기 때문이다. 나는 일종의 의무감을 느낀다.

이야기는 반의 분위기에 따라 전태일로부터, 또는 권인숙과 박종철, 6월민주항쟁으로부터 시작된다. 인간의 노동이 인류의 역사다. 그러나 개개의 노동자는 나약하고 힘이 없다. 막강한 힘을 가진 '갑'에 짓눌리는 '을'들이 단결하고 연대하여 권리를 보장받는 단체가 노동조합이다. 좋은 정부를 선출하는 것도 시민의 몫이고, 또 그 정부와 재력가들을 견제할 노조와 시민단체에 참여하는 것도 깨어 있는 시민의 일이다. 민주주의는 이루기도 지키기도 쉽지 않다. 몇 년에 한 번 투표만 하는 것이 민주주의는 아니다. 늘 깨어 있고 참여하는 주인, '민'

으로 존재해야 한다. 일할 권리를 가진 노동자, 노동자의 권리를 보장해 주는 노동조합. 유럽의 많은 나라들은 학교에서 이런 시민의식과 노동자교육을 시킨다. EBS 〈지식채널 e〉 '그 나라의 교과서'라는 짧은 영상을 통해 프랑스의 시민교육을 구경한다. 이런 이야기에 상당한 놀라움을 표현하는 아이들도 있다. 우리 역사에 이렇게 많은 희생과 고난이 있는 줄 몰랐다. 그리고 그것이 지금 현재진행형이라는 것도 알지 못했다. 외국의 사례를 보면서 우리 교육의 수준이 많이 낮구나, 왜냐 선생이 쫓겨나면서 닦으려 했던 새 길은 대부분의 나라에서는 이미 오래된 길이라는 것을 발견한다. 배워야 할 것이 많다는 것을 느낀다.

〈허생전을 배우는 시간〉은 많은 화제를 끌어내는 작품이다. 민주주의와 노동, 법과 질서, 보수와 진보, 변화와 성장, 우정과 공감, 지식과 실천……. 이 소설을 진지하게 읽은 아이들은 머리가 퍽 무거워졌다. 이런 작품을 읽게 되어 고맙다고 감상문 말미에 쓰는 아이들도 있다. 문학 교사는 작가와 독자를 이어 주는 매개자다. 좋은 작품을 써 준 작가도 고맙고 잘 읽어 준 독자도 고맙다. 그런 감사를 느끼게 하는 소설이다.

그 겨울, 길 위의 청춘들

...

김승옥 〈서울, 1964년 겨울〉, 황석영 〈삼포 가는 길〉

 문학 수업에서 비슷하거나 대조가 되는 두 작품을 비교해서 다루어 보는 것도 좋다. 개별 작품의 미적 특성이나 주제가 더욱 선명히 다가오며, 학생들도 다양한 관점으로 문학과 인생을 이해할 수 있다. 짝지어서 읽을 수 있는 작품군들 중에서 인간관계의 문제를 깊이 다룬 김승옥의 〈서울, 1964년 겨울〉과 황석영의 〈삼포 가는 길〉이 있다. 한 작품만 읽었을 때 느끼지 못하는 많은 것을 두 작품을 통해 느끼게 된다. 삼라만상이 홀로 존재하는 것은 아무것도 없지만 인간들만큼 관계에 민감한 생물종도 없을 것이다. 다른 생명을 먹지 않고는 존재할 수 없는 육신이야 더 말할 필요도 없겠지만 인간의 마음 또한 육신 못지않게 타자를 필요로 한다. 오고 가는 인연에 매달리지 않고 자유자재하는 도인(道人)들도 있겠지만 보통의 사람들은 관계에 살고 관계에 죽는다. 희극도 비극도 모두 관계가 빚어낸 드라마다. 이 두 소설은 싸늘한 겨울 길에서 만난 세 사람의 관계로 얽힌 이야기다. 비슷할 것 같은 두 작품은 전혀 다른 인물의 이력에서 출발해 전혀 다른 관계를 맺고 전혀 다른 결말에 이른다.

1

김승옥의 〈서울, 1964년 겨울〉은 밤거리 선술집에서 우연히 만난 세 사내가 관계 아닌 관계를 맺다가 한 인물이 죽는 것으로 끝나는 이야기다. 타인의 아픔에 무관심하고 폐쇄적인 인간관계는 위기에 처한 약자를 죽음으로 몰아넣을 수 있다는 것을 보여 준다. 등장인물들이 처한 삶의 조건은 판이하게 달라서 계층적인 상징성을 띠고 있다. 서울의 부잣집 아들에다 대학원까지 다니는, 당시로서는 1%에 해당하는 '안'이라는 청년. 시골 출신으로 육사를 지망했다가 낙방하고 구청 병사계에 근무하는 고졸 출신의 '나(김)'는 중간 계층으로 볼 수 있겠다. 그리고 가난한 월부책 장수 삼십 대 중반의 '사내'는 가장 밑바닥 계층이다.

먼저 이십 대 중반의 안과 김이 시시껄렁한 대화를 주고받으며 소통 아닌 소통을 하고 있는데, 옆자리의 허름한 사내가 끼어든다. 사내는 아내가 오늘 죽었고 장례 치를 일도 막막하여 시체를 병원에 실험용으로 팔아 버렸단다. 사내는 자신의 슬픔과 고통을 호소하며 두 청년에게 위로와 공감을 바란다. 그러나 두 젊은이에게 사내는 성가신 방해꾼일 뿐이다. 그래도 돈이 있어 어색한 만남은 이어진다. 사내는 아내의 시체를 팔아서 번 돈을 같이 다 써 버리자고 한다. 중국집에서 요리를 먹고 난 뒤 안은 '종삼'으로 가서 재밌게 놀자고 한다. 이 대목은 그냥 넘어갈 수 없다.

"안이라는 인물이 타인의 고통에 대해서 공감하는 능력이 얼마나 없는지가 극명하게 드러나는 말이 '종삼'이야."

"종삼이 뭔데요?"

"종로삼거리 준말인데 예전에 서울에서 대표적인 사창가였어. 사랑하는 아내가 죽어서 괴로워하는 사내에게, 그 아내의 시체를 판 돈으로 여자들하고 시시닥거리며 놀자고 하는 거야. 대학원생이라는 놈이."

"와, 진짜 쓰레기네요!"

경멸하는 시선으로 안을 바라보던 사내는 결국 돈을 밤거리 화재火災의 불길 속에 던져 버린다. 그리고 오늘 하룻밤만 같이 있어 달라는 사내를 외면한 채 안은 세 개의 여관방을 잡아 제 방으로 들어간다. 다음 날 새벽, 사내는 죽어 있다.

"이 소설에서 가장 비정한, 어쩌면 섬뜩한 한 단어가 여관방 대화에 있어. 어떤 말일까?"

아이들은 소설을 다시 읽으며 찾기에 열중한다. 내가 원하는 답을 말하는 아이들이 간간히 나오기도 한다.

"그 양반 '역시' 죽어 버렸습니다. 역시!"

"그렇지? 역시! 안이라는 작자는 사내가 죽을 걸 짐작했다는 말이잖아. 그가 죽을 것을 알면서도 그를 혼자 버려두었지. 그렇게 사내가 같이 있어 달라고 부탁했는데도, 죽으려면 죽어라 하고 제 방에 들어갔단 말이지. 그리곤 아침 일찍 궁금해서 그의 방을 들여다본 거야. 정말 비정한 인간이지 않니?"

아이들도 크게 고개를 끄덕인다. 이 소설을 새로 읽을 때마다 '역시'라는 대목에서 나도 모르게 움찔하게 된다. 두 젊은이를 만나지 않아도 사내가 자살할 가능성은 있었지만, 벼랑에 서 있는 사내를 두 청년은 밀어 버린 것과 같다. 이렇게 무심한 이들을 만나지 않았다면, 따뜻한 누군가를 만나서 위로받고 격려받았다면 그는 다시 살아갈 힘을 얻었을지 모른다. 이들은 사내의 죽음에 책임이 있다. 적어도 안은 거의 자살방조죄에 해당한다. '나'는 사내와 같은 방에서 지내 주고 싶었지만, 자기보다 잘나 보이는 안을 따르고 말았다. 이들은 왜 이렇게 비정하고 무관심한 청년이 되어 버렸을까.

이들이 처음 나누는 대화를 살펴보면 그 실마리가 보인다. 대화 속에는 각각의 꿈과 좌절이 드러난다. '나'는 안에게 묻는다. "파리를 사랑하십니까?" 날아다닌 것 중 잡아 본 것은 파리밖에 없단다. 파리는 '나'의 추락해 버린 꿈이다. 나는 시골 출신다운 꿈을 갖고 있었다. 육사가 최고의 권력이던 시절, 육사를 지망했다 떨어졌다. 그래도 구청 공무원이 되었으니 파리만큼은 날아오른 것이겠다. '나'의 파리에 대해서 안이 들고 나오는 화제는 '꿈틀거림'이다.

"안 형은 어떤 꿈틀거림을 사랑합니까?"

"어떤 꿈틀거림이 아닙니다. 그냥 꿈틀거리는 거죠. 그냥 말입니다. 예를 들면⋯⋯ 데모도⋯⋯."

"데모가? 데모를? 그러니까 데모⋯⋯."

"서울은 모든 욕망의 집결지입니다. 아시겠습니까?"

"모르겠습니다"라고 나는 할 수 있는 한 깨끗한 음성을 지어서 대답했다. (⋯⋯)

"난 우리 또래의 친구를 새로 알게 되면 꼭 꿈틀거림에 대한 얘기를 하고 싶어집니다. 그래서 얘기를 합니다. 그렇지만 얘기는 오 분도 안 돼서 끝나 버립니다" 하고 그가 말했다. 나는 그가 무슨 이야기를 하고 있는지 알 듯하기도 했고 모를 것 같기도 했다.

'지렁이도 밟으면 꿈틀거린다'는 '꿈틀거림', 그는 데모-저항에 대해서 말하고 싶었나 보다. 정의를 짓밟고 세상을 장악해 버린 '욕망'에 대해서도 대화를 나누고 싶었을 것이다. 그러나 그의 친구들도 이제 더 이상 그런 대화를 나누려 하지 않았고, 앞에 앉은 동년배 하급 공무원은 제대로 이해하지 못한다. 그래서 그들의 이야기는 아무도 알지 못하는 자기만의 사소한 경험들을 경쟁하듯 털어놓는 것으로 옮겨 간다. 대화도 소통도 아닌 독백과 다를 바 없는 그냥 지껄임이다. 이런 모습에서 독자들은 두 젊은이가 마냥 자폐적인 세계에 빠져 고립과 단절의 삶을 살고 있다는 것을 알아챈다. 날아오르고 싶은 야망은 꺾이고, 정의를 향한 저항은 실패했다. 청년들은 차갑고 무감각한 자기만의 방에 틀어박혀 바로 곁에서 누가 고통받고 죽어 나가든 무관심한 사람이 되어 버렸다. 1964년의 겨울은 그랬다. 그런데 작가는 왜 1964년을 제목으로 붙일 만큼 그해를 부각시키려 했을까.

1964년은 역사의 소용돌이가 몰아치던 해였다. 1960년의

4.19혁명을 군사정변으로 뒤엎으며 등장한 박정희가 1963년 대통령이 되자마자 시도한 한일수교는 굴욕적인 외교로 비판받으며 지식인 사회에서 반대 여론이 드높았다. 야당과 재야 세력들을 중심으로 범국민투쟁위원회가 결성되고 대학가를 비롯한 전국 각지에서 한일협정을 반대하는 대규모 시위가 이어졌다. 결국 비상계엄. 엄청나게 많은 학생들이 투옥된다. 작가 황석영, 심지어 이명박 전 대통령도 이때 투옥의 경험이 있다 한다. (황석영은 이때 옥살이를 한 후에 같이 출옥한 한 노동자를 따라 전국을 떠돌면서 막노동을 한다. 그 체험으로 나온 작품이 〈삼포 가는 길〉과 〈객지〉다.) 그리고 1차 인혁당 사건, 반대 세력을 빨갱이 사냥으로 제거해 버리는 기술은 이승만에 이어 박정희에 와서 더욱 업그레이드된다. 그리고 1965년, 한일협정은 '굴욕적'으로 체결된다. 김승옥은 이 작품을 1965년에 썼다. 1차 인혁당 사건은 결국 한일협정 체결 과정에서 고문으로 조작된, 수사하던 검사들이 집단 사표를 낼 정도로 문제적 사건이기도 했다. 이런 일이 일어났던 '서울 1964년의 겨울'이다. 1964년의 저항과 패배의 절망은 젊은이들을 무기력하고 비정한 겉늙은이로 만들었던 것이다.

  1964년 겨울은 이랬어. 지금 우리들의 모습은 어떨까? 안, 김, 사내. 세상에는 어떤 사람들이 많은 거 같니? 아이들에게 질문을 던져 본다. 토의도 하고 글도 쓴다. 이 작품은 인물의 개성이 뚜렷하고 문체나 이야기 흐름이 몇십 년 전의 작품이라고 느껴지지 않을 만큼 참신하고 생생하다. 아이들은 소설에서 오늘 여기의 삶을 충분히 읽어 낸다.

'안도 나쁜 놈이지만, 김은 더 비겁하고 지질하다. 지금 우리가 이렇게 살고 있다. 부끄럽다.' 이것이 다수 아이들이 느끼는 자신과 세상의 모습이다. 부끄럽다는 자각이 중요하다. 소설에서도 결말 부분을 보면 안이 그런 자각을 한다. 작가의 인간관이 절망적이지 않다는 것을 확인한다.

"김 형, 우리는 분명히 스물다섯 살짜리죠?" "난 분명히 그렇습니다." "나두 그건 분명합니다." 그는 고개를 한 번 기웃했다. "두려워집니다." "뭐가요?" 내가 물었다. "그 뭔가가, 그러니까……." 그가 한숨 같은 음성으로 말했다. "우리가 너무 늙어 버린 것 같지 않습니까?"

사랑의 반대말이 미움이 아니라 무관심이라고 하듯, 정의의 반대도 불의가 아니라 무관심이란다. 1964년의 이 조로^{무老}한 청년들. 피가 뜨거운 젊은이들이 세상에 마음을 닫고 폐쇄적으로 살고 있다면 그것은 분명 어떤 좌절 때문이다. 그런데 시대가 만들어 놓은 좌절에 의식 없이 쓸려 가지 않고, 스스로 어떻게 살고 있는가를 자각한다면 희망은 있다. 무관심의 깊은 늪에서 깨어나 사랑과 정의의 힘을 다시 끌어낼 수도 있는 것이다. 중요한 것은 자각이다. 누구도 폐쇄적으로 고립되어 살고 싶지는 않다. 그것은 생명의 본성이 아니기 때문이다.

 날아오르고 싶었지만 겨우 '파리' 정도밖에 되지 못했다고 자조하는 사람들은 여전히 많다. 파리도 되지 못하고 바닥을 기는 지렁이일 뿐이라고, 아니, 지렁이처럼 꿈틀대기도 쉽지 않다고 요즘 청년들은 말한다. 그런데 실업과 비정규 노동의 굴레 속에서 세상으로 향한 창을 닫고 살아가는 자폐적인 청춘들 속에서 한 젊은이가 불쑥 말을 걸어왔다. "안녕들 하십니까?" 2013년 겨울의 일이다. 시절이 하 수상하여 세상 곳곳에서 눈물과 탄식이 넘쳐나는데, 친구들이여 우리는 어떻게 살고 있는가. 과연 그대는 안녕하냐고 대학교 담벼락에 대자보를 써 붙인 것이다. 아니요. 안녕하지 못해요. 세상에 이렇게 부정과 고통이 많은데, 모른 척 외면하고 살아서 내 마음도 안녕하지 못해요. 전국 방방곡곡의 대학교에도 고등학교에도, 거리의 전봇대에도 '안녕' 대자보들이 붙었다. 민주주의가 훼손되고 자연과 민중의 삶이 파괴되는 현실을 다시금 일깨우는 감동적인 소통이 살아났다. 1964년 겨울에는 세상에 좌절하여 관계를 단절시켰던 그 청년들이 오늘은 방문을 열고 나와 큰 소리로 외친다. 안녕들 하십니까. 우리 함께 안녕한 세상을 만들어야 하지 않을까요. 이것을 역사의 진전이라고, 인간 마음의 성장이라고 말해도 좋을까. 안녕이라는 이 가뿐한 인사가 철벽같은 세상을 뚫는 물방울이 될 수 있을까.

2

황석영의 〈삼포 가는 길〉은 겨울, 길에서 우연히 만난 세 사람의 동행과 이별이라는 플롯은 김승옥 소설과 같다. 그러나 전혀 다른 사람들의 이야기이다.

"서울 겨울의 세 사람과 삼포의 세 인물의 가장 큰 차이점은 뭘까?"

"서울은 서로 다른 계층의 사람들인데, 삼포는 모두 같은 하층민이에요."

"맞아. 모두 밑바닥 인생들이지. 서울의 인물들은 소외와 고독 속에서 한 사람이 죽도록 방치하지만, 삼포의 인물들은 처음엔 서로 경계하다가 금세 친해져. 소외된 약자들이라는 점에서 동질감을 느낀 거야. 또 무슨 차이점이 있을까?"

아이들은 한참 궁리를 한다.

"김승옥 소설에 인물들이 '어디로 갈까, 어디로 갈까'를 외치는 대목이 나와. 뚜렷한 목적지가 없이 서울의 밤거리를 방황하고 있는 거야. 그런데 황석영의 인물들은 어때?"

"삼포로 가고 있어요. 백화도 고향으로 가요."

"이들은 타향살이에서 모두 지치고 상처 입은 사람들이야. 더 이상 이렇게는 안 되겠다. 다시 처음으로 돌아가자. 이렇게 삶의 결단을 내린 사람들이라고 할 수 있지. 그동안 집착해 왔던 것들을 모두 내려놓았다고 볼 수도 있고. 그러니 서로 쉽게 이해하고 공감할 수 있었을 거야."

삼포의 인물들은 더 이상 견딜 수 없는 삶의 바닥에까지 이르렀다. 창녀 생활 삼 년인 백화는 자신이 다 낡은 속옷처럼 나달나달해졌다고, 더는 버티지 못하겠다고 느낀다. 그래서 어느 새벽 고향으로의 탈출을 감행한다. 정 씨 또한 마찬가지다. 감옥에서 나온 그는 더 이상 타관 생활을 하고 싶지 않다. 마음의 정처, 고향 삼포로 돌아가기로 한다. "한 열 집 살까? 정말 아름다운 섬이오. 비옥한 땅은 남아돌아 가구, 고기두 얼마든지 잡을 수 있구 말이지." 정 씨는 삼포를 이상향처럼 묘사하지만 실상은 "고작해야 고기잡이나 하구 감자나 매는" 작은 섬일 뿐이다. 가난이 싫어서 고향을 떠났겠지만, 고향에서의 삶이 그래도 가장 따뜻하고 평화로웠음을 객지의 밑바닥 삶을 통해서 느낀 것이다. 모든 것을 잃었기에 그들의 마음은 오히려 여백처럼 맑고 넉넉하다.

"이들이 걸어가는 눈길은 그들의 신산스런 삶을 상징하겠지. 넘어지고 발을 삐고 그렇게 길을 가다가 인물들이 서로를 이해하고 급격하게 가까워지는 공간이 있어. 어디에서 뭘 하니?"

"폐가! 불 피우고 이야기를 나눠요."

"이런 대목도 김승옥 소설과 무척 대조적이지? 서울의 인물들은 거리를 헤매다가 각각의 여관방으로 들어가 버리는데, 삼포의 인물들은 폐가에서 불을 피우며 서로 마음을 터놓고 가까워져. 그리고 두 작품 모두 불이 중요한 소재로 등장하는데 서울의 불은 소멸의 이미지를 갖고 있어. 불이 나서 상가와 집들을 다 태우고 사내도 아내의 시체를 판 돈을 불 속에 던져 버리잖아. 그런데 삼포의 불은 따뜻하게 마음을 녹여 주는 불이지. 서울은 외부에서 일어난 불이지만 삼포의 사람들은 스스로 불을 피워 냈어. 삼포의 불은 인정과 사랑을 상징한다고 볼 수 있겠지?"

"시도 소설도 정말 상징이 많네요. 이런 걸 다 알고 읽어야 해요?"

"꼭 의미를 분석하지 않아도 작품을 읽으면서 자연스럽게 느낄 수 있어. 그런데 이렇게 의미화해 보면 더 맛을 느낄 수 있지 않니? 이런 미학적인 해석들은 요리를 좀 더 맛있게 느끼는 방법이라고 생각하면 돼."

외롭고 가난한 사람들일수록 인정스럽다. 강자들은 힘으로 살 수 있지만, 약자들은 인정과 사랑으로 서로를 지지해 주지 않으면 살아갈 수 없다. 창녀 백화가 들려준 군인들과의 사랑 이야기를 통해서도 이런 사실을 확인할 수 있다. 백화는 가진 것을 털어서 앳되고 어린 군인들의 뒷바라지를 해 주고 집착 없이 떠나보낸다. 또 다음 사람에게 똑같이 헌신하고 보낸다. 또 다음 사람. 이런 무욕한 사랑은 주고받는 자 모두를 자유롭고 행복하게 한다. "백화는 지나간 삭막한 삼 년 중에서 그때만큼 즐겁고 마음이 평화로웠던 시절은 없었다." 창녀가 아니라 성녀로 느껴질 정도다. 외롭고 가난한 청년들에게 몸도 마음도 아낌없이 베푼 백화야말로 참된 사랑을 아는 사람이다. 영달도 헤어진 애인 생각에 "밤에 혼자 자다가 일어나면 남은 밤을 꼬박 새우"기도 하는 순정파다. 처음에는 도망 나온 창녀 백화를 잡아다 주고 돈이나 좀 뜯을까 했던, 파렴치한 구석도 보였다. 그러나 백화의 이야기를 들으며, 순수하고 따뜻한 여자라는 것을 알게 되고 호감을 가진다. 눈길에 미끄러져 발을 삔 백화를 업으면서 "아마 쇠약해진 탓이리라 생각하니 영달은 어쩐지 대전에서의 옥자가 생각나서 눈시울이 화끈했다". 아파 본 사람이 다른 사람의 아픔을 안다.

　소설의 결말은 세 사람의 이별이다. 영달은 백화와 헤어지는 것을 못내 아쉬워하며 비상금을 털어 기차표와 찐 달걀을 사 준다. 백화는 자신의 본명을 알려 줌으로써 창녀의 옷을 벗고 시골 처녀 이점례로 돌아간다. 영달과 정 씨도 삼포로 떠난다. 하지만 한 노인에게 들은 삼포는 더 이상 정 씨 마음의 정처로서의 고향이 아니다. 불도저가 다니며 공사를 하고 관광호텔이 들어선 개발지가 되어 버린 것이다. 과거의 평화로운 고향은 사라졌다. 백화의 고향 역시 그럴지 모른다. 가난해도 따뜻하고 평화로웠던 공동체들은 쓸쓸하게 무너져 버리는 시대가 온 것이다.

그러나 삼포의 인물들은 가슴 깊이 경계 없는 사랑을 품은 인물들이므로, 새로운 땅에서 또 따뜻한 이웃들을 만나 삶을 이어 갈 것이다. 고향이란 외부에 있는 것이 아니다. 마음에 고향을 품은 자들은 참된 사랑과 평화를 알며, 어떤 처지에서라도 결코 완전히 망가지지는 않는다. 곁에 있는 사람을 외롭게 죽어 가도록 내버려 두지도 않는다. 이것은 고향을 가져 본 자와 그렇지 않은 자의 차이인지도 모른다. 사실 우리 모두는 근원의 고향을 품고 있지만, '서울'의 인물들처럼 그것을 알아채지 못하고 방황하며 살아간다. '삼포'는 마음의 정처, 고향의 상징이다. 현실의 삼포는 망가졌지만 사람들의 마음의 고향까지는 망가뜨릴 수 없다. 민중들의 삶이 슬픔과 고난 속에서도 건강하고 생기로운 이유다.

  두 편의 소설 수업을 끝내고 아이들에게 글쓰기 과제를 준다. '김승옥의 〈서울, 1964년 겨울〉과 황석영의 〈삼포 가는 길〉에서 등장인물과 그들이 맺은 관계를 중심으로 두 작품을 비교해 보자. 그리고 작중 인물들을 보면서 나는 그동안 어떻게 사람들과 관계를 맺어 왔는지 성찰하는 글을 써 보자.' 사람을 죽이는 관계도 있고 살리는 관계도 있다. 나는 어떻게 살아왔을까. 돌아보면 나는 '서울'의 안이며 김이며 때론 사내였다. 또 한편 내 안에는 '삼포'의 정 씨와 백화와 영달도 있다. 내 곁에 안이 있었으면 나는 김이 되기 쉬웠을 것이고, 내가 백화의 마음으로 산다면 영달 같은 친구를 만날 수 있을 것이다. 혼자만의 방에 갇힐 것인가. 따뜻한 모닥불 가에 둘러앉아 마음을 열 것인가. 아무것도 고정된 것은 없다. 세상이 나를 만들고, 또 내가 세상을 만든다.

자유와 사랑의 광장

...

최인훈 〈광장〉

"온 천지가 이 하나의 법이지 다른 것은 없습니다." 영혼의 눈을 가진 스승들은 늘 하나를 강조한다. '하나'님, 만법귀일萬法歸一, 물아일체物我一體, 천지동근天地同根, 이런 말들은 모두 삼라만상의 근원은 하나라는 것을 밝히는 표현이다. 세상이 오직 하나이니 독립된 '나'라고 할 것도 따로 없단다.

그러나 세간의 삶은 분리와 분쟁의 나날이다. 많은 이들에게 인생의 목적은 너와 다른 '나'의 성공이요 승리다. 집단도 마찬가지다. 우리 집, 우리 민족, 우리 나라, 우리 종교가 소중하다. 이럴 때 '우리'란 '나'의 확장된 말일 뿐이다. 타자들과

구별된 '우리'에의 집착은 곧 폐쇄적인 집단주의를 불러온다. 민족, 종교, 인종, 국가 간의 대립. 거기다 20세기 이후엔 이념까지 가세한다. 한편에선 공산주의가, 다른 쪽에선 자본주의가 제거해야 할 악이었다. 무슨 '주의'건 본래 의도야 다 그럴듯하다. 그러나 인간사에서 머릿속 관념이 그대로 실현된 경우는 한 번도 없다. 실재의 관점에서 보면 모든 이념과 사상은 허상일 뿐이다. 괴테가 말했듯 "모든 이론은 잿빛이고 오직 영원한 것은 푸른 생명의 나무다".

그런데 살아 있는 생명을 낡은 이념의 허상에 우겨넣어 숨통을 틀어막으려는 광기가 21세기의 한반도에는 여전하다. 세계 유일의 분단국가 남한과 북한은 전쟁을 치른 지 60년이 지났으나 여전히 살벌하게 대립하고 있다. 세습 왕조 수준이 되어 버린 북한은 말할 필요도 없고, 한반도 남쪽에서도 툭하면 이념 논쟁이다. 정치권의 부추김으로 시작한 이념 대립은 '좌빨', '종북', '수꼴' 이런 건강하지 못한 말들이 일상어로 등장하게까지 만들었다. 자연스런 사고의 차이를 이념으로 덧씌워 끝없는 분쟁의 미망을 헤매고 있는 이들이 많다. 반세기 넘은 분단의 휴전선이 갈수록 깊이 뿌리내리고 있다는 것을 우울하게 자각하는 날들이다.

이런 즈음에 최인훈의 〈광장〉 수업을 했다. 작가가 이십 년 동안 여섯 번이나 개작을 했다는 최고의 분단 소설. 문학 교과서에 결말 부분이 수록되어 있다. 한국전쟁 때 북한과 남한의 체제를 모두 비판하며 중립국을 선택했다가 결국 자살로 생을 마감하는 한 지식인의 이야기다. 본문을 읽기 전, 이 작품이 어떤 상황에서 나왔는지, 문학사적으로 어떻게 평가받는지에 대해 개괄 설명을 했다. 아이들에게 물었다.

"〈광장〉이 발표된 해는 이승만 때도 박정희 때도 아니야. 이승만이나 박정희 시대에는 쉽게 용납될 수 없었던 작품이지. 언제일까?"

"전두환!"

"훗, 전두환은 더 아니고. 박정희 시대 이후로 내려가지 말고 그 위로 생각해 봐."

담당하고 있는 여덟 개 반에서 윤보선이나 장면 또는 4.19 시대라고 대답한 아이가 두세 명 있었다. 어느 시대일까? 언제 있었던 일일까? 이런 질문을 하면 대부분의 아이들의 표정은 멍멍해진다. 아이들은 역사적 사건이 일어난 시기나 그 사건들의 앞뒤 관계를 잘 모른다. 겨우 1945년 해방이나 한국전쟁이 일어난 해 정도만 기억하고 있다. 기성세대에겐 생생한 현대사도 아이들에겐 까마득한 과거사인 탓일 테다.

자유와 사랑의 광장

"4.19가 아니었으면 〈광장〉은 햇빛을 보지 못했을 작품이다. 평론가들은 〈광장〉을 4.19의 가장 큰 문학적 성과라고 하지."

1960년 10월. 〈광장〉이 발표되었다. 왜 〈광장〉은 이승만과 박정희 때는 나올 수 없었던 작품인가. 여기에 〈광장〉의 핵심적인 문제의식이 있다.

"〈광장〉은 전쟁과 분단을 다룬 소설이야. 이런 작품이 〈광장〉밖에 없니?"

"있어요. 〈수난이대〉, 〈오발탄〉……."

"그런 작품들은 그냥 전후 소설이라고 말하지. 본격적으로 분단 문제를 다루지는 못했어. 〈광장〉은 분단 문학의 최고봉으로 꼽힌단다. 분단의 본질을 다루었거든. 우리나라는 왜 분단이 되었지?"

역시 아이들은 선뜻 대답을 못 한다. 우리나라가 분단국가라는 사실도 평소에는 잘 인지하지 못하고 산다. 북한을 욕하고 김정은을 우스갯소리의 대상으로 삼긴 하지만 그냥 하나의 오락거리 정도로 생각한다. 몇 달 전, 남에서는 첫 여성 대통령이 취임하고 북도 삼 대째 세습으로 젊은 지도자가 등장한 지 얼마 안 된 시점. 북한의 미사일 위협에다 개성공단 문제가 꼬이면서 남북관계가 경색되었다. 이러다 정말 전쟁 나는 거 아닌가, 온 나라가 들썩였다. 하지만 대부분의 아이들은 그런 것에 관심이 없었다. 야간 자습과 학원 때문에 뉴스를 볼 시간도 없고, 그런 국가 대사는 스마트폰의 게임보다 재미가 없다.

"우리는 해방과 동시에 분단이 되었지. 일본의 식민지가 안 되었으면 분단이 안 됐을 거야. 미국과 소련이 분할점령하지 않았으면 또 분단이 안 됐을 테고. 그런데 분단을 외부 탓으로만 돌릴 수는 없어. 우리끼리 마음만 잘 합쳤으면 통일국가를 이룰 수도 있었을 텐데, 결국 우리나라 내부도 그 당시 세계정세처럼 분열되어 있었거든. 뭣 때문에 그럴까?"

아이들은 이념이나 이데올로기란 말을 잘 모른다. 공산주의, 자본주의 이런 걸 이념이라고 말하는 거야, 정도로 설명을 해 줘야 한다.

"〈광장〉은 이념으로 인한 분단 문제를 최초로 심도 있게, 상당히 객관적으로 양쪽의 체제를 비판하면서 쓰인 작품이야. 왜 이승만이나 박정희 때는 나올 수 없었는가. 북한 비판이야 얼마든지 해도 되지만 남한을 비판하는 것을 그 대통령들은 결코 용납하지 않았거든. 4.19의 짧은 해방기가 아니었음 사산되고 말았을 소설이야."

이미 발표된 작품, 도로 집어넣어라 할 수는 없으니 그냥 두었을 것이다. 지금 고교생들은 누구나 배우고 있지만, 유신시대에 중등학교를 다녔던 우리 세대는 이런 소설이 있는 지조차 몰랐다. 나도 대학에 가서야, 그것도 문학을 전공했기에 〈광장〉을 읽었다. 당시엔 대학 진학률이 30% 남짓이었으니 지금의 중장년 세대가 〈광장〉을 읽었을 확률은 더욱 낮겠다. 남북의 이데올로기 문제를 치열하게 고민하고 객관적으로 조명한 문학작품 한 편 읽지 않은 국민들이 이렇게 다수이니 여태 분단과 이념 대립의 철조망 속에서 살고 있는지도 모른다.

작품 전편에 부패한 남한과 정글 같은 북한 체제에 대한 비판이 나오고, 작품 말미에 다시 포로 이명준이 북한으로도 남한으로도 가고 싶지 않은 이유들이 나열되어 나온다.

"여기 나온 말들 중에 남북의 차이를 단적으로 보여 주는 말이 북한은 광신 사회, 남한은 불신 사회라는 말일 거야. 너희 생각은 어떠니? 이 소설이 나온 지 50년이 지났는데, 지금은 좀 달라졌나?"

"더 심해졌어요!"

하긴 얼마 전 언론에 보도되었던 사건. 한 다세대주택에서 할머니 한 분이 돌아가셨는데 5년이나 되도록 옆집 사람도 모르고 살았다고 한다. 그 후에 또 돌아가신 지 몇 개월 만에 발견된 할아버지의 시신. 고독사, 무연고사가 증가하는 사회다. 전통적인 마을공동체가 유지되던 시절엔 상상도 할 수 없던 일이다. 북한 공산주의는 개인의 자유를 억누르고 황폐한 '광장'만 강요하는 광신 사회, 남한 자본주의는 폐쇄적인 '밀실' 속에 고립된 개인들이 늘어나는 불신 사회. 이명준의 시대보다 상황은 더 나빠진 것 같다.

사람이 제대로 살려면 광장도 밀실도 다 있어야 한다. 한쪽만 기형적으로 강요하는 사회는 정상적인 사회가 아니다. 정상적인 나라들은 보수와 진보가 조화를 이루며 발전한다. 진보와 보수, 좌파와 우파가 공존하지 않는 나라, 한쪽으로 치우친 나라에서는 광기의 폭력과 전쟁이 벌어졌다. 히틀러의 나치와 일본의 군국주의가 오른편의 극단이라면 소련의 스탈린 체제, 그리고 현재의 북한은 왼편의 극단이라 하겠다. 이런 이야기를 하면서 칠판에 리영희 선생의 책 제목을 썼다.

"새는 (   )의 날개로 난다. 괄호에 뭐가 들어가겠니?"

"양쪽. 두 쪽. 자유."

단순하고도 심오한 대답들이 튀어나오다가 누군가가 반짝 대답을 한다.

"좌우!"

"맞아!"

아이들은 우~ 놀리듯 칭찬하듯 미소와 함성을 보낸다. 그래 이렇게 좌우, 보수-진보가 서로를 인정하면서도 경쟁하는 사회가 광장과 밀실이 공존하는 건강한 나라다. 그런데 양극단에서 선택을 강요받던 이명준은 중립국행을 택한다. 실제로 이때 인도를 거쳐 브라질 등 남미에 정착한 중립국행 포로들은 77명쯤 된다 한다. 그런데 이명준은 중립국에도 가지 않는다. 배가 출발할 때부터 자신을 감시하는 듯, 따라오는 듯 신경을 긁던 그 누군가가 사실은 갈매기 두 마리다. 이명준은 그 갈매기들을 전쟁터에서 죽은 연인 은혜와 그의 뱃속에 있던 딸이라고 생각한다. 그는 두 마리 갈매기가 나는 바다를 '푸른 광장'이라고 여기며 투신해 버린다. 상식적으로 보면 일종의 환각 상태라고 하겠는데, 현실이 워낙 이념의 환상에 빠져 있으니 이런 결말을 취했을 것이다. 작가는 인간의 삶에서 중요한 것은 이념이 아니라 사랑이라고 강조하고 있다. 덧없이 흘러가고 허망하게 무너져 버리기도 하지만, 사랑만큼 인간의 삶에 의미와 기쁨을 부여하는 것도 없다. 분단과 증오를 거부한 이명준이 꿈꾼 것은 자유와 사랑의 광장과 밀실이었다. 평론가 김현 선생은 소설이란 이 세계가 살 만한 세계인가에 대한 질문이라고 했다. 최인훈은 〈광장〉을 통해서 분단국가 남과 북은 그 어디도 살 만한 세계가 아니라고 답한다. 본문 읽기를 끝내면서 나는 아이들에게 덧붙였다.

"새는 좌우의 날개로 날지만, 인간의 영혼은 좌우의 이념 안에 가둘 수 없다. 좌도 우도 만들어 낸 개념일 뿐, 실재가 아니야."

나중에 소감문을 받아 보니 소설의 결말 처리에 대한 아이들의 반응은 엇갈렸다. '처음엔 중립국행이 이해되지 않았지만, 좀 더 생각해 보니 나도 중립국을 택했겠다. 지금까지 계속되고 있는 대립과 분단이 참 답답하다. 죽음을 택할 수밖에 없을 정도로 현실이 고통스러웠구나. 그 시대 사람들이 안됐다'는 동정론. 그리고 '나 같으면 남쪽을 선택하겠다. 공산주의는 말은 번지르르하지만, 환상일 뿐이다. 북이든 남이든 완벽한 세계는 없으니 좋은 세상을 위해 살면 되지 중립국행이나 죽음은 비겁한 것 같다'는 비판론. 어느 쪽이든 아이들에게 〈광장〉은 분단이라는 현실을 새삼 인식하게 한 의미 있는 작품임은 분명해 보였다.

본문 수업을 끝내고 나서 통일과 분단에 대한 토론을 짧게 해 보았다. '통일 지향' 대 '분단 유지'로 나누어서 자기 생각은 어느 쪽인지 손을 들어 보라 했더니 손을 안 드는 아이들이 훨씬 많다. 판단하기 힘들다는 것이겠다. 의견 표시를 하는 아이들은 대체로는 통일 지향이 조금씩, 한 서너 명 정도 많았다. 통일과 분단, 양쪽이 똑같거나 분단을 유지해야 한다는 아이들의 목소리가 더 큰 반도 있었다. 통일을 해야 하는 이유로는 남학생들이라 그런지 군대 문제를 많이 들었다. 통일이 되면 군축을 할 수 있으니 징병제를 모병제로 바꿀 수 있을 것이다. 국방비 예산을 줄여 교육과 복지를 강화할 수도 있다. 북한엔 지하자원이 많으니 개발하면 경제적 이득도 된다. 통일이 되면 막혀 있던 대륙이 뚫리니 관광도 그렇고 여러 가지로 좋다. 일단 전쟁 위협이 없다. 통일이 되면 중국, 미국, 일본 등과의 국제 관계에서도 좀 더 자주적이고 강한 나라가 될 것이다. 북한의 핵무기를 우리 것으로 할 수 있으니 군사 강국이 된다는 이야기까지 나온다.

분단을 유지해야 한다는 의견도 만만찮다. 가난뱅이 북한과 통일하면 우리가 손해다. 세금 부담이 커질 것이다. 남북이 떨어져 산 지 몇십 년인데, 사상도 문화도 언어도 너무 달라 혼란이 엄청날 것이다. 통일이 되면 북한 사람들이 테러할 것 같다. 북한 주민들이 2등 국민으로 차별받을 것이고 사회적 갈등이 커질 것이다. 이유 불문하고 북한이 싫다. 그냥 따로따로 다른 나라처럼, 지금 이대로 살면 좋겠다.

"지금 이대로? 늘 서로 비방하고 으르렁거리며 전쟁 위협이 있는 이대로? 세상에 못 가는 나라가 없는데 한 민족이 서로 오가지도 못하고, 서로 죽이자는 일에 피땀 흘린 세금을 퍼부으며 사는 이대로는 아니겠지?"

'지금 이대로'를 말하는 아이들은 현재 분단국가로 살면서 우리 국민들이 치르는 불이익과 부자유와 불편에 대해서 잘 인지하지 못한다. 한 집안에서 형제가 죽일 듯이 싸우고 있으면 그 싸움으로 모든 에너지가 다 소진된다. 전쟁 준비를 하지 않아도 되는 상식적인 나라들이 어떻게 교육과 의료와 노후 보장을 하고 있는지 들려준다. 우리도 그렇게 살 수 있다. 부산에서 터키까지 아시안 하이웨이를 뚫을 수도 있고, 남한에서 출발해서 신의주를 통과해 러시아까지 연결되는 시베리아 횡단 열차도 탈 수 있다. 대륙과 떨어져 섬이 되어 버린 남한이 대륙과 연결된다고 생각해 봐라. 과다한 경쟁으로 자살률 1위에 행복지수 최하위로 살고 있는 경쟁공화국 대한민국의 삶의 질이 달라질 거다. 물론 통일이 장밋빛 환상은 아니다. 지금 당장 통일하는 것은 불가능하다. 우선 무엇보다 평화를 정착하는 일, 서로 마음에 안 드는 것이 있더라도 상호 존중하고 신뢰를 회복해 가는 일이 중요하다. 처음엔 토론의 사회 역할만 하다가 마지막엔 이렇게 내 의견도 덧붙였다.

"내 생각은 이래. 반박하고 싶으면 해 봐."
"설득당했어요."

처음에 '분단 지지 통일 반대'라고 했던 녀석이 웃으며 말한다. 분단 문학을 읽었으니 이런 정도의 평화와 통일에 대한 교육은 해야 하지 않을까. 그리고 토론의 목적은 내 주장으로 상대를 꺾는 것이 아니라 서로 배우고 성장하는 것이다. 처음에 다른 생각을 갖고 있더라도 서로의 의견을 경청하다 보면 내 생각이 바뀌기도 한다. 그런 것이 배움이다. 나도 기본적으로는 통일을 지지하지만 통일로 인한 혼란을 걱정하는 아이들의 의견에도 공감이 된다. 통일보다 중요한 것은 대화와 소통, 신뢰와 평화 정착이다. 통일은 남북의 모든 조건이 무르익었을 때 자연스레 하는 것이 좋겠다. 어쨌든 기존의 생각만 고집하지 않고 수용의 폭이 넓어지는 것은 좋은 일이다. 그런데 토론에서 누구 말도 듣지 않고 자기 의견만 고집하는 아이들이 간혹 있다. 토론 시작할 때부터 끝까지 똑같은 소리다.

"북한은 그냥 확 밀어 버려야 해요."

물론, 그 애들이 정말 전쟁이 나길 바라서 이런 말을 하는 것은 아닐 테다. 그냥 사춘기의 호기로 폼을 잡아 보는 것이다. 그러나 진짜로 이런 맹목을 가치관으로 삼고 있는 이들이 있다. 북쪽의 극좌파도 그렇겠지만, 친일과 독재까지 미화하는 남쪽의 극우 인사들의 사고는 맹목의 신앙에 가깝다. 그러나 이것은 단순히 가치관의 차원이기보다 대개는 자신의 이익이 관련되어 있다. 결국 친일과 독재의 수혜자들이 여전히 우리 사회의 기득권층을 유지하고 있다는 이야기다. 해방 후 새 나라를 건설할 때 제대로 뽑아내지 못한 배반의 뿌리가 이리도 질기다. 나치 부역자들을 철저히 응징하는 유럽인들을 볼 때마다 우리의 허술한 역사를 돌아보게 된다.

언젠가 청소년들에게 우리의 주적主敵이 누구냐 물으니 북한이 아니라 미국이 더 많더라고, 좌파 선생들이 잘못 가르친 탓이라고 개탄하는 글을 읽었다. 언제 어떤 상황에서 물어서 아이들이 그런 대답을 했는지 알 수 없지만, 진정 근심해야 할 것은 아이들의 좌편향성이 아니라 언제나 주적을 세워야 하는 이런 상황이 아닌가. 한 아이가 소감문에서 이명준에게 남과 북 중에서 하나를 택하라는 것은 엄마와 아빠 중 누가 좋으냐고 묻는 것과 같다고 썼다. 그래, 분단과 전쟁을 넘어서 평화와 사랑을 꿈꾸도록 아이들을 가르쳐야 하지 않는가. 언제까지 남과 북은 구성원들에게 증오심을 권하며 체제를 유지할 것인가. 남과 북은 물론 미국, 중국, 일본 등 모든 나라와 민족은 경쟁하며 이겨야 할 대상이 아니라 더불어 살아야 할 이웃이다. 천지가 하나의 법이라는데 인류의 이 오랜 분별과 분리의 미망에서 깨어날 날은 언제인지. 스승은 말씀하신다. 일체유심조一切唯心造. 세계는 마음이 만든 세계이다. 너의 마음에 있는 분별과 분리와 분쟁을 먼저 허물어라. 근원의 실재 세계는 나도 너도, 아군도 적군도 없는 오직 하나일 뿐이다.

소유와 자유

...

박지원 〈광문자전〉, 〈허생전〉

 좋은 문학작품은 읽을 때마다 새로운 생각을 일깨운다. 국어 교사들은 같은 작품을 수십 번 수백 번씩 읽는다. 같은 작품을 반복하여 읽고 가르치는 일이 참 지겹겠다 싶지만, 수업은 기계적인 반복과는 다르다. 예전의 학습지나 자료들을 쓸 때도 있지만 해마다, 학급마다 수업 내용은 달라진다. 시대와 아이들이 바뀌고 교사 자신도 끊임없이 변화하기 때문이다.

 연암 박지원의 소설들은 국어나 문학 교과서에 많이 실리는데 어떤 작품이나 훌륭하다. 시대와 개인의 삶에 대한 화두를 던져 주며 독자를 일깨운다. 최근 몇 년간 〈광문자전〉과 〈허생전〉을 수업하면서 박지원에 대해서 새삼 감탄했다. 명문가 출신이지만 자신의 계급에 얽매이지 않고 인간의 본질을 꿰뚫고 있는 지혜로운 학자다. 특히 〈광문자전〉은 열여덟 살 때 썼다 하니 놀라울 따름이다. 열여덟 살에 인간에 대해 이 정도의 식견을 가졌단 말인가. 수업 시간에 만나는 열여덟 살짜리들을 다시 살펴본다. 이 중에도 박지원처럼 맑고 총명한 소년이 있을 것인가.

'광문자'는 본래 거지였는데, 그의 의리 있고 인정스런 처신을 눈여겨본 어느 부자가 심부름꾼으로 데린다. 그 집에서 더욱 신의를 인정받아 장안의 능력자들에게까지 칭송을 받는다. 그는 못생기고 가난하였으나 매력적인 품성을 가진 인물이다. 자유롭고 재치 있는 언행으로 사람들을 편안하고 즐겁게 했으며, 신분과 재물과 남녀, 그 어떤 것에도 거리끼지 않고 자재自在하는 인간이다. 마흔이 넘어도 미혼인 그에게 사람들이 장가들기를 권하면 광문자는 "대개 미색이란 모든 사람이 다 좋아하는 법이야. 이건 남자만 그런 것이 아니라 여자들도 마찬가지거든. 그러니 나같이 못생긴 주제에 어떻게 장가를 들어?" 하였다. 조선 시대의 완고한 성차별에도, 애정의 집착에서도 자유롭다. 집칸이라도 마련해서 살림을 차리라고 하면 "나는 부모형제도, 처자도 없는데 집은 가져 무얼 하겠나? 게다가 아침나절이면 노래를 흥얼거리며 저자로 들어갔다가 날이 저물면 부잣집의 문간에서 자니, 한양의 8만 호는 내가 매일 한 집씩 들른다고 해도 죽을 때까지 다 거치지 못할 거야"라며 사양한다. 그는 무소유의 평화를 즐길 줄 아는 자유인이다. 이렇게 못생기고 쪽방 한 칸 없는 사내지만 장안의 기생들은 모두 그의 칭찬을 얻으려고 목을 뺀다. 광문자는 떠돌이 거지가 아니라 자유로운 현자의 느낌을 준다.

〈광문자전〉을 수업할 땐 그리스의 철학자 디오게네스와 알렉산더 대왕의 이야기를 함께 들려준다.

"너희는 세계 정복의 꿈을 가졌던 알렉산더 대왕과 통 속의 철학자 디오게네스 중 누가 더 부럽니?"

아이들은 한 치 망설임 없이 외친다.

"알렉산더!"

그런 걸 꼭 물어봐야 알겠느냐는 투다.

"흠~ 그래? 죽을 때까지 욕망에서 자유롭지 못해서 늘 결핍감을 가진 자와 아무것도 더 필요 없이 있는 그대로 충만하고 자유로운 자. 누가 진정 행복할까?"

아이들의 표정이 혼란스러워진다. 여전히 알렉산더를 선

택하는 아이들이 많지만 디오게네스 쪽에도 추종자가 몇 생겼다. 판단을 유보하는 아이들도 많다.

"아무리 그래도 거지는 너무하잖아요. 다른 사람에게도 민폐고."

"맞아. 디오게네스나 광문자는 좀 극단적이지. 무소유의 삶으로도 얼마든지 행복할 수 있다는 것을 보여 주기 위해 이야기가 좀 꾸며졌을 거야. 그냥 소박하게 자립하는 삶, 돈을 버는 데 인생의 가치를 두지 않고, 가난하면 가난한 대로 존재 자체를 즐길 줄 하는 사람이라고 생각하면 돼."

그래도 소유에 대한 욕망을 포기하기는 쉽지 않다. 그것은 소유를 넘어선 자유의 삶이 어떤 것인지에 대해 제대로 들어 본 적이 없는 탓이다. 지복至福과 지족知足은 물질이 아니라 영혼의 완성에서 나온다. 물론 광문자나 디오게네스 같은 철저한 무소유의 삶을 현실에서 권장하기는 힘들다. 그들은 오늘의 시각으론 노숙자일 것이다.

그러나 소유와 소비 중독으로 파멸을 향해 치닫고 있는 이 어리석은 문명에서 벗어나려면 진정한 자유의 행복에 대해 일깨워 주는 것부터 시작해야 할 듯하다. 소유는 결코 완전한 만족을 주지 않으며 끝없는 갈증을 유발한다.

"소유는 밑 빠진 독과 같아. 하나를 소유하면 또 다른 것을 소유하고 싶고. 그런데 자유는 그런 욕망과 결핍에서 완전히 놓여나는 거야."

"그런 게 가능해요? 실제로 그렇게 산 사람이 있어요?"

"있지. 역사 속의 인물들을 떠올려 봐. 누가 있을까?"

"간디?"

"그래, 간디 같은 분도 그런 경지에 이르렀다 볼 수 있겠지. 우리가 인류의 성인이라고 하는 분들이 그런 대자유인들이야. 소크라테스, 공자, 부처, 예수……. 이렇게 이름난 성인들 외에도 수많은 현자들, 참된 자유인들이 우리가 생각하는 것보단 많이 있어."

아이들은 반신반의한다.

"부처나 예수가 돈이 없다고 징징거리겠니, 권력을 가지려고 안달이겠니. 그분들은 있는 부귀도 집어던졌지. 싯다르타는 원래 태자이기도 했지만, 전륜성왕, 즉 세계를 다스리는 왕이 될 수도 있었지만, 출가하여 부처가 되었잖아. 왕이 좋을까, 부처가 좋을까?"

"왕!"

역시나 대부분의 아이들은 왕을 외친다.

"왕이 인간의 최고 자리라 생각하지만 왕 자리가 좋기만 한 것도 아니고, 좋다 해도 몇십 년 뒤에 사라질 목숨인 건 다른 인간과 마찬가지야. 부처는 불생불멸의 진리를 깨친 자, 인간의 가장 큰 한계를 뛰어넘은 분이야. 그리고 인류의 영원한 스승이 되었잖아. 왕이 그 정도 영향력을 가지겠니?"

영향력이고 뭐고 부귀영화만 누릴 수 있다면 그 길로 가겠다는 아이들이 많지만, 가치관에 혼란이 온 듯한 아이들도 있다. 몇몇 아이들의 눈빛이 깊어진다. 열여덟 살. 생의 참된 가치에 대해 진지하게 궁구할 나이가 되었다.

"〈광문자전〉을 쓴 박지원도 그래. 젊어서 스스로 학문을 크게 이루고도 과거 시험을 보지 않았대. 아주 가난하게 살았지만 학문을 하고 뜻 맞는 벗들과 인생을 즐길 줄 아는 분이었지. 그 시대에 높은 벼슬자리에 있었던 재상들이랑 비교해 봐. 지금 우리의 눈에 누가 더 멋있니? 박지원이 관직에만 연연했다면 〈광문자전〉, 〈허생전〉, 〈양반전〉, 〈호질〉 같은 작품을 쓸 수 있었겠니? 양반계급을 신랄하게 비판하는 작품들이잖아. 다시 생각해 보자. 나는 삶의 가치를 소유에 둘 것인가, 자유에 둘 것인가."

이제 굳이 확인하지 않는다. 이런 화두만 던져 주는 것으로 족하다. 자유인. 이런 포부를 품어 본다면 그동안 구축해 왔던 세계에 약간의 균열은 낼 수 있을 것이다. 오늘은 이 정도면 된다. 수업 끝나는 종이 친 후에도 앞으로 나와서 계속 질문을 하는 아이들도 있다. 박지원의 후예가 될 만한 기특한 녀석들이다.

자유인이 된다는 것에 오해가 많다. 나도 오랫동안 그런 오해 속에서 살았다. 자유란 지금 성취하지 못하는 것, 먼 산 너머 파랑새를 쫓는 것처럼 언젠가 가닿아야 할 미래의 것이라고만 생각했다. 그러나 파랑새는 바로 내 집의 울타리에서 늘 지저귀고 있다. 자유와 만족은 먼 미래에 성취할 것이 아니라 지금 순간순간으로 닥치는 생의 오묘함을 마음을 활짝 열고 받아들이기만 하면 된다. 물론 이것이 말처럼 쉬운 것은 아니다. 하지만 이런 자유의 삶은 신화나 경전 속에만 존재하는 것이 아니라 저잣거리 범부들에게도 가능하다는 것. 이것이 바로 기쁜 소식, 복음 아닌가.

〈허생전〉의 허생은 박지원의 꿈이 좀 더 구체적으로 투영된 인물이다. 그는 당대 현실의 모순을 예리하게 인식하고 변화와 개혁에 적극 참여하고 싶어 했던 지식인이다. 허생은 양반들의 필수품을 매점매석하여 번 돈으로, 도둑이 될 수밖에 없었던 가난한 양민들을 데리고 빈 섬으로 들어가 이상사회를 꾸린다. 거기서 해외무역까지 하여 더 큰돈을 벌어 나라의 빈민들을 구제한다. 백성들의 가장 갈급한 문제인 먹고사는 문제를 해결한 허생은 이제 칼날을 정치에 들이댄다. 허생이 북벌대장 이완을 만나서 쏟아내는 말들을 보면 헛된 명분과 사리사욕에만 사로잡혀 있는 권력자들에 대한 분노가 느껴진다. 분노는 권력자들을 칼로 찌르고 싶어 할 정도로 크다. 임금이 머리를 아홉 번 찧으면서 청나라에 항복을 해 놓고도 사대부들은 오랑캐의 나라니 어쩌니 하면서 청을 치겠다는 망상에 빠져 있다. '백성들의 삶을 돌보지 않는 사대부란 것들이 대체 무엇이란 말이냐.' 재야학자 박지원의 질타가 칼날 같다. 그러나 결국 허생은 사라진다. 현실의 벽은 너무나 강고하여 아무리 뛰어난 재주를 가졌다 한들 일개 선비의 칼로 베어 넘길 수가 없다. 붕괴든 창조든 시절은 때가 있기 마련이다. 물론 그런 시절을 만드는 것은 사람들의 간절한 마음이다. 허생은 사라졌지만 〈허생전〉을 비롯한 박지원의 글들은 새로운 시대를 여는 간절한 인연이요, 강력한 무기였다.

〈허생전〉을 수업하면서 현실을 비판하고 개혁하는 허생을 오늘에 적용해 본다. 허생이 상업과 무역으로 돈을 벌어 빈민을 구제한 장면을 읽으며 학생들에게 묻는다.

"가난 구제는 나라도 못 한다는 속담에 대해서 어찌 생각하니? 맞는 얘기야?"

별 고민 없이 고개를 끄덕이는 아이들이 대부분이다.

"그럼 나라는 왜 있는 거지? 가난 구제하라고 백성들이 세금 내서 정치가들 밥 먹여 주고 있잖아."

그런가? 눈빛이 조금 살아나는 아이들이 있다. 속담이나 격언은 대체로는 시대를 넘어서 보편적인 진실을 전하고 있지만, 편향된 가치관을 전하는 것들도 제법 많다.

"허생은 매점매석으로 가진 자들의 필수품을 사들여 큰돈을 벌었고 그것을 가난한 백성들에게 풀었는데, 그게 요즘 말로 하면 경제 민주화고 복지 아니겠니?"

아이들은 아하~ 하는 표정으로 고개를 끄덕인다.

"그럼, 가난을 구제하는 게 나라님의 일이네요?"

"그렇지. 자본주의는 개인의 능력과 자유를 중시하고 공산주의는 차별 없는 평등을 추구했지만 이념이 그대로 실현될 수는 없었지. 그래도 지금 괜찮은 나라들은 능력대로 일하고 최소한의 필요는 국가가 보장해 주는 쪽으로 가고 있어. 우리나라는 어떨까?"

"아직 멀었어요."

"그래. 하지만 국가의 역할이 약자를 보호하고 자유와 평등을 실현하는 것이라는 데에는 대부분 공감하잖아. 너희들이 세상에 나가면 허생 같은 역할을 하면 좋겠다. 이런 걸 노블

레스 오블리주라고 하지. 허생은 가난뱅이였지만 나중에 돈을 많이 벌었는데 그 돈을 모두 약자들과 나눴잖아. 이렇게 보니 허생은 몇백 년이나 앞선 사람이네. 박지원이 대단한 작가라는 게 느껴지지?"

아이들은 고개를 끄덕인다. 고전소설이라고 한물 간 옛날이야기가 아니다. 언제나 오늘 여기의 시점과 연결하여 해석할 수 있다. 그렇게 할 때 작품이 더욱 흥미로워지고 우리가 고전을 읽는 의미가 살아난다.

허생은 비판적 지식인이면서 동시에 구도자, 참된 도를 구하는 선비였다. 허생은 섬에서 백만 냥을 벌어서 오십만 냥을 바다에 버렸다. 작은 섬은 물론 조선에서도 용납되지 못할 액수의 돈이라는 것이다. 경제 규모에 맞지 않는 큰돈은 오히려 사회를 혼란에 빠뜨릴 것임을 박지원은 알고 있었다. 변 씨에게 십만 배로 빚을 갚은 뒤 변 씨가 종종 많은 재물을 들고 가면 "나에게 재앙을 갖다 맡기는가"라며 거절한다. 돈은 살아가는 수단일 뿐이지 결코 인생의 목적으로 삼을 가치는 아니다. 허생은 돈으로는 구할 수 없는 도를 실현하며 '재물로 정신을 어지럽히지 않는' 삶을 추구한 선비였다.

허생이 바다에 돈을 버린 대목을 들으며 매우 아까워하는 아이들이 있다.

"허생은 바보 같아요. 아니, 자기 집은 너무 생각하지 않고 제멋대로 하는 이기주의자예요. 허생 아내가 불쌍해요."

"자기 집도 먹고살도록 했잖아. 사십만 냥으로 빈민을 구제하고 변 씨에게 십만 냥을 내놓으면서 앞으로 자기 집을 돌봐 달라고 했는데, 그 정도면 됐지 않아?"

"그래도 바다에 버리지 말고 오십만 냥으로 더 많은 일을 할 수도 있었잖아요."

"조선의 경제 규모가 그 정도밖에 안 됐던 거야. 경제 규모는 작은데 너무 많은 돈이 돌면 더 엄청난 혼란이 오는 거, 사회 시간에 배웠지?"

고개를 끄덕이면서도 뭔가 불만스런 표정이다. 돈에 대한 애착을 버릴 수가 없는 모양이다. 어쩌면 식구들은 고생하는데 가정사에 무관심한 아버지들을 생각하고 있는지도 모른다. 현대적 가치관으로만 허생을 판단하면 무능하고 무정한 가장이었던 건 맞다. 하지만 그가 끝까지 가정에 무책임했던 것은 아니다. 허생이 돈을 무조건 부정한 것도 아니다. 허생의 가치관을 확실히 주지시키기 위해 빈칸 채우기도 해 본다.

"허생은 (   )보다는 (   )에 비중을 두었다. (   )은 삶의 수단이지 (   )이 아니다. 빈칸에 들어갈 말은?"

"돈 - 도 - 돈 - 목적."

몇 번이나 강조하였더니 아이들은 척척 맞힌다. 입에서만이 아니라 가슴 깊은 곳에서 공감하는 말이면 좋겠다.

허생의 언행으로 드러나는 박지원의 정치의식. 나라를 운영하는 데서 허생이 강조한 두 가지는 '부'와 '덕'이었다. "먼저 부하게 한 연후에 덕이 있으면 사람은 절로 모인다네." 좋은 사회는 기본적인 경제문제를 해결하고 나면 법보다도 덕으로 다스려지는 사회다. 백성들이 굶주림에 못 이겨 도둑 떼가 되도록 방치하는 세상도 용납할 수 없지만, 재물에만 집착하는 '장사치'의 세상은 더욱 '재앙'이다. 사농공상의 신분제도가 흔들리고 장사로 돈을 번 부자들이 출현하여 이전과는 다른 질서의 돈의 세계, '자본'의 세상이 도래할 것을 박지원은 내다보았을까. 국민들이 의식衣食의 걱정 없이 평화롭게 자립할 수 있도록 경제를 운용하면서도 지나친 돈은 사람들을 타락시킨다는 것, 모두가 '부자'가 되는 세상은 불가능하다는 것을 200년 전 조선의 선비는 꿰뚫어 볼 줄 알았는데, 오늘날 우리는 어떤가.

돈은 벌 줄도 알아야 하고 버릴 수도 있어야 한다. 돈은 수단일 뿐 결코 인생의 목적은 아니다. 진정한 행복은 소유가 아니라 자유에서 찾아야 한다. 18세기 지식인이 내다본 이 명료한 진리를 인류사는 외면했다. 그래서 장사치가 가장 우대받고 돈이 숭배받는 재앙의 세상이 되었다. "돈이 어찌 도를 살찌우겠는가." 허생의 호통 소리가 귀에 쟁쟁하다.

하늘과 땅과 사람

...

톨스토이 《안나 카레니나》

초등 시절 내 별명은 책벌레였다. 열 살 때 고향을 떠나온 후 갑자기 도시 빈민으로 전락한 현실을 견뎌 내기 위해서 책에 빠져들었던 것 같다. 나의 독서 취향은 삶의 편력에 따라 변화해 갔다. 대학을 포함해서 학창 시절엔 주로 문학을 좋아했고, 교사가 되어 사회에 눈떠 가면서는 역사와 사회과학 도서에 몰입했다. 문학도 순수문학에서 사회의식이 강한 작품으로 취향이 바뀌어 갔다. 그러다가, 세상의 흐름과도 무관치 않겠지만, 종교와 영성靈性 쪽의 책들에 마음이 끌렸다. 특히 최근 몇 년간 자발적으로 선택하는 책은 궁극적인 진리를 추구하는 필자인가 아닌가를 일차적으로 살펴보게 된다. 개인이든 사회든 역사든, 인간 세상의 이야기만 다룬 글에는 크게 재미를 못 느끼겠다. 우리의 삶이라는 것이 변화무쌍한 현상계가 전부가 아니라는 걸 알게 된 것이다. 현상의 세계는 쌓고 무너지고 또 쌓고 무너지며 흘러간다. 그래서 세계 안의 진실을 추구하면서도 근원적인 진리를 궁구하는 저자들에게 믿음이 갔다. 문학이나 예술 분야 책에서는 특히 그렇다.

그런 점에서 나는 톨스토이를 아주 좋아한다. 톨스토이는 거의 완벽하게 느껴지는 사람이다. 그는 비길 바 없이 매력적인 작가이며 한 치 허위도 용납하지 않는 진실하고 치열한 영혼이다. 요 몇 년간 톨스토이 작품을 연달아 읽었다. 언젠가 읽었던 《부활》을 다시 읽고, 아, 톨스토이는 그냥 작가가 아니구나, 왜 사람들이 톨스토이, 톨스토이 하는지 새삼 깨달았다. 그는 생의 주변부, 부침하는 일상사를 노닥거리거나 모호한 관념을 심오한 듯 늘어놓는 글쟁이가 아니었다. 치열한 예술가면서, 생의 중심부로 직진하는 사상가요, 참된 의미의 종교인이기도 했다. 《부활》은 문학이나 예술 등 쾌락적인 것에 더 이상 인생을 소진하지 않겠다는 그의 선언 이후에 나온 대작으로, 소설보다는 종교적인 에세이를 많이 쓰는 중에 발표한 작품이다. 1899년에 발표된 이 작품은 19세기 모든 예술의 총 결산이며, 새로운 20세기 예술의 단초라고 평가받는다. 그보다 20여 년 전에 쓰여진 《참회(고백)록》과 《인생론》, 《안나 카레니나》에서 톨스토이는 '나의 계급-부자와 학자들의 삶'에 대한 혐오감과 민중적 삶의 위대함에 대한 자각과 지향을 명백하게 드러냈는데 《부활》은 그런 톨스토이 사상이 집약된 작품이다.

《부활》을 읽고 나서 《참회록》과 《인생론》을 읽었다. 학교 독서모임에서 함께 읽었는데, 가슴이 두근거릴 만큼 감동적이어서 책에 온통 밑줄을 그었다. 문학평론가 중에는 이 저작물을 지루한 종교적인 글로 평가하는 이들도 있는 모양이지만, 문학이냐 아니냐가 나의 관심사는 아니다. 진짜냐 아니냐가 중요하다. 톨스토이는 인생의 진짜를 알고 싶어 한 사람이었다. 작가로서 세계적인 명성을 얻고 행복한 가정을 이루고 살던 그는 삶의 본질적인 질문에 직면한다. 그동안 생의 기쁨이라는 것은 기만이었으며, 인생의 참된 의의를 깨닫지 못하고 앞으로만 내달려 왔다는 것을 깨달은 것이다. 《참회록》의 다음 구절에서도 톨스토이의 그런 인생관을 엿볼 수 있다.

생에 취해 있는 동안만 우리는 살아갈 수 있는 것이다. 그러나 그런 도취에서 깨는 순간 그것이 죄다 기만이고 어리석은 미망에 지나지 않는다는 것을 인정하지 않을 수 없는 것이다. 이런 의미에서 인생에는 재미있는 일도 우스운 일도 아무것도 없는 것이다. 그저 참혹하고 허망한 몰골로 남겨질 뿐이다. 생의 기쁨이라는 지금까지의 기만은 이제 더 이상 나를 속일 수 없게 되었다.

다른 무엇보다도 오랫동안 이 잔혹한 진리로부터 나의 시선을 돌려놓고 있던 두 방울의 꿀 — 가족에 대한 사랑과 내가 예술이라고 부르는 저작에 대한 사랑 — 마저도 이제 내게는 달지가 않았다. 가족 역시 인간이다. 그들 역시 나와 똑같은 조건 아래 있다. 따라서 그들도 거짓 속에서 살아가거나, 아니면 무서운 진리를 보지 않으면 안 되는 것이다. 그 진리란 곧 — 죽음!

예술은 인생의 장식에 지나지 않는다. 인생에 대한 유인誘人에 지나지 않는다는 것이 거의 뚜렷해진 것이다. 더욱이 인생은 나로 봐서 그 매혹을 잃었다. 그런 내가 어떻게 다른 사람들을 생으로 끌어당길 수가 있겠는가.

톨스토이의 이런 의문과 회의는 나에게 절절한 공감을 불러일으켰다. 인생이 대체 무엇이란 말인가. 인간은 왜 사는가? 소년기에 맞닥뜨렸던 그 질문을 붙잡고 장년의 톨스토이는 발버둥 친다. 인간을 싸고 있는 마지막 껍질에서 탈각하기 위한 몸부림이다. 대부분의 사람들은 인간의 틀 속에서 별 의심과 회의 없이 세상의 가치를 추구하며 살아간다. 그런데 어떤 유의 인간은, 아니 사실 명료하게 자각을 못 한다 뿐이지 모든 인간은, '인간'이라는 그 껍질을 두드려 본다. 이것은 무엇인가. 언젠가 모든 것은 사라질 터인데 우리는 왜 이러고 살고 있는가. 나는 대체 누구인가. 온 세계란 무엇인가. 이 질문은 모든 종교의 출발이다. 인간에 대한 질문은 결국 신에 대한 탐구로 이어진다. 주류 종교에서 이야기하는 신은 하나의 관념일 뿐이다. "관념은 신이 아니다. 내가 만들고 내가 부술 수 있는 관념이 아니라 진짜인 것, 이것 없이는 살아갈 수 없는 것." 톨스토이는 그것을 찾고 있었다. 몇 번이나 죽었다 살아나는 정신의 절멸과 소생을 반복하며 몇 년을 궁구하던 그는 마침내 내면의 소리를 듣는다.

"대체 이것 말고 내가 무엇을 구하는가. 이것이 바로 신이다. 이것 없이는 살아갈 수 없는 바로 그것이다. 신을 아는 것과 사는 것은 같은 것이다. 신은 곧 생명이다." 삶의 참된 의미를 발견하지 못하면 죽을 수밖에 없다고까지 생각한 그는 마침내 '내부의 대전환'을 겪으며 자살에서 '구출'된다. 진실한 구도자와 영성가, 종교인들에게 일어나는 구원의 '체험'이 그에게도 일어난 것이다. 이것은 내가 몇 년 전부터 몰두하게 된 선禪 공부의 스승과 도반들에게 익히 들어 온 이야기였다. 그리고 많은 영성 서적들에서 읽어 온 것과 똑같은 과정과 결말이었다. 마음의 눈心眼을 뜬 많은 이들처럼(견성見性의 체험을 가진 이들이 우리 주변에 생각보다 많다) 톨스토이는 이렇게 쓴다. "나의 내부에 부활한 그 힘은 결코 새로운 것이 아니라 내 생애의 초기에 나를 지배한 바로 그 힘이었던 것이다." 그는 드디어 "신과 합치했고 생의 힘은 부활했으며 다시 생활을 시작하게 되었다". 톨스토이의 '회심回心'으로 불리는 이런 체험은 주류 기독교나 러시아 정교의 교리와는 많이 다른 것이어서 그의 《참회록》은 발행 금지된다. 이후 그의 종교적인 글들은 계속 위험시된다. 참된 영혼의 깨어남을 체험했던 영성가들이 중세 교회에서 파문당하는 것과 같은 일을 겪은 것이다. 그때나 지금이나 종교는 오로지 세속의 욕망을 극대화한 하나의 제도일 뿐 진정한 영혼의 구원, 깨달음과는 거리가 멀다.

《참회록》과 《인생론》을 감동과 기쁨으로 읽은 뒤 톨스토이 저작물들을 다 접해 보자 싶었지만, 이런 회심의 경지 이전에 쓴 책들, 톨스토이 스스로 별로 인정하지 않았던 긴 장편소설에까지는 손이 가지 않았다. 그러다가 유명한 러시아의 비평가 나보코프의 책 《나보코프의 러시아 문학 강의》를 읽었는데, 그도 러시아 최고의 작가로 톨스토이를 꼽으며(도스토옙스키에 대해서는 매우 혹평을 했다) 톨스토이의 최고작은 《안나 카레니나》와 〈이반 일리치의 죽음〉이라고 했다. 몇 번 손을 댔다가 그 방대한 분량에 질려 포기하고 말았던 《안나 카레니나》를 다시 읽기로 했다. 600여 쪽의 책으로 3권. 그러나 분량이 긴 소설이 으레 그렇듯 내용은 매우 흥미진진했다. 흥미가 없으면 어떤 독자가 그 긴 책을 읽겠는가. 《안나 카레니나》를 읽으며 톨스토이에 대해 다시금 감탄했다. 앞에 말한 작품들은 그의 사상, 삶을 대하는 진실한 태도에 대한 감명이 컸는데, 이 작품은 우선 뛰어난 문학성에 탄복했다. 바로 곁에서 사건을 겪고 인물을 보는 듯한 치밀한 묘사, 다양한 인간 군상들의 생생한 성격 창조, 요소요소마다 배치된 상징적인 장치들……. 톨스토이 작품은 도스토옙스키처럼 신경증적인 장광설이 없고 선이 굵으면서도 섬세했다. 소설을 읽을 때마다 느끼는 바지만 작가들은 어쩌면 이렇게도 많은 사람들의 내면을 꿰뚫어 볼 수 있을까. 마치 신이 된 듯 남자였다가 여자였다가 어린아이였다가 노인이었다가 농민이었다가 귀족이었다가 자유자재 천의무봉으로 인간들을 창조해 낸다. 이런 글을 쓰기 위해서 작가는 얼마나 치열하게 살고 치밀하게 생을 통찰하는 것일까.

《안나 카레니나》의 중심인물은 연인 관계인 안나와 브론스키, 그리고 레빈과 키티 부부다. 소설은 안나에 가장 비중을 두었지만, 작품을 다 읽고 내 마음속에 가장 강렬하게 남은 인물은 레빈이었다. 톨스토이의 아내가 '바로 당신이군요' 했다는, 작가 스스로를 모델로 한 레빈. 그는 귀족이면서 도시와 사교계를 싫어하고 시골에서 농장을 경영하며 농부들과 함께하는 삶을 좋아한다. 소설에서 가장 아름답고 싱그럽게 살아 있는 장면은 레빈이 농부들과 풀을 베는 대목이다. 몇 페이지로 이어지는 그 장면을 읽다 보면 쨍쨍한 햇볕 아래 농부들의 땀 냄새, 훅훅한 풀 냄새가 바로 곁에서 풍겨 나오는 듯하다. 농부들은 몰입하여 풀을 베고 귀족 지주인 레빈은 자신의 뒤처진 실력에 부끄러움을 느끼면서도 대지에 든든히 발을 디딘 농부들과 함께하는 시간이 더없이 즐겁다. 농부들의 소박하고 순수한 삶, 건강한 노동의 기쁨과 성취감. 이런 것이 진정 인간됨의 행복이구나 싶었다. 이 대목을 쓰기 바로 전에 톨스토이가 농부들과 풀을 베고 왔구나 싶을 정도로 생동감 넘치는 장면이다. 어떤 잡스러움도 허위도 없는 인간의 행위. 허망한 말과 논리, 위선으로 점철된 귀족들의 연회에 비해서 농민들의 이런 노동과 휴식은 얼마나 정결하고 건강한가. 물론 톨스토이가 농민들을 언제나 긍정적으로만 그린 것은 아니다. 그랬다면 그는 환상을 본 것이겠지. 그러나 어쨌든 농부들과 함께하는 레빈의 삶을 통해서 인간도 다른 모든 생명체들처럼 대지의 자식이라는 것, 가장 진실한 삶은 땅과 더불어 사는 것이라는 진리를 다시 깨닫게 되었다.

레빈은 내면적인 번뇌를 늘 품고 있는 인물이다. 그에게는 해결하지 못한 문제가 있다. 영혼, 신의 문제다. 아무리 농민적 삶을 지향해도 태생이 지식인인 그는 아내 키티나 소박한 농부들처럼 쉽게 신을 믿지 못한다. 스스로를 무신론자라고 생각하면서도 늘 뭔가 숙제를 다 하지 못한 찜찜함이 있다. 그래서 그의 내면에는 끊어 버리지 못하는 근원에 대한 갈망이 있다. 홀로 고독한 생활을 오래 하던 레빈이 아름답고 진실한 여성 키티와 결혼하고 아이를 낳고 농민의 삶에 점점 더 익숙해지면서 그의 영혼도 역설적으로 하늘에 더욱 가까이 다가간다. 대지에 굳게 발 디딘 자만이 참되게 하늘-신을 자기 안에 받아들일 수 있다는 것을 이 작품은 보여 준다. 오래 영적 방황을 거듭하던 레빈은 마침내 바로 자기 속에 존재해 온 진리를 깨닫는다.

레빈은 큰길을 따라 성큼성큼 걸으며 자신의 생각이라기보다 그가 예전에 한 번도 경험하지 못한 정신 상태에 귀를 기울였다.

"여기 기적이, 유일하게 존재할 수 있고 언제나 존재했던, 사방에서 날 에워싼 기적이 있어. 그것을 난 알아차리지 못했던 거야! 난 아무것도 새로이 얻은 게 없어. 다만 내가 늘 알던 것을 인식했을 뿐이야. 난 삶이 내게 과거뿐 아니라 지금도 주고 있는 그 힘을 깨달았어. 허위에서 해방된 거야. 주인을 인식한 거야."

이런 묘사는 《참회록》에서 말한 회심의 장면과 같다. 톨스토이는 《참회록》을 쓰기 몇 년 전에 《안나 카레니나》를 썼다. 그러니까 이 위대한 작가는 오래 영혼의 문제를 해결하기 위해 고뇌하고 궁구하다가 마침내 답을 찾은 것이다. 영적인 체험을 통해 오랜 의문이 절로 풀렸다고 해도 좋겠다. 레빈은 오랜 미망의 껍질을 벗고 이제 참사람이 되었다.

안나와 브론스키의 관계는 레빈 부부와 여러모로 대조가 된다. 불륜의 사랑을 선택한 안나는 얼핏 부도덕하게 보이지만 작품 속의 누구보다 진실하고 정직하고 매력적인 여성이다. 그가 남편을 떠난 것은 더 이상 애정 없는 허위의 삶을 살 수 없었기 때문이다. 그녀는 자신의 사랑에 정직하고 충실했다. 오늘날 같으면 자연스레 이혼하고 새 연인과 결혼하면 되니까 그런 사랑이 크게 문제가 되지 않을 것이다. 그러나 그들은 시대적 한계 탓도 있겠지만, 그보다는 관습과 허위와 집착에서 벗어나지 못한 주변 인물들로 인해 고통받는다. 그런데 사실 더 깊이 보면 안나와 브론스키의 사랑이 파국을 맞은 것은 외부적인 조건이라기보다 그들 내부, 존재의 본질적인 속성이라 할 수 있는 무상無常성에 있다 할 것이다. 아무리 열렬한 사랑도 세월의 부침을 겪으며 흐려지고 옅어지며 의심과 불신의 미망 속에 상처 입는다. 대지에 발 디디고 건강하게 노동하며 살지 않는 인간들, 진실한 마음으로 영혼의 깨침을 추구하지 않는 불완전한 인간들이 그 무상한 감정에만 기대어 시대와 제도를 뚫고 진실한 사랑을 지속한다는 것은 불가능한 일이다. 인간이 가진 것 중 영원한 것은 아무것도 없다. 육신도 감정도 생각도. 진실하고 정직했으나 성주괴공成住壞空하는 현상적인 삶에 모든 것을 걸었던 안나는 결국 그 생각과 감정의 회오리에 휩쓸려 기차 바퀴 속으로 뛰어들고 만다.

톨스토이는 안나의 삶을 비난하지는 않지만 안타까워하는 것은 분명하다. 안나의 자살 바로 뒤 장면에 레빈과 키티 부부의 건강하고 아름다운 일상, 그리고 레빈의 내면의 번뇌가 마침내 해결되는 장면으로 소설은 대단원의 막을 내린다. 좋은 삶이란 무엇인가. 우리가 진실로 믿고 추구할 인생은 어떤 방식이어야 할까라는 질문에 대한 톨스토이다운 해답이라고 하겠다. 봉준호 감독의 영화 〈설국열차〉처럼 안나의 삶은 닫힌 계 안의 몸부림처럼 보인다. 진실한 삶은 열차 안의 변화에서 일어나지 않는다. 참된 행복은 귀족 사회나 사교계 안에서 얻을 수 있는 것이 아니다. 불꽃같은 사랑의 정열도 영원한 구원이 되지 못한다. 대지에 두 발을 딛고 경건하게 하늘을 향한 사람만이 진리 안에서 자유롭다. 좋은 삶은 바로 진리와 자유다.

심수환, 〈갈대에 스치는 바람〉, 2010

3부

나는 우리가 될 수 있을까

꽃도둑과 낙서회

...

이시백 《나는 꽃도둑이다》

　우리 학교에는 낙서회樂書會라는 멋스런 이름의 교사 독서모임이 있다. 내가 전근 왔을 때부터 있었으니까 누가 처음 시작했는지는 모른다. 교사들의 이동이 잦은 공립학교에서 모임이 지속되기는 쉽지 않은데, 지금까지 계속되고 있으니 학교 터가 좋은 모양이다. 어제가 책의 날이었다는 것을 페이스북을 보고 알았다. 책의 날 첫 독서모임. 우린 왜 이렇게 바람직한 걸까. 창밖에는 봄비가 뿌리는 밤, 책을 낀 교사들이 하나 둘 회의실로 모여들었다.
　9교시 보충수업이 없는 이들부터 먼저 김밥과 칼국수를 시켜 먹었다. 비도 내리니 근처 식당에서 막걸리라도 한잔 하면서 수다를 떨어 볼까 했지만, 보충과 야자가 있는 선생님들 때문에 학교 안에서 하기로 했다. 중국집도 노는 화요일이라 총무 선생님이 차를 몰고 근처 분식집까지 가서 직접 음식을 사왔다. 두 분은 또 야자 감독이라 식사 시간에만 짧게 얘기를 나누고 나가야 했다. 교사들의 방과 후 모임이 늘 이렇다. 언제나 발을 묶는 것이 보충과 야자. 담임과 아이들의 관계를 가장 피곤하게 하는 것도 그놈의 보충과 야자다. 고교 교사로서 가장 괴로운 게 그 일인데, 한 선생님이 막상 고교생 학부모가 되어 보니 학교에서 보충과 야자를 야무지게 잡아 주면 좋겠다는 생각이 들더란다. 오늘 우리의 독서 교재, 이시백의《나는 꽃도둑이다》의 주제가 바로 이것이다. 인간이 가진 이중성.

소설을 오랜만에 읽은 선생님들이 많다. 첫 모임인데 재밌는 소설로 시작하자는 제안에 무슨 작품으로 할까 고민을 할 즈음 접한 책이다. 이시백 선생의 소설은《누가 말을 죽였을까》,《종을 훔치다》,《갈보콩》등 이전에도 여럿 읽었던 터라.《나는 꽃도둑이다》는 막 발간되어 미처 읽지 못한 상태였지만 믿는 구석이 있으므로 별 망설임 없이 추천했다.

돌아가면서 책에 대한 소감을 나눴다. 매우 리얼한 작품이다. 지금 딱 다룰 만한 문제를 다루었다. 허구가 아니라 다큐를 보는 것 같은 느낌도 들었다. 어떻게 말을 이렇게 재밌게 쓸 수 있을까. 소설가들은 진짜 신기하다. 부럽다. 모르는 말들이 많아서 인터넷으로 검색해 가면서 봤다는 선생님들도 있었다. 타지방 사투리는 모를 만하다지만 표준어인 우리말도 이렇게 잘 알지 못했구나, 새삼 느끼기도 했다. 국어과 선생님들은 박태원의 《천변풍경》이나 이문구 소설과 비교해서 읽었단다. 지금 이 시점에서 꼭 필요한 주제를 잘 부각시켰고 해학과 익살이 넘치는 문체의 맛에, 이야기 구성도 참신해서 좋았다. 청계천이며 4대강 같은 환경문제, 미국산 소고기 수입과 FTA 반대 촛불집회, 비정규직 문제, 탈북자와 이주여성들 문제까지 이 시대 한국 사회가 안고 있는 온갖 문제들을 보여 주는 인물과 사건 구성이 실감 났다. 이렇게 소개하면 주제를 너무 의도적으로 부각시킨 재미없는 소설은 아닐까 싶기도 하지만, 이시백 소설을 읽어 본 독자라면 그의 차지고 걸쭉한 입담에 혀를 내두르지 않을 수 없을 것이다. 소설은 일단 재밌어야 한다고 생각하는 독자와 재미만큼 의미도 중요하다는 독자 모두를 충족시켜 줄 작품이다. 작가가 의도했겠지만 이 소설을 읽고 가장 묵직하게 남는 것은 민중들의 이중성이다. 자신도 피해자로 당하고 살았으면서도 금방 가해자의 입장이 되어 타자를 외면하는 사람들. 무엇이 진정 자신을 위하는 것인 줄도 모르고 돈과 권력을 가진 사람들의 말만 추종하는 인물들. '건강한 민중성'이니 '민중에 대한 신뢰' 운운하는 당위성은 이 작품에선 찾아볼 수 없다. 물론 그런 인물이 아주 없는 것은 아니지만 미미하다. 나는 이 책을 읽으면서 채만식의 소설이 떠올랐다. 날카로운 풍자, 생생히 살아 있는 구어체의 문장들, 부정적인 인물 군상들…….

일곱 해를 꼬박 초등학교 앞에 포장마차 한 대 세워 놓고 어묵에 떡볶이를 팔아 모은 돈으로 올봄부터 가게를 얻어 '먹도날드 분식'이란 간판을 내건 명식의 마누라도 설거지 도와줄 아줌마를 하나 두더니 그 잘난 사장 노릇에 재미를 붙인 눈치였다. 요식업 사업자 등록증을 받았다는 유세인지, 파업하는 노동자들의 깃발 펜 대나무 봉으로 경관을 찔러 대는 사진만 큼지막하게 걸어 붙이는 신문을 들여다보며, 저 혼자 나라 살림을 떠맡은 이처럼 오만상을 찌푸리고 혀를 차 대기 바빴다.

"배지를 쫄쫄 굶겨야 혀. 시방 나라 경제가 워찌 돌아간다는 소리두 듣지 못혔나. 애덜 돌반지꺼정 빼다가 나라 살린 지가 월매나 되었다구 파업이여? 가뜩이나 불경기에 영업허는 사람들은 밤잠을 제대로 못 자가며 고심허는디, 다달이 따박따박 봉급에 밥값에 차 몰구 댕기는 지름값꺼정 챙겨 받구, 때마다 보너스루 떡값꺼정 타먹으면서 뭘 어쩌라구 심심허면 빨개이덜츠럼 대가리에 뻘건 띠를 두르고 거리루 나서냔 말이여. 저것들은 너나읎이 죄 풍선에 대달아 김정은헌티루 날려 보내구, 밥만 멕여줘도 감지덕지허는 동남아 것들 불러다가 품 사 쓰야 정신을 차릴겨."

《나는 꽃도둑이다》가 보여 주는 세상은 답답하다. 등장인물들은 이기적이고 비열하며 의에 약하고 이익에 민감하다. 드물게 보이는 긍정적인 인물들은 패배한다. 죽거나 미쳐 버리거나. 그리고 이 소설에서 특히 부각되는 것은 자신이 살자고 더 약한 자들을 궁지로 밀어 넣고 가장 약한 자들을 죽음으로 내모는 것은 저 높은 권력자들이 아니라, 바로 우리 자신, 내가 가진 이중성이다. 그래서 영수 샘이 읽어 준 김수영의 시 〈하…… 그림자가 없다〉를 들으며 우리는 소설과 시를 통합적으로 이해했다.

우리들의 적은 늠름하지 않다
우리들의 적은 커크 더글라스나 리처드 위드마크모양으로 사나웁지도 않다
그들은 조금도 사나운 악한이 아니다

그들은 선량하기까지 하다

그들은 민주주의자를 가장하고

자기들이 양민이라고도 하고

자기들이 선량이라고도 하고

자기들이 회사원이라고도 하고

전차를 타고 자동차를 타고

요리집엘 들어가고

술을 마시고 웃고 잡담하고

동정하고 진지한 얼굴을 하고

바쁘다고 서두르면서 일도 하고

원고도 쓰고 치부도 하고

시골에도 있고 해변가에도 있고

서울에도 있고 산보도 하고

영화관에도 가고

애교도 있다

그들은 말하자면 우리들의 곁에 있다

우리들의 전선戰線은 눈에 보이지 않는다

그것이 우리들의 싸움을 이다지도 어려운 것으로 만든다

우리들의 전선은 됭케르크도 노르망디도 연희고지도 아니다

우리들의 전선은 지도책 속에는 없다

그것은 우리들의 집안 안인 경우도 있고

우리들의 직장인 경우도 있고

우리들의 동리인 경우도 있지만……

보이지는 않는다

— 김수영, 〈하…… 그림자가 없다〉 부분

 적은 바깥이 아니라 내 안에 있다. 나의 적은 바로 나 자신이다. 사실 살아가면서 '나'라는 이 오리무중의 존재보다 더 큰 장애가 있던가. 나 자신이 바로 내가 비판하는 사람이므로 세상에 대해 별달리 분노할 것도 없다. 다 그렇지 뭐, 타협하고 굴복해 버린다. 그래서 우리들의 싸움은 이리 지지부진하다. 따져 보면 인간 사회의 모든 문제는 개개인의 이기심에 있다. 그 이기심이란 나와 세계를 분리하여 자신을 좁은 경계 속에 가두어 두고 나머지는 모두 타자로 외면해 버리는 데서 나온다. 그 수많은 분리된 작은 '나'들 때문에 인류는 이렇게도 끝없는 갈등과 분쟁 속에서 허우적거리고 있는 것이다. 이기심은 인간의 뿌리 깊은 탐욕과 무지에서 나온다. 탐욕이 큰 자일수록 큰 권력을 쥐고 흔들며 세상을 장악한다. 크고 넓은 관점에서 볼 때 그들 힘 있는 자들의 탐욕도 결국엔 스스로를 옭아매는 오랏줄이 되고 말지만, 근원적 삶에 대한 무지는 그것을 인지하지 못한다. 지금 당장의 탐욕을 채우는 것으로 세상을 분탕질한다.

그 분탕질을 허용하는 것은 또한 약자들의 무지다. 스스로의 권리마저 강자들의 발밑에 갖다 바침으로써 약자들은 스스로 굴복한다. 그 약자들의 무지도 알고 보면 탐욕 위에 있다. 강자들에게 권리를 넘겨주면 겨자씨만 한 이득이라도 생기지 않을까 욕망하는 것이다. 어쩔 것인가. 욕망에 눈이 멀면 무지는 더욱 깊어질 수밖에 없다. 진실로 세상과 분리된 '나'란 없건만, 사람들은 여전히 작은 '나'에 갇혀 세상을 외면하고 있다. 민중이 가진 이중성의 뿌리도 이것이다. 소수가 다수를 지배하고 있는 현실도 결국엔 이런 탐욕과 무지 때문이다.

그래서 이런 세상에서 우리는 어떻게 살아야 하나. 교사로서 우리는 무엇을 할 것인가로 자연스레 이야기는 넘어간다. 우리 아이들은 이런 세상을 얼마나 제대로 알고 있으며, 자신과 세상을 위해서 바람직한 방향으로 살고 있는가. 답은 씁쓸하다. 고교생들이야 아직 어리니까 그렇다 치더라도, 지금 이십 대의 모습은, 글쎄다. 대학에 간 졸업생들이 고교 시절이 더 좋았다고 추억하는 경우가 많으니, 참 안쓰러운 일이다. 더욱 살벌한 생존경쟁 속에서 헤쳐 나갈 일이 아득한 것이다. 고등학교 때는 하루빨리 대학생이 되고 싶어서 안달했던 아이들이 아니었던가 말이다. 그럼, 우리의 젊은이, 아들딸들은 언제가 되어야 행복하단 말인가. 교사들이 진단하는 현실은 십 대도 이십 대도 안쓰럽고 딱하다. 길은 없을까. 지구의 모든 십 대와 이십 대는 이렇게 살고 있는가. 그렇진 않잖아. 아무리 신자유주의니 경쟁 세상이니 해도 우리 아이들처럼 이렇게 사는 건 아니잖아. 왜 이렇게 되었을까. 교사인 우리가 할 수 있는 일은 무엇인가.

독서모임의 결말은 늘 이렇다. 학생도 교사도 힘든 나라에 우리는 살고 있다. 하지만 어쩌겠는가. 좀 더 진심으로 아이들을 대하자. 입시와 교과의 한계가 있지만, 껍데기가 아닌 진실한 것을 가르치려고 노력하자. 수업에 집중하지 않는 아이들 때문에 힘들지만, 집중하지 못하는 그 아이들의 안타까운 현실도 마음으로 살피자. 공부는 안 되는데 아침부터 밤까지 책상에만 붙들어 두니 그들도 참으로 환장할 노릇 아닌가. 학교는 아이들의 진정한 배움과 성장에는 왜 이리 무관심한 거야. 문자 공부가 싫은 아이들을 천덕꾸러기로 만드는 건 학교 이전에 사회와 제도 탓이다! "그럼에도 불구하고" — 한 시인이 그랬다. 생生은 '그럼에도 불구하고'라고 — 우리가 할 일이 없는 것은 아니다.

어제는 비가 내렸고 오늘은 봄볕이 환하다. 어제는 수업의 삼 분의 일이 힘겨워 그만 학교를 떠나야겠다 싶었다. 오늘은 한 반에서 5분 정도 언성을 높였고 그 뒤는 평화로웠다. 또 다른 반에선 지난 시간까지 못 봤던 아이가 새로 핀 꽃처럼 고개를 내밀었다. 저런 예쁜 녀석이 저기 있었구나, 학교가 다시 좋아졌다. 흔히들 다람쥐 쳇바퀴처럼 반복되는 것이 교사의 삶이라고 말하지만, 아이들을 만나는 일만큼 매 순간이 새로운 삶도 흔치 않으리라. 자연도 인간도 시시각각 변한다. 사람은 이중적이 아니라 다중적이며, 생의 얼굴은 천변만화한다. 미리 재단하고 판단하지 말고 있는 그대로 생을 따라 갈 것. 진실하게 생을 탐구하고 사랑할 것. 스스로나 아이들에게 일깨울 것은 이밖에 또 무엇이 있으랴.

교사는 무엇으로 사는가

- 이계삼 《청춘의 커리큘럼》

학교에서 책 읽는 교사를 보기 힘들다. 자기 과목 교과서나 문제집이야 늘 들고 있지만, 그런 책이 아닌 '진짜' 책 읽기는 갈수록 힘들다. 올해 연수계를 맡아서 실감하고 있지만, 무슨 연수가 그리 많은지. 학교 등급 평가에 교사들이 받는 연수 시간도 주요 항목으로 들어가기 때문에 모든 교사들이 거의 의무적으로 연수를 받는다. 직접 강사와 대면하는 집합 연수도 있지만, 보충에 야자에 도무지 틈이 없는 대부분의 교사들은 사이버 원격 연수를 신청한다. 일 년에 120시간이 기본이다. 원로 교사 등 점수에 초월한 분들도 어디에나 있기 때문에 그 몫까지 하려면 200시간은 들어야 한단다. 그런데 그렇게 시간을 투자해서 듣는 연수가 정말 교사에게 자극을 주고 새로운 배움으로 이끄는가. 그래서 학생들 앞에 더욱 좋은 교사로 서는 데 도움이 되는가? 다수 교사들의 대답은 부정적이다. 그냥 클릭, 클릭만 하고 넘기는 경우도 많다 한다. 안 그래도 바쁜 교사들, 이런 연수 때문에 더욱 틈이 없다. 모처럼 한가한 시간이 생겨도 가벼운 웹 서핑을 하면서 시간을 보낸다. 깊이 있는 독서를 할 시간적 정신적 여유를 갖지 못하고 사는 것이 교사들의 대체적인 모습이다.

그래서 학교에서 교사 독서모임이 갈수록 힘들어진다. 책 읽기보다 더 힘든 것은 모임 날짜 맞추기다. 네댓 번 날짜를 잡았다가 유산시키기를 거듭, 마침내 기말시험 출제를 마친 다음에야 겨우 열 명 남짓한 멤버들이 날짜를 맞출 수 있었다. 할 수 없다. 한 학기에 두 번, 아이들 시험에 우리 모임 날짜를 맞출 수밖에 없다고 타협했다. 예전엔 한 달에 한 번도 거뜬했고 뒤풀이까지 넉넉하게 했었는데, 이렇게 되어 버렸다. 원인은 여러 가지가 있겠지만 교사들이 갈수록 시간에 쫓기고 있다는 것은 명백하다.

이번에 읽은 책은 이계삼의 《청춘의 커리큘럼》이다. 청년들을 위한 독서 길잡이로 쓴 책이라고 하지만, 단순한 서평집이 아니라 저자의 치열한 사유와 삶이 담긴 에세이집이다. 모두들 무척 공감하며 읽었으나 가벼운 책은 아니라고 했다. 나는 그동안 어떻게 살아왔던가. 계속 이런 방식으로 살아도 좋은가. 한 개인으로서의 성찰은 물론 교사로서의 정체성에 대한 진지한 고민을 하게 됐단다.

한 젊은 선생님은 세 쪽이 넘는 독후감을 써 왔다. "교육아 사기 좀 그만 쳐라"라는 저자의 말을 듣는 순간 방향을 잃었다며 이 책이 참으로 큰 충격이었다고 했다. 열심히 가르쳐서 아이들을 좋은 대학 보내는 것이 우리 교사들이 할 일이라고, 좋은 대학은 곧 좋은 삶을 보장할 것이기에 그리 믿고 그동안 아이들을 가르쳤다. 사교육에 의지하지 않고 공교육만으로 좋은 입시 성적을 거두기 위해서 학교와 교사들은 얼마나 많은 프로그램을 도입하며 발버둥을 쳤는가. 보충수업, 야간 자습, 특강, 멘토링, 동아리 활동, 체험학습, 토요 교실 등 모든 활동의 목표는 좋은 입시 성적이었다. 그런데 그렇게 해서 대학을 보낸 아이들이 잘 살고 있는가. 이 젊은 선생님은 전임교에서 교사들이 3년 동안 애지중지 키워 서울대에 보낸 아이가 우울증을 앓고 있다는 소식을 듣고 '그동안의 모든 수업과 활동이 부질없는 것이었나' 자괴감이 들더란다.

많은 사람들이 대학, 취업만이 아니라 이 문명이 총체적 위기에 봉착했다는 것을 직감하고 있다. 그런데 학교는 여전히 대학만이 유일한 길인 양 강요하고 있다. 대학은커녕 완전히 삶의 무력감에 빠져 학교에선 잠자기와 떠들기밖에 안 하고, 밤에는 컴퓨터나 스마트폰에 영혼을 팔고 있는 아이들이 수다하다. 이런 현실을 외면하고 중등학교는 여전히 대학 타령만 하고 있으니 '사기 치지 말라'는 저자의 말이 결코 협박이 아닌 것이다.

부모의 마음이나 교사의 마음이 크게 다르지 않다. 어쨌든 아이들이 행복하게 잘 살았으면 좋겠다. 그런 길로 안내해 주는 것이 우리의 일이다. 그런데 길은 어디에 있는가? 젊은이들이 이렇게 무력감에 빠져 방황하고 좌절하는데, 우리가 가리켰던 길은 끊어진 지 오래인 것이 아닌가. 길이 아니라 벽이었던 것은 아닌가.

우리들의 대화는 이 문명이 과연 이대로 지속가능한 것인가로 시작되었다. 책의 첫 장 〈공황 시대의 목전에서 슈마허를 생각하다〉. 미국의 연준 회장이 그간의 양적 완화에 변화가 있을 것임을 암시하는 한마디에 온 세계 증시가 출렁대는 이 위태로운 글로벌 자본주의. 작은 경제, 인간적인 일터를 주장했던 슈마허의 바람과는 정반대의 길을 걸어온 인류 역사다. 또 미국의 농부 철학자 웬델 베리와 IT계의 총아 스티브 잡스의 세계를 비교하는 글 〈웬델 베리, 스티브 잡스, 우리가 이 세상을 산다는 것은〉을 앞에 두고 지구적 삶의 체제에 대해 한숨이 나오지 않을 수 없었다. 복잡한 경제 원리를 몰라도 누구나 느끼고 있다. 지금과 같은 문명은 결국 에너지에서 나온 것인데, 석유는 조만간 바닥이 날 것이고, 그래서 대한민국 같은 나라는 핵에너지만이 살길인 양 몰아가고 있지만 인류의 생산물 중 핵만큼 괴이하고 무서운 것이 어디 있으랴.

이계삼 선생이 힘주어 말하고 있는 핵과 에너지 문제에 대한 글들, 특히 〈체르노빌 세계사〉에 대해서 오래 이야기를 나누었다. 체르노빌의 후유증이 이 정도인지 몰랐다. 방사능에 피폭된 체르노빌 노동자들, 그들의 가족과 아이들……. 끝이 없는 고통의 이야기들. 이것이 체르노빌뿐인가. 후쿠시마의 피해는 체르노빌의 11배라고 한다. 사고와 비리가 그치지 않는 한국의 핵발전소들은 어떤가. 핵발전소 밀집도 세계 1위인 나라. 핵발전소를 아랍국에 수출한다고 자랑스러워했던 이명박 전 대통령. 인류가 살길은 어쨌든 탈핵인데, 이리 무지하고 무모할 수 있을까. 독일의 경우가 희망적인 사례로 이야기되었다. 2022년까지 모든 핵발전소를 폐기하고, 2050년부턴 일체의 화석에너지를 사용 중단하고 100% 재생에너지만으로 살겠단다. 처음에 독일의 선택과 계획에 부정적이던 국제에너지기구IEA도 진행 과정을 지켜보면서 긍정적 평가로 돌아섰다는 이야기. 독일은 하는데 우리는 왜 못 하는가. 핵발전소를 둘러싼 핵 마피아라 불리는 세력들, 재벌과 권력이 이끄는 대로 생각하고 보는 국민들, 국민의 의식 수준…….

결국은 교육의 문제 아닌가. 우리가 학교에서 이렇게 시시콜콜 작은 지식에만 매달려 있는데, 참된 삶과 문명에 대해서 한번 생각해 볼 기회조차 주지 못하는데 당연하지 않은가. 이런 자책들이 나왔다. 그래, 우리는 너무 개별 교과목에 얽매이고 교과서 단원을 모두 다루지 않으면 안 된다는 강박에 시달려서 정말 가르쳐야 할 것을 가르치지 못했다. 국어, 영어, 수학, 사회, 과학 선생들은 그렇게 한숨을 쉬었다. 이제 정신을 좀 차려야겠다. 교과목도 중요하지만 정말 우리의 생존과 관련된 문제들을 어떻게든 가르쳐 봐야겠다. 지식만 주입하라고 있는 선생이 아니지 않은가. 더군다나 그 알량한 지식조차 거부하고 있는 아이들이 갈수록 늘어 가지 않는가. 삶의 근본과 아이들 마음을 보는 교육이 되어야 한다.

〈체르노빌 세계사〉는 복사해서 아이들에게 읽히자 했다. 이걸 읽고 나면 에너지 문제를 고민하지 않을 수 없을 것이다.

에너지에 대한 고민은 결국 인류 문명 전체에 대한 성찰로 연결된다. 에너지 절약 문제에 대해서 웬만큼 얘기해서는 귓등으로 듣는 아이들도 좀 달라질지 모른다.

대책 없이 문제만 쏟아 놓는, 그래서 한숨만 쉬다가 마치는 모임이어서는 안 된다. 힘만 빠진다. 우리는 모두 언젠가 죽을 줄 알지만 최선을 다해서 사는 것처럼, 이 세계가 어떻게 굴러갈진 모르겠지만, 어쨌든 지금의 방식에 강한 문제의식을 느끼고 있는 우리들부터 무언가 조금씩 변화를 모색해 보자고, 무엇보다 아이들에게 가장 중요한 것을 전달하자고 했다. 모두 미친 듯 길을 달려가고 있는데 왜 그렇게 달리느냐 물으면 모두 달리니까 나도 달린다고 답한다. 이 길이 어디로 가는지를 물을 수 있는 사람이어야 한다. 길의 방향을 알고 나서 계속 달리든지, 천천히 걷든지, 거꾸로 돌아가든지, 다른 길을 찾든지 할 것이다. 그렇게 생각하는 힘을 가진 아이들을 키워야 한다. 우선 우리 자신부터 그래야지 않겠냐는 이야기로 모아졌다.

그래서 대화는 이제 이 책을 읽고 무엇이 달라졌는지에 대한 이야기로 넘어갔다. 참 진지하고 성실한 선생님들이 많다. 독후감을 써 왔던 선생님은 우선 차를 몰지 않고 대중교통으로 출퇴근을 시작했단다. 집에서 한 시간 반 거리를 걸어 다니는 날이 많단다. 심지가 보통이 아니다. 집도 소유하지 않겠단다. 교환의 대상, 투기의 대상인 집은 사지 않겠다는 것이다. 또 한 분은 이 책을 읽고 《녹색평론》을 정기 구독하게 됐단다. 아파트에서 살지 않겠다는 선생님도 있다. 이제껏 아파트에 살아 본 적은 대학 때 딱 일 년이었는데 참 답답하고 삭막했단다. 결혼을 앞두고 있는 젊은 선생인데 아파트 생활은 그 일 년으로 족하다고 한다. 주택 옥상에 텃밭으로 집의 채소 먹거리는 다 해결하는 부모님과 사는 선생님은 텃밭에서 벌레 소리, 새소리를 들으며 자랐단다. 자신도 그렇게 살고 싶다고. 남다른 영성적 체험을 한 선생님은 명상이나 마음 공부 쪽으로 아이들에게 다가가야겠다고도 한다. 그래, 무엇보다 마음이 건강하고 평화로워야 한다. 제발 우리가 이렇게 제대로 된 교육을 할 수 있도록, 학교여 우리를 너무 볶아 대지 말기를. 보충이며 야자며 특강은 그만 강조하기를. 우리는 쓰러진 아이들을 방치하고 싶지 않고, 더 이상 길 없는 길로 아이들을 내몰고 싶지 않다.

아이들에게 지식을 주는 것도 좋고, 감성을 일깨우는 것도 좋다. 그러나 무엇보다 참된 영혼을 일깨우는 영성의 교육이 중요할 것이다. 이계삼 선생도 책의 마지막 편 〈가난한 이들과 어떻게 함께할 것인가〉에서 평생을 가난한 이와 함께한 도로시 데이의 삶을 소개하면서 우리 삶이 궁극적으로 돌아가야 할 두 지점으로 기도와 노동을 말한다. 그래, 육신과 영혼의 존재인 우리는 노동하고 기도해야 한다. 기도란 말은 영적인 지향을 대표하는 말이니 특정 종교의 의식으로 좁혀 생각해선 안 된다. 책에서 소개한 타르코프스키의 영화 〈희생〉의 가르침. "끝없이 노력하면 결실을 얻는 법이지. 만일 매일같이 정확히 같은 시간에 같은 일을 반복하게 된다면, 늘 꾸준하게 의식儀式과 같이 말이다. 그러면 세상은 변하게 될 거다." 우리는 이렇게 마무리했다. 어쨌든 지금 여기서 우리는 끊임없이 노력하자. 간절한 마음은 하늘도 움직인다고 했다.

'이런 것이 진짜 연수 아닌가', '우리 모든 교사들에게 오늘 우리가 한 것과 같은 이런 연수를 해야 하지 않을까' 하는 이야기도 나왔다. 연수 담당인 내가 올해 가장 뜻깊게 한 자체 연수는 아무래도 우리 학교 독서모임이지 싶다. 누가 교사보고 '철밥통'이라 했던가. 교과서만 들고 교실을 왔다 갔다 하며 밥 벌어먹고 행복한 교사는 아무도 없다. 교사의 의미와 행복은 학생에게서 나온다. 교사는 학생으로 산다.

그 많은 수업 시간은
다 뭐란 말인가

...

드라마 〈학교 2013〉

학년이 완전히 끝난 봄방학은 가뿐하면서도 새 학년 계획에 이것저것 궁리가 많다. 올해 수업 구상을 하면서 나도 모르게 드라마 〈학교 2013〉의 정인재 선생을 자꾸 떠올린다. 대부분의 드라마들은 멋진 배우의 연기와 극적인 스토리로 시청자들을 몰입시켜 고달픈 현실을 잊게 만든다. 그런데 〈학교 2013〉은 현실을 적나라하게 들이대는 드라마였다. '그래, 우리 학교가 저런 모습이야.' '교장, 교감, 학생들, 학부모들 완전 실물이네.' '나는 저 선생들 중 누구랑 비슷할까.' 드라마는 텔레비전 앞에 앉아 있는 나를 거듭 학교로 데려가서 아이들

앞에 서게 했다. 그리고 질문한다. 학교는 왜 존재하는가. 지금 학교는 무엇을 가르치는가. 아이들은 어떻게 성장하는가.

첫 수업 시간이면 종종 아이들에게 묻는다. "학교를 왜 다니지?" "공부를 왜 하니? 공부가 뭘까?" 쉽게 대답이 튀어나올 질문은 아니다. 나는 삶과 배움에 대한 좀 근원적인 생각을 끌어내 보고 싶었다. 그러나 아이들은 너무나 빠르게 일제히 대답한다. "대학 가려고!" 이 한마디에 한국 교육의 모든 문제가 엉키어 있다. 이미 대학 입학은 모든 청소년들에게 그 자체로 유의미한 가치를 갖지 못하는 시대가 되었다. 그런데도 절대다수의 고교생들이 대학이 생의 목표인 양 생각하게 돼버린 것은 집단적 억압과 최면의 결과다. 부모와 학교, 사회가 아이들에게 찍어 누른 맹목의 패러다임이다.

〈학교 2013〉에는 강북의 일반계고 승리고등학교의 2학년 학생들과 교사들이 등장한다. 드라마는 한국의 고등학교에서 일어날 수 있는 다양한 이야기를 다루는데, 그 모든 사건은 대학 입시 문제로부터 발원한다. 이 시대 학교의 민얼굴을 정면에서 조명한, 매우 현실주의적인 접근을 하고 있다. 좋은 대학에 가는 것이 가장 큰 목표라고 생각하는 이들이 학교의 한 축을 형성한다. 그들은 학교 체제의 강자며 주류다. 교장, 교감, 공부 잘하는 아이들, 힘 있는 학부모들. 이른바 '갑'이다.

다른 한 축은 학교란 학생들의 올바른 성장을 돕는 곳이라고 생각하는 이들이다. 기간제 교사, 가난하고 공부 못하는 말썽쟁이들…… 실력도 힘도 없는 '을'이다. 이쪽 아이들에겐 부모도 없는 것 같다. 술주정뱅이, 노동자, 가난한 상인인 그들의 부모는 드라마에 한 번도 등장하지 않는다. 실제로 이런 학부모들은 학교에 거의 영향력을 행사하지 못한다. 몇 년에 한 번 투표하는 일 외에 이들은 교육에 관여할 여력이 없다. 그 선거마저도 대체로는 자신과 자식들의 이익과는 반대되는 쪽에다 표를 던져 버리는 수가 허다하다.

물론 학교의 모든 구성원을 이렇게 양극단으로 나눌 수는 없다. 갑도 을도 아닌 다수의 학생과 교사들이 있다. 그들은 갑을 동경하고 을에도 공감하면서 양쪽 사이에서 흔들리며 산다. 또 한쪽의 극단에 있다가 반대편으로 자신도 모르게 이동하는 이들도 있다. 스타 학원 강사 출신인 문학 선생 강세찬이 대표적인 인물이고, 엄친아 김민기와 전교 1등 송하경도 갑의 계층에 속하면서도 을을 이해하고 동조하게 된다. 이런 이동과 변화를 성장이라고 하겠다. 을에 죽치고 있다 갑이 되고 싶어 뒤늦게 발버둥치는 아이들, 이런 의식의 변화 역시 욕망을 동반한 또 다른 성장이다. 그러나 어쨌든 학교는 갑과 을의 갈등과 싸움, 역학 관계에 따라 출렁거리고 교사와 아이들의 삶도 흐렸다 개었다 한다. 진리는 본래 하나라는데 세상은, 학교마저도 왜 이렇게 분리되고 분열될까.

드라마는 이러한 이분화가 생기게 된 주원인을 학교의 알짜인 수업-공부에서 포착하고 있다. 올바른 관점이다. 중심인물 정인재와 강세찬을 문학 선생으로 설정한 것은 참교육과 입시 교육, 아니 제대로 말하면 정상 교육과 비정상 교육의 문제가 가장 심각하게 드러나는 교과가 이런 인문학이기 때문이다. 고2 문학 수업을 맡고 있는 정인재는 모든 학생들이 참여하는 수업을 하기 위해 고심한다. 수업 시간에 툭 하면 엎드려 자는 아이들, 어떻게 하면 이 아이들을 깨어 있게 할까. 수업 시간에 자는 학생들은 교사를 가장 참담하게 만든다. 교사에게 수업이란 학생들과의 대화인데, 마주 앉은 상대가 쿨쿨 자 버리다니! 정인재는 모둠 수업을 하며 문학작품 탐구와 발표도 시키고, 시 암송, 시 창작, UCC 만들기 등 정규 수업과 보충수업에서 여러 가지 시도를 한다.

그러자 문제 풀이 수업에서는 잠만 자던 학생들이 조금씩 깨어난다. 일진 출신의 꼴찌 반장 고남순은 극적인 순간에 감동적인 시를 암송하여 위기에 처한 한 친구를 구하고(자세히 보아야 예쁘다 / 오래 보아야 사랑스럽다 / 너도 그렇다. 나태주, 〈풀꽃〉), 학교폭력의 주범 오정호도 마지못해, 그러나 절실한 한 줄 시를 정인재에게 문자로 날린다. "시 한 줄 쓴다고 뭐가 달라지나." 학습 부진아 영우는 시의 맛에 빠져들어 시 쓰기 수업을 하자고 요청한다. 그러나 이런 아이들만 있는 것은 아니다. 다른 아이들이 시를 될 때도 문제집만 푸는 아이들은 이렇게 해서 언제 진도를 나가며, 어떻게 학력 평가 점수를 올리겠느냐고 정인재의 수업에 분통을 터뜨린다. 정말 리얼한 장면. 주류의 학생과 학부모들은 지극히 정상적이고 바람직한 문학 수업을 비현실적이고 무능한 수업으로 매도한다. '일류 강사' 강세찬이 진행하는 문제 풀이식 수업은 아이들을 분리시킨다. 한쪽은 공부만 하는 기계로 황폐하게 만들고, 다른 한쪽은 무기력한 열등생으로 소외시킨다. 교사와 학생 사이도 분리되며, 학교들도 등급에 따라 나뉜다. "지배자는 민중을 분열시켜 통치한다." 맞는 말이다. 분열과 분리 속에서 낙오에 대한 불안으로 전전긍긍하며 학생도 교사도 학부모도 이 비정상적인 체제에 순응해 가고 있다.

학교의 가장 큰일은 학생들의 학습 지도와 생활 지도다. 사실 이 둘은 하나로 연결된 것인데, 그것이 별개로 보이는 것은 입시 중심 수업 때문이다. 누구나 참여할 수 있는 적정한 수준과 분량의 수업이라면 그렇게 많은 부적응 학생이 생겨나지 않을 것이다. 좋은 수업은 그 자체가 생활 지도다. 그러나 대학에 갈 형편도 실력도 안 되는 아이들, 수업 시간에 잠만 자는 고남순과 박흥수, 오정호 같은 아이들에게도 입시 전문 교사 강세찬은 학력 평가 오답 풀이 '빽빽이'를 시킨다. 문학 선생이라면 같은 빽빽이라도 좋은 시나 문장 하나를 외라고 하는 게 낫지 않을까. 그러면 적어도 아이들 가슴에 몇 편의 시와 문장은 남을 것이다. 드라마에서 소개된 나태주의 〈풀꽃〉과 도종환의 〈흔들리며 피는 꽃〉을 들으며 시청자들도 시의 힘에 대해서 새삼 느낄 수 있었을 것이다. 소외되어 파묻힌 아이에게 빛을 주고, 죽음의 문턱까지 간 아이에게 용기를 준 것이 바로 그 시편들이었다. 이렇게 학생들의 마음을 가꾸고 삶을 풍요롭게 하라고 문학이란 교과목이 있는 것이다. 개인 편차는 있지만 작품 감상에 초점을 맞춘 수업은 누구나 참여할 수 있다. 좋은 작품을 읽으며 아이들의 생각과 감성은 자란다. 그런데 중등교육에서 정당하게 받아야 할 이런 수업을 입시 교육이 빼앗아 버렸다. 건강한 시민을 기를 책무를 학교는 방기해 버렸고, 교양과 품격을 갖춘 사람으로 성장할 수 있는 배움을 학생들은 박탈당했다. 원하든 아니든 입시의 노예가 되기만을 강요하는 것이 2013년 학교의 모습이다.

〈학교 2013〉은 근본적으로 성장 드라마다. 무엇이 아이들을 폭넓게 성장시키는가를 다양한 학생 유형을 통해 감동적으로 보여 준다. 교실에 갇혀 시험공부만 하는 아이들과 세상과 몸으로 부딪치며 사는 아이들. 전자는 모범생으로 후자는 불량학생으로 취급되지만, 배움은 책으로만 이루어지지 않고 성장은 점수로 평가할 수 없다. 친구도 없이 성적만 밝히는 아이들은 이기적이고 독단적이다. 다른 쪽 아이들은 끊임없는 갈등과 싸움 속에서도 다른 이를 위한 배려와 헌신, 가슴 찡한 우정을 배워 간다. 참된 학교는 성적만이 아니라 아이들 개개인의 삶을 먼저 보살펴야 한다. 아이들은 다양한 외부의 존재들과 맺는 관계 속에서 성장한다는 것을 드라마는 다시 일깨워 준다.

드라마를 보는 내내 참 안쓰러웠던 장면은 말썽꾸러기들에게 주는 벌이 교내 봉사, 곧 청소뿐이라는 것이었다. 노동이 벌로 여겨지는 것도 문제지만, 학교에서의 노동이란 청소밖에 없다는 것도 딱한 현실이다. 만약 학교에 텃밭과 목공소가 있어서 고남순이나 오정호에게 흙을 일구게 한다면, 나무와 연장으로 뚝딱뚝딱 무언가를 만들게 할 수 있다면 어땠을까. 학교가 너에게 무엇이냐는 정인재 선생의 말에 고남순은 말한다. "잠도 자고, 평등하게 밥도 먹여 주잖아요." 그래, 학교에 와서 친구들이랑 놀고 싸움도 하면서 아이들은 저절로 자란다. 그러나 학교는 정녕 그것으로 만족할 수 있는가. 그 많은 수업 시간은 다 뭐란 말인가. 지식만이 아니라 삶을 위한 공부, 책과 함께 자연과 노동 속에서 배울 수 있는 학교라면 아이들은 더욱 색색으로 빛날 텐데.

 오정호는 끝내 학교를 떠난다. 부적응도 문제지만 돈을 벌어 가족의 생계를 책임져야 하는 것이다. 실제로 이런저런 이유로 학교를 떠나는 아이들이 한 해 8만 명 정도란다. 그런 아이들에게 승리고 같은 학교는 답이 아니다. 《오늘의 교육》에서 윤지형이 만난 '부천실고' 같은 학교들(〈'불가능한' 학교의 '지속가능성'을 기도하다〉, 《오늘의 교육》 2013년 1·2월호), 일하는 아이들을 위한 학교, 일하면서 배울 수 있는 학교가 필요하다. 정인재 선생은 교실에서 끝까지 오정호를 기다릴 것이 아니라 그 아이에게 맞는 학교를 안내해 줄 수 있어야 한다. 꼭 학교가 아니어도 좋다. 어떤 형태든 새로운 배움의 공동체에 소속될 수 있다면 오정호도 행복한 사회 구성원으로 살아갈 수 있을 게다. 수만 명의 학교 이탈자들을 이대로 방치하면 언젠가 엄청난 사회적 비용을 치러야 할지 모른다. 그러나 이런 일은 현실의 우리 몫이다. 부천실고와 같은 학교를 어떻게 안정적으로 유지하며 더 많이 늘려 갈 수 있을까. 어떻게 새로운 배움의 공동체들을 만들어 갈 수 있을까. 드라마는 존재하는 현실을 보여 주는 것만으로도 썩 훌륭했지만, 바람직한 미래를 열어 갈 책임은 현실을 사는 우리에게 있다.

영혼과 제도

...

영화 〈레 미제라블〉

몇 년 전 겨울방학, 우리나라에선 처음으로 완역되어 나온 《레 미제라블》을 사서 읽었다. 빅토르 위고를 왜 위대한 작가라고 하는지, 숭고한 인간 정신을 얼마나 감동적으로 표현했는지 비로소 깨달으며 '인류 최고 위대한 영혼의 대서사'에 흠뻑 빠져들었다. 그 뒤 한참 동안 사람들만 만나면 이 책에 대한 이야기가 하고 싶어 안달이 났었다.

영화로 〈레 미제라블〉을 보면서 다시 감동의 물결! 손수건을 가지고 가길 잘했다. 극장의 어둠을 빌려 맘껏 울었다. 옆에서 같이 보던 선생님들도 연신 눈물을 닦는다. 그래, 울어

라. 울고 싶은데 뺨 때려 주는 격이라고 영화는 이즈음 우리 벗들의 눈물을 빼 낼 만한 요소가 많이 있었다. 비참한 민중들의 삶, 자유와 정의를 위해 한 점 불씨로 목숨을 던지는 젊은이들, 뜨거운 열정과 헌신 그러나 배반과 좌절, 인간의 숭고함과 비열함, 사랑과 혁명의 노래들.

무엇보다도 이번 영화에서 내 마음을 가장 붙잡아 둔 것은 인간-영혼, 법-제도에 관한 것이었다. 장발장. 빵 한 조각을 훔친 죄로 19년을 복역한 죄수. 마음속에는 분노와 증오, 불신이 가득한 인물이었다. 출옥을 하고도 불온한 인물이라고 어디서 잠자리 한 곳 얻지 못했다. 그때, 신의 은총일까. 한 수도원의 신부가 그를 환대하여 배불리 먹이고 따뜻한 잠자리를 베푼다. 그러나 이 가석방 죄수는 신부를 배신하고 한밤중에 몰래 은그릇들을 훔쳐 달아난다. 경찰에 붙잡혀 다시 수도원으로 끌려온 그를 보고 신부는 말한다. "그것들은 내가 선물한 것이었소. 친구, 내가 더 줄 것이 있는데 왜 그리 급히 떠나셨소?" 그리고 은촛대 두 개를 내민다.

여기서 장발장의 영혼은 일대 소용돌이에 빠진다. 세상에 이런 사람이 있단 말인가. 투옥과 탈옥을 거듭한 위험한 죄수, 은혜를 배신으로 갚은 파렴치한을 이렇게 전적으로 받아들여 주고 감싸 주는 사람이 있다니. 고통스런 삶을 이어 온 장발장의 인생에 나타난 신부는 신의 현신이었을까. 장발장의 영혼은 한 인간의 전적인 수용과 사랑으로 구원받는다. 그는 더 이상 증오와 죄의 인간이 아니었다. 그의 영혼은 부활, 신생하였다.

　신을 믿지 않는 사람들은 이런 장면이 식상할까. 나는 인격적인 신은 부정하지만 일상적인 자아를 넘어서 인간 영혼의 다른 차원이 있다는 것을 믿는다. 그리고 우리의 영혼이 참되게 깨어나는 것이 삶에서 가장 중요한 일이라고 생각한다. 그래서 이 작품에서 가장 주목한 장면은 장발장의 영혼이 구원받는 대목이었다. 이렇게 인간은 한순간에 새로이 태어날 수 있는 것이다. 기독교에서는 구원, 불교에서는 깨달음이라고 부르는 이 영혼의 깨어남, 우리 모든 인생이 염원하는 구경究竟의 경지는 바로 이것이다.

　이렇게 깨어난 영혼은 어제까지의 작은 자아에 갇혀 있지 않다. 자신을 벗어 버린 장발장은 사랑과 자비의 존재로 사람들에게 헌신한다. 그가 자신의 바람과 욕망보다 사랑하는 이를 위해 얼마나 헌신할 수 있는지를 가장 감동적으로 보여 준 부분은 코제트를 사랑한 혁명가 청년 마리우스의 목숨을 지켜 달라고 신에게 간청하는 장면이었다. 한 불쌍한 창녀가 죽으면서 부탁한 어린 딸-천덕꾸러기 고아 코제트에게 장발장은 구원자였고, 코제트 역시 그에게 새로운 빛이었다.

친딸 이상으로 아끼며 키운 코제트가 장성하여 한 남자를 사랑하는 것을 알아챈 장발장은 처음에는 상실에의 두려움을 느낀다. 그런데 그는 자신보다 코제트의 행복을 위해서 마리우스를 지키고 살린다. 마리우스가 사라지면 코제트를 보내지 않을 수도 있는데, 그는 자신의 애착에 갇혀 있는 사람이 아닌 것이다. 마리우스를 위한 기도의 노래를 부르는 장면에서 절로 눈물이 흘렀다. 인간은 저렇게 아름다운 영혼을 가진 존재다. 자신의 욕망과 한계를 넘어설 수 있는 것이다. 아, 그런데 우리는 그렇지 못했고 그래서 지금 쓰라리다. (지난 18대 대통령 선거 몇 달은 뜨거운 열정과 함께 우리 영혼의 허약함을 확인한 기간이기도 했다.)

우리는 늘 자아를 애지중지 끼고 살며 자기의 욕망을 충족하는 것을 인생의 가장 큰 목표로 알고 있다. 그러나 사실 자신에 집착할수록 정작 행복과는 멀어진다. 자아라는 것은 허상이기 때문이다. 내 안에 갇혀 있을 땐 모르지만 벗어나서 보면 보인다. 자기에 집착하는 사람은 추하다. 자아를 넘어서 다른 존재를, 세계를 껴안는 사람은 아름답고 숭고하다. 과거의 장발장은 작은 자아에 갇혀 은인을 배반한 죄인이었으나 신부가 보여 준 사랑의 깨우침으로 거듭났다. 그리고 그도 사랑의 수호신, 자비의 전사가 된 것이다. 이것이 영혼을 가진 인간의 경이로움이다.

그에 비해 경감 자베르라는 인물에겐 영혼이라는 것이 없다. 그에겐 오로지 법과 제도가 전부다. 아무리 억울하고 불쌍한 사람도 그에게 연민을 불러일으키지 못한다. 그는 법을 수호하기 위해서 살아가는 기계와 같다. 법에 사로잡힌 그는 인간을 보는 눈을 잃었던 것이다. 인류의 오랜 역사를 통해서 확인할 수 있지만, 빅토르 위고도 법을 강자가 약자를 지배하는 도구로 인식하고 있음을 알 수 있다. 법은 공정하지 않다. 강자의 권력을 합리화시키는 도구인 법은 약자에게 잔인하다. 당장 우리의 주변만 둘러봐도 법의 이름으로 집행되는 잔인함이 얼마나 많은가. 불평등과 무자비함은 최종적으로 법의 이름으로 정당화된다.

자베르는 그런 법과 제도를 상징하는 인물이다. 위고는 법이라는 것이 사실은 허상임을, 인간의 숭고한 영혼에 비하면 초라한 껍질밖에 되지 않음을 자베르의 자살을 통해 보여 준다. 법을 수호한다는 명목으로 자신의 평생을 장발장을 추적하는 데 썼던 그는 틀렸던 것이다. 중요한 것은 법이 아니라 사람이다. 그렇다. 사람이 먼저다. 그리고 진실한 사람이란 육신의 생명보다, 정신의 자유와 사랑의 소중함을 아는 존재이다.

그러나 우리는 지금, 사람보다 법과 제도를 중시하고, 영혼보다 육신의 풍요를 더 중시하는 세상에 살고 있다. 무지와 탐욕이 지배하는 현실에 살고 있다. 그래서 자유와 사랑을 꿈꾸는 자들이 슬퍼하고 좌절하는 시대다. 영화를 보고 나서 책장에 꽂혀 있던 《레 미제라블》을 다시 꺼내 보았다. 밑줄 그어 놓은 한 대목이 눈에 띈다.

> 프랑스의 위대함과 아름다움은 다른 국민만큼 배고픔을 크게 개의치 않는 점에 있다. 필요하다면 프랑스는 기꺼이 자기의 허리를 졸라매리라. 제일 먼저 눈을 뜨고 맨 나중에 잠든다. 그리고 전진한다. 프랑스는 탐구인 것이다. 그것은 프랑스가 예술가라는 데 기인한다. (……) 빛을 높이 드는 신성한 민중들이여! 그들은 생명의 등불을 전한다.

아, 위고는 좋겠다. 이렇게 자랑스러운 조국을 품을 수 있어서. 대선이 끝나고 남의 나라에 망명객이 된 듯 살고 있던 그때, 이 대목을 읽으니 부럽고 쓸쓸했다. 정신의 고귀함보다 배고픔에만 전전긍긍하는 이웃들, 그 배고픔의 불안을 어떻게 공동체 정신으로 해결해야 하는지도 모르는 동포들. 이런 우리들도 〈레 미제라블〉과 함께 희망의 노래를 부를 수 있을까. 오랜 미망에서 깨어난 장발장처럼 우리의 정신도 번쩍 찬물을 맞은 듯 깨어나는 날이 오긴 오겠지?

> 너는 듣고 있는가 분노한 민중의 노래
> 다시는 노예처럼 살 수 없다 외치는 소리
> 심장 박동 요동쳐 북소리 되어 울릴 때
> 내일이 열려 밝은 아침이 오리라
> 모두 함께 싸우자 누가 나와 함께하나
> 저 너머 장벽 지나서 오래 누릴 세상
> 자 우리와 싸우자 자유가 기다린다
>
> ― 〈민중의 노래가 들리는가〉, 영화 〈레 미제라블〉 가운데

문학 교과서 〈문학과 매체〉라는 단원에 《레 미제라블》의 일부가 나오기에 수업 시간에 영화 〈레 미제라블〉을 보여 주었다. 내용도 길고 해서 아이들이 잘 볼 수 있을까 걱정이 되었는데, 의외로 아주 재밌어하며 보았다. 진도에 여유가 있는 다른 과목 수업 시간도 빌려서 전편을 다 보았다. 아이들은 특히 혁명 장면을 흥미 있게 보았다. 젊은 혁명가들이 부르는 노래 〈민중의 노래가 들리는가〉를 아주 좋아해서 영화가 끝나고

도 그 부분만 더 되풀이해 보여 달라고 했다.

실패로 끝난 1832년 6월혁명. 젊은 혁명가들은 목숨을 바쳐 저항하는데, 동조해 줄 줄 알았던 시민들은 문을 꼭꼭 걸어 잠그고 외면한다. 자기들의 삶을 개선시켜 주려 하는 혁명가들임을 알지만 당장 목숨을 잃을 수도 있는 폭력적 상황에서 자기 한목숨 지키는 게 더 중요하다. 그들을 비난할 수는 없다. 그렇다고 그 배반의 역사가 안타깝고 슬프지 않은 것은 아니다. 우리나라의 거듭된 민주주의의 좌절의 역사와 겹쳐져서 더 암울한 마음으로 이 장면을 본다. 하지만 프랑스의 역사를 보면 실패한 6월혁명이 결국 16년 뒤 1848년 2월혁명의 성공의 밑거름이 된다. 물론 성공은 또 다른 배반과 좌절로 이어지지만, 그 좌절은 다시 새로운 세상의 동력으로 연결되는 것이다. 짧은 시기를 살다 가는 개인들은 자신이 살았던 일부의 역사만을 보고 성공과 실패, 절망과 희망을 말하지만, 전체의 입장에서 보면 하나의 파동이다. 혁명의 꽃은 지지만 그 씨앗은 남아서 다시 꽃을 피운다. 꽃과 씨앗의 반복이 역사인지 모른다. 물론 그 꽃이 아름답기만 한 것은 아니다. 때로는 끔찍한 독을 내뿜는 재앙의 꽃과 씨앗도 있다. 지금 우리 문명과 역사 속에는 그런 것들이 많다.

여름방학을 앞두고 있어서 작품의 의미에 대해 아이들끼리 충분히 나눠 볼 시간이 없는 것이 아쉬웠지만, 영화 시청이 끝난 뒤 프랑스 역사도 들려주며 짧게 정리를 했다. 그중 시간 여유가 있는 반은 감상을 발표했다.

그러다 어느 반에서 아이들과 나 사이에 뜻밖의 논쟁이 벌어졌다. 가석방 죄수 장발장이 한 주교의 사랑으로 새 사람으로 거듭나서 마들렌으로 이름을 바꾸고 공장주에다 시장까지 되었는데, 자베르 경감은 계속 그를 의심하고 추적한다. 마들렌이 장발장이라는 확신을 갖게 된 사건이 발생해서 자베르가 상부 관청에 보고했는데, 관청에서는 진짜 장발장이 잡혔다는 답변이 돌아온다. 당황한 자베르는 장발장에게 사과를 하고 진짜 장발장이 잡혔다고 말한다. 그 말을 들은 장발장은 격심한 갈등에 사로잡힌다. 자기 때문에 무고한 사람이 누명을 뒤집어쓴 것이다. 법정에 가서 밝힐 것인가. 그러면 자신이 그동안 이루어 왔던 것은 일순에 사라진다. 자신을 믿고 있는 수많은 노동자들도 혼란에 빠질 것이다. 사실을 숨기면 자신도 좋고 도시 전체에도 이롭다. 그러나 진실을 밝히지 않으면 죄 없는 한 사람을 파멸로 몰아넣게 된다. 또한 나의 영혼은 저주받을 것이다. 〈나는 누구인가〉라는 노래는 갈등과 번뇌에 빠진 장발장의 심리를 잘 보여 준다. 결국 그는 법정으로 달려가서 진실을 밝힌다. 사랑으로 구원된 그의 영혼이 어떤 명분으로든 다시 죄악에 빠지지 않는 장면을 보면서 관객들은 깊은 감동을 느끼리라. 장발장은 일단 자신의 정체를 밝혀서 억울한 자의 누명을 벗겨 준 뒤, 다시 자베르의 추적을 피해서 탈출한다. 가여운 여인 판틴에게 딸 코제트를 돌봐주겠다고 약속한 때문이다. 그 뒤 장발장은 신분을 숨기고 코제트를 키우며 평생 도망자의 삶을 살게 된다.

그런데 한 아이가 그 장면을 보고 좀 아까운 느낌이 들었다고 말했다. 자신이 애써 일군 것을 그렇게 다 잃어버리다니. 나는 이런 반응이 뜻밖이었다. 그 숭고하게 아름다운 장면에서 아까움을 느꼈다고? 그러면 너는 그런 경우에 진실을 밝히지 않겠니? 내가 묻자 많은 아이들이 한꺼번에 대답했다.

"다시 감옥에 갇힐 수도 있는데 뭣하러 스스로 밝혀요?"

"악법이 문제라면 그 법을 따르지 않고 도망도 치고 싸움도 해야 하지만, 무고한 사람이 자기 때문에 누명을 쓰고 있다면 그건 밝혀야 하지 않나?"

"진실을 밝히는 것은 이상이지만 현실에서는 그렇게 할 사람이 없을걸요. 선생님이라면 그럴 수 있겠어요? 만약에 사형을 당한다면요?"

"흠, 그럼 내가 진실을 밝히지 않으면 죄 없는 사람이 나 때문에 사형을 당할 수 있는데? 그러니까 달리 말하면 이런 상황이야. 내가 죽을 것인가, 다른 사람을 죽일 것인가?"

"내가 살기 위해서라면 할 수 없죠. 우리가 하는 모든 일은 어쨌든 자기가 살자고 하는 일이잖아요."

"어떤 나쁜 일을 저지르고도 살기만 하면 좋은 걸까? 누군가를 죽이고 저주받은 영혼으로 죽음보다 괴로운 삶을 살게 될지 몰라. 무고한 남을 죽이는 것보다 자신이 죽을 운명이라면 그걸 받아들일 사람도 많지 않을까?"

다수 아이들은 내 말에 동의하지 않는 표정이었다.

"세상은 어차피 자기 이익을 위해서 사는 거잖아요. 선생님은 너무 이상적이에요."

그래, 이렇게 말을 하는 나도 막상 그런 상황이 되면 나 살자고 다른 사람을 죽이는 선택을 할지 모른다. 그런데, 적어도 이렇게 숭고한 정신이 드러난 작품을 볼 때 우리는 감동받으며 그것을 본받으려는 마음이 일어나기는 해야 할 것이다. 나약하고 이기적인 나를 반성하고 나도 이렇게 고귀한 정신을 가진 사람이 되겠다는 마음이 생기지 않는다면 종교며 학문이며 예술은 다 뭐란 말인가. 좋은 것을 보고도 배우지 않는다면 교육은 이미 끝장난 것이다. 자신의 좁은 틀을 벗어나 더 큰 정신을 받아들이는 것. 그래서 나도 따라 커지는 것. 이런 것이 배움이다.

그런데 이제 열여덟 살 소년들이 벌써 '세상이 다 그래요' 그러면서 좁은 우물 속에 똬리를 틀고 앉아 있다. 세상. 세상이 다 무언가. 삶이 아무리 소중해도 결국 죽을 수밖에 없다. 삶의 참된 의미는 목숨을 지속하는 데 있는 것이 아니라 진실하고 자유롭게 사는 것이 아닌가. 그런 삶은 세상(땅)보다 더 근원적인 가치를 추구하는 데서 가능하다. 땅만 있는 게 아니라 하늘이 있다. 육신보다 중요한 것은 영혼이다. 이 물신주의 세상에서 너무 잊히고 있지만 이것은 변함없는 진실이다. 아이들은 종종 '세상이 그렇다'는 말을 한다. 마치 나보다 세상을 더 많이 산 것 같다. 아이들에게 그런 세상을 가르쳐 준 사람들은 누구일까. 아이들은 신동엽 시인의 〈누가 하늘을 보았다 하는가〉의 시구처럼 '참하늘'을 보지 못한 사람들, '먹구름'과 '쇠 항아리'를 하늘로 아는 사람들의 이야기를 벌써 너무 많이 들었나 보다. 옛사람들은 종종 '하늘이 두렵지 않으냐'라고 말했다. 요즘은 하늘이 두렵지 않을 뿐만 아니라 하늘이란 아예 없다고 생각하는 사람들이 넘쳐나는 세상이 되었다. 하늘이 있어서 땅도 있다는 것, 우리 모두 땅을 떠날 수 없지만 참하늘이 새로운 땅을 만들어 낼 수 있다는 것을 어떻게 가르칠까.

싸울까, 사귈까

강수돌, 《팔꿈치 사회》

　며칠 전 친척 모임에서 들은 이야기로 시작해야겠다. 대기업에서 거의 최고 자리까지 올라갔다가 마지막 계단에서 기업 오너의 직계 자손에 밀려 퇴직을 한 오빠가 있다. 나이도 예순을 넘었고 여태 바쁘게 살았으니 이제 편안히 여가를 즐기며 사나 했더니, 회사를 차렸단다. 벌어 놓은 돈도 많을 텐데 또 일을? 자칫 실패할 수도 있는데 왜 그런대요? 오래 중소기업을 운영해 온 또 다른 오빠가 대답한다. 자기가 아는 대기업 최고 간부가 퇴직을 2년 앞두고 있는데 지금 받는 연봉만도 20~30억 원이고 퇴직하면 5년 동안 월급의 30%를 받으니 연간 6~7억은 들어온단다. 그런데도 지금부터 퇴직 후에 100억 정도 투자를 할 만한 사업을 알아봐 달라고 안달이란다. "흠~ 일중독이네" 했더니 또 다른 대기업에 이사로 있다는 동생이 고개를 끄덕인다. 사실 이쪽 사람들은 회사에서 일하는 거 말고는 사는 방법을 모른다. 그리고 그 높은 자리까지 도달하기 위해서 수많은 사람을 밟고 올라갔기 때문에 진정한 인간관계가 힘들고, 퇴직하고 나면 더 쓸쓸해진다. 그러니 다시 그런 '사다리' 사회로 들어가서 높은 서열에 있어야만 인정받고 사는 느낌이 든다는 것이다.

강수돌의 《팔꿈치 사회》는 이런 현실을 다각도로 조명하고 대안의 길을 모색하는 책이다. 한국 사회는 일중독 사회다. 한국인은 경쟁이 아니면 살맛이 안 나고 돈 버는 일 말고는 삶의 의미를 느끼지 못하는 사람들이 되어 버렸다. 처음엔 타의였겠지만 지금은 내면화가 되어 버렸다. 2011년 한국 노동자 연평균 노동시간 2090시간. OECD 국가 중 최장이다. OECD 전체 평균 1737시간. 제일 짧은 나라는 네덜란드 1379시간. 고액 연봉을 받는다고 '귀족 노조' 어쩌고 하는 비판을 듣는 현대자동차는 연간 3000시간 일한단다.

일 년에 수백 명씩 자살을 하는 우리나라 청소년들. 학교폭력에다 성적 비관에다…… 이 모든 것의 근원은 지나친 경쟁이다. 공부가 아니면 인간 대접 받고 살기 힘든 세상 탓이다. 노동시간이 적고 삶의 행복지수도 높은 유럽에 있는 대학들은 대체로 평준화되어 있다. 그 사회는 화이트칼라냐 블루칼라냐에 따라 보수가 크게 다르지 않다. 아이들을 성적 경쟁에서 구해 내려면 대학의 평준화가 이뤄져야 하고 그것은 직업의 평준화를 전제해야 한다. 우리나라에선 불가능해 보이는 이런 일들을 꽤 만족스럽게 이루고 사는 나라들이 있다.

우리나라 사람들이 얼마나 일중독 상태가 심각한가 하는 것은 《팔꿈치 사회》에 여러 통계 자료로 제시되어 있다. "당신이 일을 안 해도 좋을 정도로 충분한 돈을 얻게 된다면 그래도 계속 일하고 싶은가?"에 대해 "일을 그만두고 여가를 즐기겠다"고 대답한 이들은 미국 59%, 독일 43%, 일본 40%, 한국 25%이다. 너무나 근면 성실한 한국인이다! 이때의 일이란 직업을 말한다. 직업 외에는 삶을 모르는 사람들, 이건 실로 우울한 풍속도다.

'팔꿈치 사회'란 옆 사람을 팔꿈치로 치며 앞만 보고 달려야 하는 치열한 경쟁 사회를 일컫는 독일 말이다. 전 세계적으로 신자유주의가 강화되고 경쟁이 가속화되고 있지만 한국이 그 최첨단을 걷고 있다는 것은 익히 아는 일이다. 경쟁과 일

중독은 이런 세상을 유지하는 두 개의 바퀴다. 경쟁적인 일하기는 저절로 일중독자를 만든다. 사람에겐 누구나 경쟁 심리가 있고 경쟁을 해야 세상이 발전한다는 생각을 당연하게 받아들인다. 인간의 이기심과 경쟁 심리는 본능일까? 그러나 자본주의 이전의 전통 사회는 경쟁보다 협력으로 살았다. 농업이든 어업이든 서로 돕고 살지 않으면 삶 자체가 불가능했다. 두레와 품앗이 같은 우리의 옛 공동체 문화에서도 확인할 수 있다. 민중들끼리 경쟁할 이유가 없었다. 공생共生하고 공락共樂했다.

신자유주의가 강화되면서 경쟁 논리가 극대화되었다. 경쟁은 지배의 도구다. 자본과 권력은 경쟁으로 노동자와 민중의 분열을 유도하여 지배하는 것이다. 경쟁은 분리에서 발생한다. 분열된 민중만큼 지배하기 좋은 상태는 없다. 개인 간, 학교-회사 간, 국가 간의 경쟁. 경쟁의 논리는 우리 생활의 모든 것을 장악하고 있다. 생산뿐만 아니라 소비도 여가도 경쟁이다. 지역별 경쟁 경기인 프로야구나 김연아나 박지성, 류현진 같은 스포츠 스타에 온 국민이 환호하는 것도 결국 경쟁 심리의 대리만족이다. 그렇게 하여 스스로 자본과 권력에 지배당하는 줄도 모르고 사람들은 강자와 동일시하고 경쟁을 내면화한다. 그러면서 우리 자신의 참된 내면과는 점점 멀어지게 된다. 행복지수가 낮을 수밖에 없는 이유다.

《팔꿈치 사회》는 '경쟁은 어떻게 내면화되는가'라는 부제를 달고 있다. 이 책에는 우리 사회를 진단하는 최근의 통계 자료와 함께 풍부한 예화들이 많아서 고등학생 정도면 쉽고 재밌게 읽을 수 있다. 우리가 어떻게 뼛속 깊이 경쟁을 내면화하게 되었는가에 대한 예화 중 하나.

이솝우화 가운데 토끼와 거북이의 경주 이야기다. 심심하던 토끼가 거북이에게 달리기 경주를 제안한다. 원래 이야기의 결말과 교훈을 다시 말할 필요는 없으리라. 요즘은 새로운 해석도 나와서 거북이가 잠자는 토끼를 깨우지 않고 앞서 간 것은 반칙으로 보기도 한다. 그런데 강수돌 선생은 이 우화가 의도하는 더 근본적인 문제를 짚는다.

> 토끼와 거북이가 정말 심심했다면 굳이 산꼭대기까지 달리기 시합을 할 필요가 있었을까? (……) 달리기 경주 말고 오히려 둘이서 더 재미있게 놀 방법을 찾아볼 수도 있지 않았을까? 왜 피곤하게 경쟁을 하는가? 경쟁을 않고도 재미있게 놀 방법이 얼마든지 있는데 말이다.
>
> (……) 경쟁을 하면 무조건 이겨야 한다는 생각은 일종의 강박증

아닐까, 하는 점이다. 어느 누구도 자신의 중심이 탄탄하게 서 있고 주변으로부터 충분한 사랑을 받고 있다면 별로 경쟁할 필요도 느끼지 않고 경쟁을 하더라도 꼭 이겨야 한다고 생각하지 않는다.

아이들은 어려서부터 이런 우화를 읽으면서 인생은 경쟁이며 삶의 목적은 승리라고 자연스레 내면화하게 된다. 인간에게 경쟁 심리가 분명 존재하지만, 우리의 삶을 돌아보면 정말 행복할 때는 경쟁해서 승리할 때보다 함께 소통하고 교감할 때가 아니었던가?

나의 경우는 그랬던 것 같다. 중고 시절이 괴로웠던 것은 사춘기의 특성 탓도 있었겠지만, 알게 모르게 옥죄는 경쟁의 공기에 숨이 막혔기 때문이다. 중고 시절 나는 공부 잘하는 친구를 두지 않았다. 그 애들은 경쟁자일 뿐 친구가 될 수 없었다. 마음 편하게 만나는 친구들은 모두 나보다 성적이 낮은 아이들이었다. 지금도 연락하는 귀한 친구가 두셋 있지만 대부분은 학년과 반이 바뀌면 멀어졌다. 진실로 교감하는 벗이 못 되었던 까닭이겠다.

더 이상 경쟁하지 않아도 되는 교사가 되어서 진짜 벗들을 사귀었다. 교사들은 승진할 생각이 없으면 별로 경쟁하지 않는다. 서로 의논하고 협력한다. 요즘 들어 성과급이니 뭐니 해서 정부에서 자꾸 교사들의 경쟁을 부추기며 기업의 논리를 도입하려 하는데, 이것은 정말 한심한 발상이다. 교사들까지 진심으로 경쟁하기 시작하면 학교는 더욱 황폐해질 것이다. 내가 이제껏 겪어 온 학교에서 교사들이 선후배 동료를 경쟁 상대로 대하는 경우는 극히 드물었다. 경쟁하지 않기 때문에 경계하지 않고, 편하게 의논하며 협력한다. 많은 아이들을 가르치는 교사들에겐 특히 대화와 소통, 공감이 중요하다.

우리나라에서 잘나가는 사람들의 상징은 SKY(서울대, 고려대, 연세대) 라인이다. 그런데 SKY의 새로운 뜻을 《팔꿈치 사회》에서 알게 되었다. 쌍용차(S), 제주 강정마을(K), 용산 참사(Y)를 일컫는 말. 2012년 7월에 'SKY 공동행동'이 진행되었다. 이 'SKY'의 공통점은 국가와 기업, 본질적으로는 자본의 폭력을 당한 사람들이다.

'SKY 라인' 및 'SKY 공동행동'에서의 SKY는 얼핏 아무런 관련이 없는 것처럼 보이지만, 더 자세히 들여다보면 결국 서로 통한다. 그것은 기득권 집단이 기득권을 독점적으로 누리기 위해 국가폭력이나 용역 깡패 또는 구사대 폭력 등을 이용하여, 대부분의 민중이나 자연을 착취하고 억압한다는 것이다.

결국 'SKY 라인'이 'SKY 사태'와 'SKY 공동행동'을 불러 일으킨다. 1%에 대한 99%의 저항이다. 경쟁 세상에서는 누구도 평화롭고 행복하게 살아갈 수 없다. 사다리 맨 꼭대기에 있는 사람도 완전히 만족하지 못한다. 언제 밀려날지 모르기 때문이다. 그러므로 우리가 추구할 것은 사다리꼴 경쟁 사회가 아니라 원탁형 협력 사회, 공생공락의 사랑의 사회다.

그런 삶을 일깨운 선지자들로 이반 일리치, 앙드레 고르와 도린의 이야기가 책의 후반부에 나온다. 자본주의와 사회주의 너머의 삶을 꿈꾸는 많은 이들이 존경하며 배우는 사상가 이반 일리치가 가장 강조한 것은 '우정'이었고, 또 다른 생태주의 사상가 앙드레 고르는 아내 도린과 죽음도 같이한다. 그들에게 삶의 최고 가치는 '사랑'이었다. 우정과 사랑을 대신할 것이 무엇인가? 경쟁과 성공의 가치관이 세상을 다 태워 버릴 재앙의 불이라면, 우정과 사랑은 그 폐허를 살려 낼 생명의 물이다. 지금은 불의 시대에서 물의 시대로 건너가야 할 때다.

책의 마지막 장, 아들에게 주는 편지 〈아들아 너랑 살아서 참 기쁘구나!〉도 참 훈훈한 글이다. 고3 때 자신이 진짜 좋아하는 일이 음악임을 깨닫고 대학 입시를 치르지 않았던, 그리고 친구들보다 몇 년 늦게 외국의 음악대학에서 공부하고 있는 아들에게 강수돌 선생은 이렇게 말한다.

더 이상 '일류대학'이나 '일류직장'을 목표로 살아선 안 된다. 우리가 진정 추구할 것은 '일류인생'이다. 그것은 꿈의 발견, 실력 증진, 사회 헌신의 3요소로 구성된다. 일류대학이나 일류직장은 소수만 성공하지만 일류인생은 누구나 할 수 있다. 나는 내 아이가 경쟁의 승자가 아니라 사랑의 주체가 되기를 바란다.

나도 내 아들이, 우리 학생들이 이렇게 살기를, 이렇게 아름다운 꿈을 꾸기를 간절히 바란다. 경쟁과 승리가 전부가 아니라는 이야기를 우리 아이들은 거의 듣지 못하고 살아간다. 우정과 사랑의 이야기를 좀 더 적극적으로 펼쳐 나가야 한다. 그리고 무엇보다 말이 아니라 삶으로 증명해야 한다. 경쟁과 성공 신화에 매몰된 이 광기의 세상, 우리에겐 더 많은 우정과 사랑의 전령사들이 필요하다. 서로 싸우는 삶보다 더불어 사귀는 삶이 행복하지 않은가.

"세상은 우리가
모르는 것들로 가득하다"

...

애니메이션 〈늑대아이〉

〈늑대아이〉라는 일본 애니메이션을 수업 시간에 보았다. 영화 파일을 내려받아 교무실에서 혼자 보면서 화면도, 이야기도 정말 아름다워서 감탄사를 연발했다. 애들한테 보여 주면 좋아하겠다 싶으니 더욱 기뻤다. 일본어 시간까지 빌려서 봤는데 이제까지 보여 준 영화 가운데서 가장 몰입도가 높았다. 보는 내내 아이들도 무척 즐겁고 행복한 표정이었다. 영화가 끝나고 두 시간 동안 수업을 했다. 토의식으로 진행하고 싶었지만 시간이 없어 문답 수업을 했다. 끝난 뒤 소감을 받아 보니 영화를 잘 보여 주었구나, 수업도 꼭 필요했구나 싶었다.

영화 한 편에 이렇게 많은 의미가 들어 있는 줄 몰랐다고 쓴 아이들이 많았다. 수업 시간에 다룬 주제 중심으로 내용을 정리해 본다.

  영화는 생의 신비를 마음을 활짝 열고 받아들이는 삶에 대한 이야기다. 주인공 '하나(꽃)'는 태어날 때 집 주변에 '저절로' 피어 있는 꽃을 보고 아버지가 이름을 지어 줬다고 한다. 인간이 가꾼 꽃이 아니라 자연 속에 '저절로' 핀 꽃. 의미 있는 이름이었다. 자연이 어떤 것도 거부하지 않고 받아들이듯 하나의 삶도 그러했다. 그녀는 대학교 철학 강의 시간에 한 청년을 만나서 사랑에 빠진다. 그런데 좀 묘한 구석이 있던 그로부터 자신은 일본 늑대인간의 마지막 후예라는 놀라운 고백을 듣는다. 청년이 늑대로 변신하는 모습은 이 영화에서 가장 충격적인 장면이다. 그런데 진짜 놀라운 것은 사람이 늑대로 변할 수 있다는 사실보다 그에 대한 하나의 반응이다. 숨이 막힐 듯한 충격 속에서도 하나는 '세상은 우리가 모르는 것들로 가득하다'라고 느낀다. 보통 사람 같으면 '오, 말도 안 돼. 늑대인간이라니' 하고 십 리 밖으로 도망칠 일 아닌가. 그런데 이것을 내가 몰랐던 일이라고, 부정도 거부도 하지 않으며 받아들인다! 하나는 그동안 배우고 알아 왔던 자신의 지식이나 판단보다 자연과 우주의 신비를 더 믿는 것이다. 사실 인간의 앎이라는 것은 이 광대무변한 우주에 놓고 보면 얼마나 하찮은가. 소크라테스는 "나는 내가 아무것도 모른다는 사실을 알고 있다. 그런데 대부분의 사람들은 그것도 모른다"라고 말했다. 뉴턴도 내가 아는 것은 바닷가 모래알만큼도 안 된다고 했다. 불가사의한 자연의 신비를 받아들이면서 그 신비가 이끄는 대로 하나는 자신의 삶을 맡긴다. "내가 무섭지 않느냐, 앞으로 나를 만나지 않을 거냐"는 늑대청년의 말에 하나는 고개를 흔들며 "너니까"라고 답한다. 네가 인간이냐 늑대냐 그런 분별보다 소중한 것은 유일무이한 존재인 '너'를 사랑한다는 진실이다. 이 작품은 인간의 판단과 분별을 넘어선 자연의 신비와 사랑에 대한 찬송 같은 영화다.

하나는 어떤 상황에서도 웃음을 잃지 않는다. 아버지의 가르침이기도 했지만 '웃음'은 하나의 삶의 태도를 상징한다. 웃음이란 긍정적인 수용이다. 어떤 일이 일어나도 순순히 받아들인다. 그래서 아버지가 돌아가셨을 때도 하나는 웃었다고 했다. 그러다 친척들에게 불경스럽다고 혼났다며 너도 그렇게 생각하냐고 연인에게 묻는다. 아니, 불경스럽지 않아. 늑대인간은 대답한다. 그렇다. 죽음은 이상한 일이 아니다. 일찍 죽든 늦게 죽든 모든 생명체는 죽게 되어 있다. 사랑하는 이와의 영원한 이별은 슬프지만 받아들일 수밖에 없는 일이다. 탄생과 죽음은 가장 명백한 자연의 진실 아닌가. 그 이후에도 여러 장면, 도저히 웃을 수 없는 괴로운 상황에서도 하나는 웃는다. 지금 당장 이해하지 못해도 이런 일이 일어나는 데는 무언가 이유가 있을 거야. 하나의 웃음은 그런 믿음과 긍정, 용기를 표현한 것이다. 아이들은 이구동성 하나의 이런 모습에서 큰 감동을 받았다고 말했다. 와, 하나는 완전 '멘탈 갑'이에요!

하나는 늑대청년과 가정을 이루어 살면서 딸 '유키(눈)'와 아들 '아메(비)'를 낳는다. 인간이 되었다가 늑대가 되었다가 하는 그 신비롭고 귀여운 아기들. 그런데 사랑하는 남편이 사고로 갑자기 죽고 만다. 하, 이런 잔인한 운명이라니. 이제 하나의 인생에는 어떤 고난이 기다리고 있을 것인가. 늑대아이를 키우는 과정은 힘들고 난감한 상황의 연속이었지만, 또 즐거움과 행복도 많다. 인간이며 늑대인 아기들이 펼치는 그 다채로운 변화와 성장의 시간들. 이 대목은 영화에서 매우 사랑스럽고 재밌게 그려지고 있다. 그러나 도시 아파트에서는 이 특별한 아기들을 제대로 키울 수 없어서 하나는 시골로 이사를 결심한다. 너희 늑대 할래, 인간 할래? 하나가 아이들에게 묻지만, 사실 존재는 선택할 수 있는 것이 아니다. 깊이 들여다보면 삶은 선택이기보다 주어지는 측면이 강하다. 영성 사상가들은 말한다. "내가 사는 것이 아니라 삶이 산다." "삶은 춤추는 자고 나는 그 춤이다." 아무튼 늑대에게도 인간에게도 자연만 한 성장 환경이 없다. 하나는 깊은 산골의 외딴 집을 구한다.

영화를 보는 동안 학생들이 안쓰러워하면서도 감탄한 부분은 시골 생활에 씩씩하게 적응해 가는 하나의 모습이다. 낡아서 마루가 삐걱거리고 비가 줄줄 새는 폐가를 고치고 쓸고 닦아서 반들반들 윤나는 집으로 만들어 놓는다. (일본인들의 그 정갈함!) 그리고 책을 빌려 공부를 해 가면서 농사를 짓는다. 하나가 정착한 마을 사람들의 삶도 무척 아름답고 감동적으로 그려진다. 처음엔 젊은 여자가 아이 둘을 데리고 어떻게 살아가나 의심하면서 냉랭하게 대했던 마을 사람들도 하나의 밝은 인간성과 억척에 감동하여 다정한 이웃이 되어 간다. 농사짓는 법을 가르쳐 주고, 하나에겐 필요하고 자신들에겐 필요 없는 생필품들을 나눠 주며 돕는다. 첫 수확, 늑대아이들 덕분에 짐승들의 침범을 피할 수 있어서 풍작을 이룬 감자를 하나가 마을 사람들에게 선물하자, 그들 역시 자기들 집에 넘치는 무며 달걀 같은 생산물들로 보답한다. 하나는 처음 농사를 지을 때 "세 식구 먹을 만큼이니 그렇게 안 넓어도 돼요"

했다가 서로 나눠 먹는 것을 경험하고 "밭이 왜 넓어야 하는지 알겠어요"라고 말한다. 시골 마을은 온 동네가 한 식구인 것을 깨닫는다. 시골 사람들은 돈 대신에 이웃이 있다. 돈으로 모든 생활을 해결하고 문 걸어 잠그고 사는 도시인들이 이들보다 풍요하고 행복할까. 아이들을 바라보니 무척 부러운 듯한 표정이다. 우리가 다시 찾아야 할 삶의 모습, 지속가능한 생활 방식은 저런 공동체라는 것. 이것은 영화 속에만 존재하는 상상의 세계도, 돌이킬 수 없는 과거의 이야기도 아니다. 새로이 살려 내야 할 현실이요 미래다. 영화는 그렇게 관객을 설득한다. 늑대인간이라는 환상적인 소재를 통해서 영화는 지금 우리에게 시급한 올바른 삶의 방향을 제시하고 있다.

학생들이 또 크게 주목한 이 영화의 메시지는 정체성이었다. 딸 유키와 아들 아메가 자신의 삶을 찾아가는 모습, 유키는 인간의 길을, 아메는 늑대의 길로 가는 걸 보면서 나는 어떤 인생의 길을 걸어갈 것인가를 자연스레 떠올리는 모양이다. 어렸을 땐 딸 유키가 야성적이었고, 아메는 벌레 한 마리도 무서워하는 나약한 소년이었다. 그런데 자라면서, 특히 둘 다 큰 위기와 충격을 경험하면서 어렸을 때 모습과 정반대의 길을 걷게 된다. 스스로도 알 수 없는 힘이 그렇게 각각의 길로 이끈 것이다. 하나는 딸과 아들의 각각 다른 성향을 간

섭하거나 조정하지 않는다. 나중에 각자의 길을 선택할 때도 마찬가지다. 아이들의 개성이 변화하고 성장하는 그대로 받아들이는 어머니 하나의 모습을 통해 참된 모성에 대한 깨우침을 얻는다.

하나도 처음에는 아메가 산으로 들어가서 늑대의 삶을 사는 것에 두려움을 느꼈다. 아직 어린 아들을 떠나보내고 싶지 않은 것이었다. 비바람 몰아치는 무서운 날 아메를 찾으러 산을 헤매고 다니다가, 결국 영영 늑대의 길로 떠나는 아들의 뒷모습을 보면서 하나는 흐느낀다. 너는 이제 겨우 열 살이고, 아직 나는 너한테 해 준 게 없다는 엄마의 절규. 이 대목이 너무 슬프다고 말하는 아이들이 많았다. 그러나 열 살은 인간에겐 어린 나이지만 늑대로 보면 성년이다. 엄마를 떠나 숲을 내달려 산꼭대기에 도달한 아메가 온 산이 울리도록 포효한다. 새로운 존재의 탄생을 알리는 신호. 이제 아들이 독립적인 존재로 새로이 탄생했음을 깨달으면서 하나도 슬픔에서 빠져나와 영혼의 신비한 체험을 한다. 순간 온 세상이, 햇빛도 나뭇잎도 하늘도 모두 새로 태어난 것처럼 눈부시다. 자식을 사랑이란 이름으로 소유하는 것이 아니라 온전히 스스로를 실현하도록 떠나보내면서, 어머니 자신도 참된 존재의 눈을 뜨게 되는 것이다. 이 장면은 감독이 깨어남, 깨달음이라고도 부르는 영혼의 깊은 차원을 이해하고 있다는 것을 짐작하게 한다. 인간의 영혼이 궁극적으로 도달해야 할 자리는 이와 같은 본성의 실현, 영혼의 재탄생이라는 것을 영화는 강렬하게 보여 준다.

늑대인간이라는 매우 기이한 소수성을 자연스럽게 받아들이는 인물들을 통해서 같음과 다름이라는 주제로도 이 영화를 이해할 수 있다. 장애인이나 성소수자, 이민족 등 나와 다른 타자에 대해서 아직 많이 배타적인 우리들. 요즘 아이들이 평범하지 않은 특성을 가진 또래들을 따돌리고 폭력까지 휘두르는 상황에서 이 주제도 관심 있게 다룰 만하다. 이 영화에서는 늑대라는 다른 종도 스스럼없이 받아들이는데 우리는 어떤가. 나랑 좀 다르면 얼마나 밀어내고 배척하는가. 그것은 결국 나의 소견 좁음, 그릇 작음을 드러내는 것밖에 안 되지 않나. 이런 이야기들을 하니, 아이들의 감상문에도 그런 내용이 많았다. "다른 사람들, 다른 생명들을 나의 좁은 시각으로 판단해서는 안 되겠다. 솔직히 그동안 나와 다른 존재, 내가 꺼리는 존재에 대해 매우 비판적으로 생각했다. 하지만 영화를 보고 수업을 들으면서 나와 다른 존재들에 대해 이해하며 그들의 가치를 인정해야겠다는 생각을 한다." 생각대로 실천하는 것이 쉽지는 않겠지만, 좋은 자극을 스펀지처럼 빨아들이는 감수성을 가진 아이들이 참 예쁘다.

  영화 수업에서 가장 중점적으로 다룬 주제는 '소유의 삶과 존재의 삶'에 관한 것이었다. 야생의 존재, 늑대아이들을 키우면서 어머니 하나도 자연 속에 더욱 깊이 동화되어 간다.
"이 영화에서 제일 즐거운 장면은 뭐였니?"
아이들의 대답은 거의 같다.
"늑대아이들과 엄마가 눈밭에서 신 나게 노는 거요."
  첫눈이 내려 숲속을 뒹굴고 달리며 존재의 기쁨을 맘껏 발산하는 세 마리(!). 화면도 음악도 정말 아름다웠고, 인간과 동물의 구분을 넘어서 '존재'의 충만함이 관객들까지 빨아들일 듯했다.
"진짜 행복은 그런 거겠지? 저 늑대아이와 엄마처럼 자신의 존재를 맘껏 누리는 것. 이런 게 바로 자연과의 합일, 물아일체야."
  아하, 물아일체. 고전문학에서 자주 나오는 말을 영화를 보면서 실감한다. 늑대도 인간도 산도 나무도 눈도 모두 한 덩어리였다.
"진짜 부러워요. 우리도 저렇게 살고 싶은데."
"그러게 말이야. 그런데 인간은 왜 저렇게 못 살지? 우리 모두 무엇을 위해서 이렇게 고생하며 살고 있을까?"

"잘살기 위해서요."

"잘사는 게 뭔데?"

"부~자 되는 것."

함께 웃는다. 모두 부자로 만들어 준다는 대통령도 뽑았다. 그러나 부자는커녕 생은 갈수록 불안하고 고달프다.

"정치가들이 흔히 내세우는 구호, 다 함께 잘사는 사회가 진짜 가능할까?"

"아니요."

뜻밖에도 금방 정답을 말한다. 부의 재료인 자연이 위기에 처했다는 것을 아이들도 충분히 알고 있다. 무한한 물질적 풍요는 애당초 가능한 꿈이 아니었다.

"그래. 모두 부자가 된다는 것은 불가능해. 그렇다고 나만 부자가 될 테니 너는 가난하게 살아라, 이건 또 아니지 않니? 그러면 우리 모두는 어떤 꿈을 품을 수 있을까?"

이야기가 좀 철학적으로 되어 간다.

"소유냐, 존재냐. 에리히 프롬이란 사람이 쓴 책 제목이야. 우리의 꿈은 많은 소유가 아니라, 충만한 존재, 이런 게 되어야 한다는 거지."

칠판에 필기를 한다. 이런 구절은 좀 외워 둬라. 대화나 글에서 써 먹으면 폼도 나지 않겠니.

"자발적 가난, 고르게 가난한 삶. 이런 말도 있는데, 가난을 금욕적으로 생각해서 두려워할 건 없어. 《간디의 물레》라는 책을 쓴 김종철 선생 말씀처럼 욕망을 없애는 것이 아니라 욕망의 방향을 바꾸는 거지. 소유의 삶에서 존재의 삶으로. 이 영화의 메시지도 같은 거 아니겠니. 행복은 소유가 아니라 존재의 충만에서 온다. 있는 그대로 존재를 맘껏 누려라!"

소유는 소진될 수 있어도 존재는 한결같다. 단지 변화할 뿐이다. 정전이 되어 촛불을 켜던 밤의 포근한 어둠······. 우리는 너무 두려워하지 않아도 될 것 같다. 석유가 고갈되고 핵발전소를 폐쇄해도 우리는 새로운 존재 방식으로 잘 살아갈 수 있을 것이다. 마을을 살리고 논밭을 일구며 더불어 사는 길은 걱정만큼 힘들지 않을지도 모른다. 인류가 오랫동안 추구했던 출세와 부귀라는 꿈이 사실은 빈약하고 쓸쓸한 것임을 점점 많은 사람들이 깨달아 가고 있다. 이제 더 헛된 망상을 품지 않고 지금 여기 충만한 존재의 완성에 우리 마음을 오롯이 모을 수도 있겠다. 타향살이의 외로움을 겪어 본 자들이 고향의 소중함을 더 절실히 느끼는 법. 오랜 세월 헛된 꿈을 꾸며 떠돌았던 우리는 이제 고향으로 향한 길 위에 있다. 그러다 어느 날 문득 '돌아온 탕자'로 고향 집에 도착한 날 참된 평화와 안식을 누릴 수 있을 것이다. 영화의 마지막 장면, 산에서 들리는 늑대의 포효. 아들은 건강한 자연으로 존재하고 있다. 하나는 환히 웃는다.

심수환, 〈봉화 가는 길〉, 2009

4부

고향으로 가는 길

소사(小使), 소사(小事)

...

 월요일 아침 교사校舍 뒤 주차장에 차를 두고 나오다가 인쇄 일과 목수 일 하시는 주사님 두 분이 즐겁게 얘기 나누는 풍경을 보았다. 인쇄실 주사님은 커피 잔을 뽑아 들었고 목수 주사님은 벚나무 낙엽을 쓸고 있었다. 직원 식당 옆 벚나무 아래는 허름한 탁자가 하나 놓여 있는 교사들의 흡연 공간이다. 반갑게 인사를 하고 돌아서는데 그 풍경이 참 부럽다. 나도 선생 그만두고 목수나 소사小使 하면서 학교에서 지내면 좋겠다. 문득 이런 생각이 든다.
 아침 직원회의, 출제 원안 작성 시 유의사항, 교장·교감 다

채널 평가 독려, 2학기 교원평가 안내…… 줄줄이 이런 전달 사항을 들으면서 그런 생각이 더욱 간절해진다. 학교가 점점 답답해진다. 아이들 부서진 책상에 못질해 주고, 낙엽을 쓸고, 내용에 상관하지 않고 인쇄기 돌리는 일. 그런 직업은 분별하고 따지고 비교하고 평가하고…… 이렇게 살지 않아도 될 것 같다.

무엇보다 가르친다는 일 자체에 회의가 들 때가 많다. 언어에 관한 지식 나부랭이들, 문학이니 철학이니 하는 인문학 공부라는 것도 요즘엔 글쎄, 이 많은 생각들, 분별들이 과연 인간의 삶을 행복하게 만들까 하는 생각을 많이 하게 된다. 수업 시간, 어떻게 해도 공부를 하려 들지 않는 몇몇 아이들을 보면서 이런 생각이 든다. 그래, 니 잘못이 아니라 내 잘못이다. 공부라는 건 본래가 자연스럽지 않은 인간의 관념일 뿐이다. 자연에 기대어 먹고살 만큼만 일하고 사람들과 평화롭게 더불어 사는 데 이 복잡한 공부라는 것이 꼭 필요한 것이 아니다. 아니 오히려 공부가 자연스런 사람살이를 방해하는 면도 많지. 이런 생각이 드니 아이들을 들볶고 싶지 않다. 책 읽고 글쓰기 과제물을 신경 써서 내 주고도 '내고 싶은 사람은 내고 싫으면 관둬라', 시험에 나오니 잘 들어라 해 놓고도 '시험이 살아가는 데 본질적인 것은 아니지 뭘' 이런 말이 속에서 솟구친다. 교사라는 직업, 과연 인간에게 진실로 좋은 일일까. 씨 뿌리고 풀 뽑고 못질하고 낙엽 쓸고 이렇게 살았으면 좋겠다. 소사小事에 몰두하는 소사小使가 되면 좋겠다. 대사[大事, 大使] 없이 소사[小 事, 小使]만 있는 세상이면 훨씬 평화롭지 않을까.

〈카모메 식당〉이라는 일본 영화를 봤다. 아침 햇살처럼 잔 잔하고 정갈하고 평화로운 영화였다. 후배 교사한테 DVD를 빌려서 봤다가 좋아서 나도 하나 사서 주변 사람들한테 강제 로 대여하고 있다. 이 영화 진짜 좋다. 꼭 봐라. 내가 빌려 줄 게. 보고 난 사람들은 다 좋다고 한다. 나는 좋은 책이나 영화 를 옆 사람들에게 많이 권하는 편이다. 공감의 기쁨, 좋은 것 은 널리 퍼져야 한다는 지나친 사명감이 있다. (이런 거 보면 또 교사가 체질이다.)

〈카모메 식당〉은 핀란드 작은 마을에서 일본식 식당을 차린 여자 이야긴데, 처음엔 파리만 날리던 식당에 한 사람 두 사 람 모여들고 마침내 그 식당은 배고픔만이 아니라 영혼의 주 림도 채워 주는 아름다운 공간이 되어 가는 이야기다. 영화를 보고 나서 나도 저런 맛있는 식당 하나 차려서 동네 사람들 사랑방이 되게 했으면 싶었다. 골목 어귀 반들반들 윤나게 닦 은 탁자 몇 개만 둔 작은 식당, 주먹밥도 팔고 커피도 팔고 원하는 사람에겐 술도 주고 하는 식당 말이다.

영화를 보고 나서 생업을 바꾸고 싶다는 생각이 더 강해진다. 월요일 아침부터 몽상에 빠졌다. 아, 시작종이 울린다. 이제 또 안 만들어도 좋았겠고 몰라도 문제없을 거 같은 문법이라는 지식을 가르치러 교실로 들어가야 한다.

사람들은 그가 '무슨' 일을 하는가. 즉 직업이 '무엇'인가를 무척 중요하게 생각한다. 학생들은 편하고 안정적이고 보수도 많은 직업을 얻으려고 공부를 한다. 물론 자신이 정말 좋아하는 일을 찾고 그 일을 잘하기 위해서 노력하고 단련하는 사람들도 많다. 하지만 여전히 '사' 자 붙은 직업을 선호하고 공무원 시험에 그렇게 많은 청년들이 몰리는 걸 보면 그럴듯해 보이는 직업을 좋아한다는 것이다. 조금 나아지긴 했지만, 육체노동보다 정신노동을 선호하는 사람들의 인식도 한국 사회와 교육을 망치는 주범이다. 인간이 아무리 생각하는 존재이고 머리를 쓰면서 살아간다 하더라도 몸으로 움직여야 하는 일들이 세상에는 더 많이 필요하다. 그런데 건강한 육체노동자를 키우는 기술이나 능력, 품성을 기르는 학교들은 갈수록 사라지고 천대받고 오로지 대학, 대학에만 목을 매니 아이들이 못 견뎌 내는 것이다. 낮에 땀 흘려 몸을 움직여 일하고 공부하면서 에너지를 소진하면 스마트폰으로 밤을 샐 수 없다. 밤에 푹 자는데 학교에서 온종일 잘 리가 없다.

정말 우리에게 감동을 주고 스스로도 행복한 사람은 그가 '무슨' 일을 하는가가 아니라 '어떻게' 일을 하는가에서 드러난다. 지금 우리 학교에 계신 소사 아저씨도 볼 때마다 즐겁다. 무슨 일이든 부탁하면 '맥가이버'처럼 척척 해 주실 뿐만 아니라 언제나 웃는 얼굴에 유머 감각도 뛰어나다. 그런 태도로 일을 하니 그 일도 좋아 보인다. 저런 일을 하면서 평생을 살아도 좋겠다 싶은 것이다. 반면에 똑같은 일을 하는데 늘 퉁명스런 언행에 좀처럼 몸을 움직이려 하지 않는 사람도 있다. 본인도 전혀 유쾌해 보이지 않고 다른 사람도 불쾌하게 만드는 경우가 종종 있다. 그는 자신의 일에 최선을 다하지 않는다. 가능하면 일을 피하려고 하는 것처럼 보인다. 그러니 그의 일도 매력 없어 보인다. 그의 게으름과 불성실함으로 얻는 것이 무엇일까. 본인의 몸이 좀 편한 것? 글쎄, 그래서 그는 행복할까. 열심히 일하고 사람들과 즐겁게 어울리고 사는 것보다 좋을까?

예전에 있었던 학교에 젊은 교무 보조가 왔다. (요즘은 학교에 계신 모든 분들께 선생님이란 호칭을 붙이기를 권장하지만, 그때만 해도 급사라고 불렀다.) 전라도 어디가 고향이라는데 고등학교를 갓 졸업한 싱그러운 처녀였다. 외모는 평범했지만 성격이 정말 쾌활하고 시원시원한 아가씨였다. 성이 강씨여서 모두 강 양, 강 양 하고 불렀는데, 금세 교무실에서 가장 중요한 인물이 되었다. 교장이나 교감 선생님은 며칠 출근하지 않아도 학교가 돌아가는 데 아무 지장이 없었지만 강 양이 한나절이라도 교무실을 비우면 학교가 어수선해졌다. 찰랑거리는 생머리를 뒤로 질끈 묶고 생글생글 웃는 얼굴로 교무실을 바쁘게 오가는 그 처녀를 보면서, 존재의 빛을 느꼈다. 참으로 밝은 빛을 뿌리는 사람이구나. 저렇게 살면 얼마나 아름다운가. 스스로 행복하고 모두를 행복하게 하는 젊은이였다. 나는 다른 사람에게 어떻게 비치고 있을까. 표정이 너무 어둡고 말투가 무뚝뚝하고 쌀쌀맞진 않은가. 나도 저렇게 웃어야겠다. 사람들을 밝고 즐겁게 하고 싶다. 이런 반성과 소망을 불러일으켰다. 나만 그랬던 것이 아니었을 것이다. 밖에서 보면 급사보다는 교사가 더 중요하고 폼 나는 직업으로 보이겠지만, 그 강 양만큼 멋있게 사는 교사는 별로 없어 보였다. 그때 수업 시간에 아이들에게 그런 이야기를 했다. 멋있는 직업을 가지려고 애쓰지 말고 진짜 멋있게 일하려고 애써야 한다. 세상의 평판보다 중요한 것은 존재의 진실이다. 무기력하고 무책임해서 학생들에게도 동료들에게도 욕을 얻어먹는 교사보다는 그 생기 넘치는 급사가 되는 것이 훨씬 좋은 삶이 아닌가.

그런데 문제는 돈이다. 모두들 대학을 가려 하고, 육체노동을 기피하는 것은 사회적 평판이나 폼의 문제이기보다는 생존의 문제 때문이다. 요즘 들어 대기업 생산직은 교사들보다 연봉이 훨씬 높은 곳도 제법 있다지만, 여전히 육체노동자는 하는 일에 비해서 보수가 너무 적다. 박노자 선생의 글을 읽으니, 노르웨이에선 대학 교수와 버스 기사의 월급이 같다고 한다. 학문을 좋아하면 대학 교수를 하는 것이고 운전을 좋아하면 버스 기사가 되는 것이다. 보수가 그만큼 높기 때문에 그 나라의 버스 기사들은 자신의 직업에 대해 자부심을 갖고 품위 있는 태도로 승객을 맞는다고 한다. 그의 동료 대학 교수의 아들은 배관공을 직업으로 택해 잘 살고 있다고 한다. 아들의 그런 직업 선택에 대해서 그 교수는 아무런 불만이 없다. 당연한 일 아닌가. 대학 교수와 버스 기사와 배관공. 누가 세상에 더 가치 있고 중요한 일을 하는 사람이라고 말할 수 있는가. 어떤 일이 더 힘들다고 말하기도 쉽지 않다. 보수의 격차가 나야 할 이유가 별로 없다. 정말 위험하고 노동 강도가 높은 일의 정도에 따라 보수의 격차가 정해진다면 얼마든지 수용할 수 있다. 직업의 평준화가 되어야만 대학의 평준화가 이루어지고, 얽히고설킨 사회 문제와 교육 문제가 해결

될 수 있다. 그것은 무엇보다 임금의 평준화에서 이루어져야 할 것이다. 그의 직업이 무엇이든 그것이 세상에서 필요한 일이라면 그가 행복하게 삶을 누릴 수 있을 정도의 보수가 주어지는 세상은 불가능할까. 그런 세상이라면 직업을 선택할 때 자신의 개성과 취향과 능력에 따를 것이다. 돈에 목을 매지 않아도 좋을 것이다. 학교 공부도 훨씬 편안해질 것이다.

어쨌거나 자신에게 어울리는 '무슨' 일을 찾는 것도 중요하지만, '어떤' 자세로 일을 하는가도 중요하다는 인식이 보편적으로 퍼지면 좋겠다. 우리가 자꾸 '무엇'을 강조하는 것은 그 '무엇'에 따라 삶의 질과 자기 존재의 등급이 달라진다는 어리석은 사고방식이 깔려 있기 때문이다. 대통령이든 청소부든 교수든 농부든 직업은 그가 입고 있는 옷일 뿐이다. 근원적인 입장에서 모든 존재는 진실로 차별 없이 평등하다. 이것은 모든 성현들이 강조하는 진리의 핵심이다. 참된 존재의 본성을 실현하고자 하는 사람이라면 어떤 사회적 역할과 직업이든 사심 없이 성실하게 해낼 것이다. 이런 이들이 많아지면 자유롭고 평등한 세상은 절로 이루어질 것이다. 모든 괴로움과 문제의 근원은 무지와 집착에 있기 때문이다.

비, 바다, 집

...

며칠 여행을 떠났다가 오후에 귀가했다. 집 안 정리를 좀 해 놓고 산책을 나간다. 내륙 지방에 다녀왔으니 바다를 만나야 한다. 낮부터 비가 쏟아져서 금세 어두워진다. 비 내리는 바다를 봐야지. 넓은 우산을 펴고 해변으로 통하는 길로 나선다. 우산에 떨어지는 빗방울 소리, 또닥또닥 아늑하다. 이런 소리를 듣는 귀가 있어 행복하다. 소녀 시절부터 내가 제일 좋아한 소리는 빗소리였다. 밤에 라디오에선 아름다운 음악이 흘러나오고 밖에는 비가 내리는 날은 음악을 들을지 빗소리를 들을지 행복한 갈등에 빠지곤 했다. 창밖으로 쏟아지는 비를 바라보는 것도 좋고 빗속에 우산을 받쳐 들고 걷는 것도 좋다. 통통 튀는 빗방울들과 함께 발을 맞춘다. 우산 속은 동그랗고 아늑하여, 몽상에 잠기기 좋은 공간이다. 우산은 빗방울 건반이 연주하는 이동식 작은 방이다. 이 작은 방의 몽상을 즐기려고 비 오는 날엔 일없이 우산을 쓰고 산책길을 나선다. 당연히 나는 우산도 좋아한다. 개성 없는 선물용 우산들도 있지만 내 우산은 따로 장만한다. 화사한 꽃무늬의 크고 튼튼한 우산과 목이 긴 장화를 사서 비 오는 날을 기다렸다.

낮은 주택에 살다가 처음 고층 아파트로 이사 갔을 때, 빗소리가 들리지 않아 무척 실망했었다. 특히 하루 일을 끝낸 밤, 포근한 이부자리 속에서 듣는 빗소리는 얼마나 아늑하고 행복한가. 그런데 이중창을 닫아 놓은 아파트 고층에서는 웬만큼 세찬 비가 아니고는 빗소리가 안 들렸다. 아침에 일어나 간밤에 비가 내린 걸 알고는 어찌나 아까웠는지. 비와 땅이 만나는 그 정겨운 소리를 못 들었다니, 창에 부딪히는 빗소리까지 듣지 못했다니. 갑자기 진공 공간에 둥둥 떠 있는 느낌이었다. 달동네 셋방살이를 청산하고 기대에 차서 이사 온 아파트가 금세 싫어졌다. 주택에 살 때는 아파트가 참 좋아 보이더니, 살아 보니 정말 멋이 없다. 내게 아파트란 집은 실용성밖에 없어 보인다. 하지만 어쩌랴. 도시에 있는 동안은 아파트를 떠나지 못한다. 그러면서 다시 벼르고 벼른다. 언젠가는 도시를 떠나고 아파트를 떠날 것이다. 낮은 땅 마당이 있는 집, 햇살 따스운 툇마루도 있는 집에서 살 것이다. 이것은 집에 대한 나의 마지막 꿈이다.

아파트 옆 오솔길을 걸어 바다로 들어섰다. 며칠 만에 보는 바다는 물이 정말 그득하다! 바다가 언제 메말랐던 것도 아닌데 뜬금없이 무슨 말인가. 내 눈에는 비가 와서 바닷물이 불어난 것으로 보인다. 분명히 그럴 거다. 꽤 오랜 시간 비가 퍼부었으니 바닷물도 불지 않았겠는가. 깨끗이 비어 있는 백사장으로 물결이 거침없이 밀려든다. 넘치는 물, 물. 신비로운 물. 물은 언제 봐도 놀랍다. 이렇게 투명하고 부드럽고 찰랑이고 반짝이는 유동성의 물체가 있다니. 무심히 마시고 씻고 하다가 문득문득 이 신비로운 존재에 감탄한다. 지구에 존재하는 어느 하나도 곰곰 들여다보면 신기하지 않은 것이 없지만, 그중에도 으뜸은 물이다. 세수하려고 수돗물을 손에 받다가도, 참, 세상에 물 같은 것이 있다니! 한참을 감탄하며 물을 흘려보낼 때가 있다. 하물며 이 거대한 물의 왕국, 바다는 한 번씩 숨이 턱턱 막히게 한다. 세상에나 어쩜 이렇게 물이 많을까. 바다 앞에 서면 지구가 거대한 물 대야처럼 느껴진다. 중력이라는 게 없으면 지구 밖으로 물이 흘러넘칠 것 같다.

대륙도 바다 위에 떠 있는 섬이다. 바다는 우리의 고향이요 어머니다. 지구는 물의 별, 그렁그렁 차서 넘실대는 바다는 늘 신비와 경외심을 불러일으킨다.

어릴 적 내 고향집 바로 앞에 못이 있었다. 그 못과 관련된 행복한 기억들 중 최고는 비 내린 뒤의 아침이다. 밤에 비가 많이 내린 다음 날이면 나는 눈을 뜨자마자 못으로 갔다. 우리 집 대문에서 못까지는 서른 걸음 정도. 대문을 나서면서부터 살금살금 걷는다. 두근거리는 가슴으로 못 둑 아래까지 가서는 까치발을 하고 살짝 고개를 내밀어 못물을 본다. 감히 못 둑에 올라서지는 못한다. 못에 물이 넘칠 듯이 가득차서 나를 금세라도 삼킬 것 같았기 때문이다. 그렇게 살그머니 올려다보고는 무서워서 쪼르르 대문 앞까지 도망친다. 그런데 또다시 그득한 물이 보고 싶다. 못 둑으로 금방 넘칠 듯 찰랑찰랑 고인 물은 무섭고 신비로웠다. 가슴 두근대는 충만감과 쾌감도 있었다. 살금살금 가서 살짝 훔쳐보고 쪼르르 도망치고, 또 살금살금 쪼르르 살금살금 쪼르르……. 비 온 다음 날 나의 아침 의례였다. 오늘 넘실거리는 바닷물을 보니 어릴 적 그 못물이 눈에 선하다. 호기심 많던 그 조그만 여자아이와 함께.

작년 여름 몇 년간 살아온 산 아래 집을 떠나 조금은 충동적으로 바닷가의 낡고 작은 아파트를 임대했다. 식구들은 모두 의아해했다. 왜 제 집을 두고 더 낡고 작은 남의 집으로 이사를 하느냐고. 그때 초등생 조카가 말했다. 고모는 뭐, 낭만주의니까. 역시 어린이는 어른의 아버지다.

집은 참 중요하다. 식구들이 함께 사는 생산과 휴식의 공간이라는 점에서도 그렇지만, 집을 근거지로 우리는 세계와 만나게 된다. 집이라는 공간을 중심으로 주변의 어떤 세계와 만나느냐는 내 삶을 좌우한다. 그래서 나는 집의 내부보다 집이 위치한 외부 공간을 더 중요하게 따져 집을 구한다. 남향일 것. 조용할 것. 자연이 가까이 있을 것. 그 조건만 맞으면 교통이나 부대시설은 별로 괘의치 않는다.

가난한 내가 두 채의 집을 임대해서 산다. 고도古都 경주 토함산 자락의 낡은 시골집과 부산 광안리 해변의 오래된 아파트. 집들은 모두 허름하지만 집이 위치한 공간은 모두 이름난 명소들이다. 해변의 집을 선택한 이유는 바다 때문이었다. 바다와 한번 제대로 사귀어 봐야겠다는 생각이 어느 퇴근하는 길에 불쑥 들었다. 원래 우리 집이 위치한 산기슭에서 좀 내려가면 해변에 아파트들이 줄지어 있다. 처음엔 꽤 비싼 집이었는데 지은 지가 오래되다 보니 전세는 쌌다. 돈이 없어서도 매매는 엄두도 못 냈고 애초부터 집을 살 생각은 없었다. 바다 곁에 오래 살지는 않을 것이다. 몇 년 만 살아 보자 싶었다.

바다는 좀 밋밋하다고 생각했는데, 그래서 산을 더 좋아한다고 말하곤 했는데, 가까이 살면서 아침저녁으로 오가는 바다는 늘 시원始原을 생각나게 한다. 지구의 생명이 여기 바다에서 시작되었다지 않는가. 어쩌면 이렇게 넘실거리는 물을 담고 있는 거대한 별이 있다니! 우주인이 지구에 온다면 저 거대한 물그릇, 바다를 보고 입이 다물어지지 않을 것이다. (그들에게도 입이 있다면.) 바다의 끝을 가만히 바라보고 있으면 저 경계선 밖으로 우주가 만져질 듯도 하다. 이웃 별의 존재들과 악수도 할 수 있을 것 같다. 〈관동별곡〉에서 송강 정철이 북두성 국자를 기울여 창해수를 떠 마신다고 한 그 호방한 상상력이 얼마나 유쾌하던지. 해변으로 이사 온 뒤, 나도 송강을 흉내 내어 광안리 바다가 내 앞마당이라고 자랑하곤 한다. 오늘 같은 날엔 어느 오후 문득 차를 몰고 나서서 옷 한 벌 사 입듯이 바닷가 집을 계약해 버린 나의 충동성과 낭만성이 퍽 기특하다.

아파트 창으로 조금 비껴서 내다보면 바다가 보인다. 서재로 꾸며 놓은 큰 방은 햇살이 너무 강렬하여 책상에 앉을 때는 선글라스를 써야 한다. 퇴근하면 백사장을 산책한다. 이런 호사라니. 일상이 휴가다. 여름이면 해변은 거리의 악사들이 넘쳐나는 연주회장이 된다. 불꽃 축제 때는 아파트 마당에만 나가면 팡팡 터지는 불꽃을 볼 수 있다. 하지만 하늘에다 돈다발을 요란하게 터트려 대는 불꽃 축제를 동네 주민인 나는 별로 좋아하지 않는다. 무슨 주제가 있는 축제의 막판에 몇 발 쏘는 불꽃이 아니라 불꽃이 주제인 축제는 덧없는 인생 같아 쓸쓸하다. 아무려나 바닷가 주민은 더운 여름밤엔 돗자리 하나 들고 몇십 미터만 걸어가면 시원한 바닷물에 발을 담글 수 있다. 일출이 보고 싶으면 좀 일찍 일어나서 해변으로 나가면 된다. 수평선이 붉은 태양을 낳는 장면을 맘만 먹으면 언제든 쉽게 볼 수 있다. 새해 일출을 보겠다고 승용차를 끌고 밀며 꼬리에 꼬리를 물고 움직이는 해맞이 행렬이 내게는 괜한 호들갑 같다.

언젠가 바다 앞에서 통곡하며 우는 사람을 보았다. 바다 앞이니까 괜찮다. 바다는 그깟 눈물쯤 아무것도 아니라고 파도로 덮어 준다. 인생 별거 아니다. 울고 싶으면 울어라. 욕하고 싶으면 욕해라. 바다는 '받아' 주지 않는 것이 없다. 그래서 '바다'라고 부르지 않았을까. 어느 강연에서 신영복 선생님의 귀여운 해석을 들으며 공감했었다. 사람들이 무수히 찍고 간 해변의 발자국도 파도 한 번이면 흔적 없이 깨끗해진다. 바다 앞에 서면 바위처럼 무거웠던 슬픔이나 근심도 백사장 모래 한 알밖에 안 된다는 깨달음도 얻게 된다. 원래 인간의 삶은 고해苦海라는데, 나만 안 슬프고 안 아프며 살 수 있나. 나, 나 하지만 사실 나란 저 수많은 모래 알갱이 중의 하나일 뿐인 것이다. 개성이니 고유성이니 하는 것도 거대한 세계 앞에 서면 아무것도 아니다. 나를 객관적이고 보편적인 존재로 툭 던져 놓고 보면 마음의 짐은 훨씬 가벼워진다. 사람살이라는 것이 가만 보면 스스로 바위를 짊어지고 낑낑대는 일이 얼마나 많은가. 내려놓으면 모래 한 알인 걸 공연히 바윗덩이를 무겁게 짊어지고 사는 존재가 인간이다. 나란 존재도 모래요, 내가 진 짐도 모래다. 아직 내 마음은 웅덩이처럼 작아서 돌멩이 하나에도 출렁대지만, 언젠가 나도 바다가 되어 무엇이든 다 받아 안으리. 슬픔도 노여움도 한 개 파랑에 지나지 않으리.

  사춘기 시절 내내 비 오는 날이면 바다에 가고 싶었다. 이제 바닷가에 집을 얻어 살면서 비와 바다를 맘껏 즐긴다. 오랜 소망을 이루었다. 허공의 빗줄기가 어떻게 바다에 휘날려 떨어지는지, 무량한 물의 바다가 작은 빗방울을 어떻게 담쏙담쏙 받아먹는지 원 없이 바라본다. 비바람 속에서 넘실대는 파도에 생의 근심도 씻어 보낸다. 하늘도 바다도 아득한 이 밤, 어느 시원으로부터 나온 것일까. 토닥토닥 빗소리가 사무치게 정겹다.

쑥 이야기

...

 입춘 지난 2월 이맘때면 산책자의 시선은 아래로 땅을 향한다. 매화, 목련 같은 봄나무들에 두근두근 꽃물이 오르지만 아직은 잿빛 건조하고 앙상하다. 땅은 하루가 다르게 파릇해진다. 봄까치며 별꽃이며 이런 예쁜 이름을 단 꽃들이 아니어도 푸른색은 무조건 반갑고 사랑스럽다.
 대여섯 살 조그만 땅꼬마였던 시절, 이런 풀을 뜯으며 놀았다. 키가 작아서 땅이 더 잘 보였는지도 모르겠다. 어쨌든 나의 가장 오랜 노리개는 풀이다. 동무들이랑 놀 때나 혼자 놀 때나 가장 만만한 장난감은 풀과 흙이었다. 그래서 지금도 봄날 새로 돋은 풀을 보면 고향 친구를 만난 듯 반갑다. 안녕, 벌써 나왔네. 반가워~. 아무도 보는 사람 없으면, 나는 혼자 인형 놀이하는 아이처럼 풀에게 말을 건넨다.

봄 두렁의 대표적인 풀은 뭐니 뭐니 해도 쑥이 아닐까. 며칠 사이에 보스스한 쑥이 밭두렁에 많이 돋았다. 이렇게 묵은 풀들 사이로 고개를 쏘옥 내민 쑥을 보면 그냥 지나치기 어렵다. 긴 겨울 추위를 뚫고 이제 갓 돋은 어린 쑥이야 차마 손을 못 대지만, 제법 키가 큰 놈들은 자기를 캐도 좋다는 듯 봄바람에 살랑거린다. 다음엔 꼭 주머니칼을 넣어 와야지. 등에 따뜻한 봄볕을 받고 밭두렁에 앉아 쑥을 캐는 일은 얼마나 평화로운가. 어느새 내 마음은 어린 시절 고향의 들판으로 달려간다. 앞산에 진달래가 피고 오빠들의 나뭇짐에 붉은 진달래 몇 가지가 얹혀 오는 때가 되면, 언니들의 바구니엔 새파란 쑥이 넘쳐났다. 고향의 봄은 그렇게 화사한 천연색이었다.

아홉 살까지 살았던 고향 동네에서, 봄에는 어린 나도 바구니와 칼을 들고 동네 언니들을 따라 쑥을 캐러 다녔었다. 칼이 흙 속으로 사각 스미는 느낌이 상큼했다. 부신 햇살, 보드라운 바람, 향긋한 냄새……. 나풀나풀한 쑥이 소쿠리에 가득 담기는 날, 그런 저녁엔 딸들이 있는 집집마다 쑥국을 끓여 먹었다. 쑥이 흔해지면 쑥털털이(쑥버무리), 쑥떡도 해 먹었지. 노란 콩고물을 묻힌 쑥인절미도 맛있었고, 쑥절편도 담백하니 별미였다. 집에서 어머니들이 쌀가루에 묻혀 손쉽게 쪄 준 쑥털털이는 쌀보다 쑥이 더 많을 때도 있었지만 먹을 것 귀한 시절, 그것도 호사였다.

삼십여 호 우리 고향 동네는 한양漢陽 조趙가 집성촌이었다. 타성바지 몇 집 외엔 모두 일가 할아버지 할머니에 아재와 아지매들이었다. 아랫집 윗집 모두 다 친척들이니 어디나 낯선 집이 없었다. 혼례를 치르거나 상이 났을 땐 온 동네 사람들이 함께 모이고 나누어 일했다. 우리 어머니는 손재주가 좋아 잔칫상에 오를 문어를 오렸고, 앞집 아지매는 늘 메밀묵 담당, 뒷집 할머니는 엿을 잘 고았다. 설이나 추석 때 윗대부터 순서대로 차례를 지내면 항렬 낮은 집은 점심때가 되어야 제상을 차릴 수 있었다. 서로 품앗이를 해 가며 모내기를 했고 나락을 거두었다. 김장도 같이 했고 겨울엔 두부도 같이 만들어 먹었다. 가난한 시절이었지만 낮은 담장 너머론 자주 먹을거리가 담긴 접시들이 오갔다. 워낙 어린 시절이라 생의 그늘을 모를 때이기도 했지만 우리 동네는 늘 햇볕이 환했고 사람들의 말소리로 흥성거렸다. 행복하고 충만한 유년기였다.

그러나 나의 화창한 유년 공간에도 그늘을 느끼게 하는 인물들이 몇 있었다. 촌수는 한참 멀지만 술 중독자 오빠, 미친 언니, '등신' 아지매. 이들은 동네의 근심과 관심의 대상이었던 것 같다. 이들을 통해 나는 세상이 밝고 즐겁기만 한 것은 아니라는 것, 생生에는 어둠과 슬픔도 있다는 것을 막연히 느꼈다. 맨 정신일 땐 순하게 웃기도 잘하는데 술만 마시면 제 어머니에게도 행패를 부리는 오빠는 어린 내 눈에도 딱해 보였다. 또 우리 옆 동네에 사는 '미친년'이라 불린 언니는 늘 구석에만 앉아 있어서 얼굴도 한 번 못 보았지만 두려움의 대상이었다.

이 특별한 사람들 중에 내게 가장 인상적인 인물은 태생부터 '등신'이라는 행덕이다. 요즘 식으론 정신지체 장애인. 항렬로는 내게 아지매뻘인데 모두 이름을 불렀다. 그냥 바보야 하고 대놓고 놀리는 아이들도 있었다. 나이가 마흔이 넘었다지만 옷차림이 엉성하고 말도 어눌한 그 아지매가 할 줄 아는 일은 내가 알기로 조카 업어 주기, 걸레 빨기, 그리고 쑥 캐기가 전부였다. 아지매는 어린 조카를 떨어뜨릴 듯 허술하게 업고 다녔고, 얕은 샘가에서 종종 걸레를 빨고 있기도 했다. 왜 걸레만? 다른 빨래는 아지매에게 버거웠던 것이다. 비누칠하고 방망이질하고 헹구고 또 헹구고. 빨래도 어느 정도의 지능과 숙련된 동작이 필요한 것이다.

아지매는 쑥 캐기를 제일 좋아했던가 보다. 쑥 캐는 계집애들 틈에서 언제나 제일 큰 소쿠리를 들고 와서 넘치도록 쑥을 캐 담았다. 그런데 문제는 티끌이 반이라는 것이다. 그래서 어른들은 우리가 칠칠맞게 해 놓은 일을 보면 행덕이 쑥 캐 놓은 것 같다고 핀잔을 주곤 하셨다. 행덕 아지매의 어머니나 올케는 제발 쑥을 캐지 말라고 하는 모양이었다. 티끌에서 쑥을 골라내는 일이 차라리 쑥을 다시 캐는 일만 못했으므로. 그래도 아지매는 줄기차게 쑥 소쿠리를 들고 들판을 헤집고 다니며 봄날 내내 쑥을 캤다. 그 집에선 반은 버리고 반은 골라 먹고 그랬을 것이다. 푸스스한 머리에 땡강하니 말린 치마, 늘 입을 헤벌리고 웃는 얼굴의 행덕 아지매를 떠올릴 땐 항상 쑥 소쿠리가 함께 떠오른다.

아이들은 아지매를 놀리면서 함께 놀면서 그렇게 살았다. 어른들은 행덕 아지매가 바보짓을 할 때면 혼을 내다가도 또 불쌍해서 먹을 거 하나라도 챙겨 주곤 했다. 삼십여 호 남짓의 작은 우리 동네는 그런 행덕 아지매 하나쯤은 넉넉히 품고 살 수 있었다. 어디나 그런 '모자란' 사람 한둘 없는 동네도 드물었다. 집에서 어머니나 동생에게 야단을 맞고 훌쩍이는 때도 있었지만 아지매는 우리 동네에서 가장 많이 웃고 다니는 사람이었다.

나는 초등 2학년을 마치고 고향을 떠났다. 신경림의 〈농무〉가 발표되던 시절. 우리 집도 이농민의 대열에 합류했다. 아버지 말씀으론 자식들 교육 때문이라고 하셨지만, 자식인 나는 도시 생활이 전혀 행복하지 않았다. 고향 생각에 혼자 훌쩍이던 밤이 많았다. 《알프스의 소녀》를 읽고 내가 바로 하이디라고 생각했다. 고향에선 솔향기 나는 볕바른 멋진 새집에 살던 우리는 부산에 와서 단칸방의 빈민이 되었다. 이런 급격한 환경의 변화에 적응하기 힘들었던 나는 십 대 시절 내내 향수병을 앓으며 책 속으로 도피했다.

행덕 아지매는 어찌 살고 있을까. 나는 종종 아지매의 안부가 궁금했다. 뒤늦게 부모님께 듣자니 아지매의 어머니가 돌아가시고, 같이 살던 남동생네도 도시로 이사하면서 아지매는 어디 시설로 보내졌다 한다. 누군가 그곳을 방문한 고향 사람이 전하는 말로 아지매는 늘 업어 키우던 조카의 이름을 비명처럼 부르곤 했단다. 그리곤 얼마 안 되어 세상을 떠났다고…….

도시의 변두리 텃밭. 올해도 밭두렁마다 뾰족뾰족 쑥이 올라온다. 도시 사람들도 땅만 보면 밥상만큼, 책상만큼이라도 씨를 뿌리고 싶어 한다. 흙을 만지며 햇볕을 쬐고 씨앗이 자라는 것을 보고 싶은 것이다. 도시인도 사람이므로, 자연이므로……. 한 보름만 지나면, 비닐봉지를 들고 쑥을 캐러 나오는 아주머니들을 이 변두리 공터에서도 볼 수 있을 것이다

행덕 아지매가 시설 같은 곳에서라도 쑥을 캘 수 있었다면, 밭두렁 논두렁을 돌아다닐 수 있었으면, 그렇게 비명을 내지르다 죽진 않았겠지. 겨우 아홉 살까지 고향에 살다 떠난 나 같은 꼬마도 그렇게 향수병을 앓았는데 평생을 훌훌 헤집고 다니던 고향 땅을 떠났으니 얼마나 무서웠을까, 얼마나 외로웠을까.

위로만 위로만 치닫는 도시, 이 화려한 자본의 문명은 그런 '못난' 바보 한 명 품어 주지 않는 '잘난' 것이다. 잘난 것이 없으면 못난 것도 없다. 동서고금 언제나 어디에나 똑똑하고 재빠른 사람과 어리숙하니 모자란 사람들이 어울려 살았다. 그것이 원래 자연의 모습이다. 잘난 이는 잘난 이대로 못난 이는 못난 이대로 생의 권리와 역할이 있다.

이 봄에도 쑥은 애틋한 이야기를 품고 들판 가득 돋아난다. 뽀송뽀송 예쁜 쑥아, 내년에도 이렇게 돋아나거라. 시멘트 아스팔트에 파묻히지 말거라.

웨하스를 먹는 밤

...

 내일은 개교기념일. 학교에 안 간다. 모레도 안 간다. 현충일. 기념일 연휴를 앞두고 푸근한 밤이다. 기념일은 이렇게 휴식을 주어 고마운 날이다. 《어린 왕자》의 여우가 말했듯이 삶에는 의례가 필요하다. 한 달에 한두 번 풀쩍풀쩍 건너뛸 수 있는 기념일이 없으면 그 빽빽한 한 주일, 한 달, 한 해를 어떻게 지날 것인가. 고마운 기념일을 기념한다. 향불 피워 뜸 몇 장 뜨고 〈금강경〉이나 〈우파니샤드〉를 읽으며 잘까 하다가 뭔가 조금 궁금하고 그립기도 한 밤, 생협 갈 때마다 한두 봉지 사다 놓은 웨하스를 꺼낸다. 달콤 폭신한 웨하스 맛, 아늑하고 친근하다.

어릴 적, 짙은 분홍빛의 체크무늬 네모난 웨하스는 참 호사스런 과자였다. 그때는 시골에서 제일 맛난 군것질거리래야 어머니가 설에 만들어 주는 강정이나 엿, 장날 아버지의 손에 어쩌다 들려 있는 건빵, 할머니의 주머니 속 박하사탕이 전부였다. 그런데 외가인가 어디 먼 곳으로 차를 타고 가는 특별한 날 어른들은 웨하스를 사 줬다. 내가 멀미를 해서 초죽음 된 꼴이 딱해서 그 귀한 과자를 사 주셨는지 모르겠다. 어쨌든 웨하스에는 먼 길, 여행의 맛이 스며 있다. 붕붕거리는 시골 차부, 울렁거리는 멀미의 추억도 함께 있다.

웨하스를 먹으며 책장의 DVD 칸을 훑어본다. 〈봄날은 간다〉를 찾았다. 앞자리 원로 음악 선생님께 빌려 주기로 했다. 참 달콤하고 애틋한 영화. 비 오는 날 상우가 사랑을 잃고 소리 내어 울고, 치매 걸린 할머니가 말없이 손자의 어깨를 쓰다듬어 주던 모습. 한복을 곱게 차려입은 할머니가 양산을 쓰고 집을 떠나는 장면, 홀어머니 모시고 홀로 아들을 키워 온 홀아버지랑 라면에 소주를 마시는 부엌방, 창밖으로 작은 화단과 마당이 보이는 그 집, 오래된 방과 마루……. 허진호 감독이 만든 영화는 〈8월의 크리스마스〉도 그렇고 〈봄날은 간다〉

도 그렇고 마당 있는 집의 풍경이 참 그립고 정겨워서 특히 좋아한다. 혼자 웨하스를 먹으며 그 봄날의 오래된 집을 생각한다.

아무리 좁아도 마당이 있는 집은 숨통이 열린 집이다. 작은 마당 한 귀퉁이에 꽃을 심고 화단을 가꾸며 사람들은 숨을 쉰다. 마당 수돗가에서 여름날 소쿠리 가득 상추를 씻고, 생선도 토막 내어 자른다. 아파트 안에 있는 근사한 싱크대에선 결코 맛볼 수 없는 푸근하고 활기찬 기운이 마당의 수돗가에는 있다. 수돗가에서 첨벙첨벙 이불 빨래를 하고 신발을 씻어 보얀 햇볕에 말린다. 푸푸 맘껏 물을 튀기며 세수를 하고, 뺄뺄 더운 날엔 등물도 치고, 머리를 감아 햇볕에 털어 말린다. 집 안의 욕실을 아무리 깔끔하게 꾸며 놓아도 마당 수돗가의 그 청명한 개운함에는 따를 수 없다.

마루도 그렇다. 마루는 베란다와도 거실과도 다르다. 마루에 창을 해 달 수도 있지만 창이 없는 편이 더 마루답다. 댓돌 위에 신발을 벗어 놓고 발을 아래로 늘어뜨리고 햇볕을 쬐며 무념무상 마당을 내다볼 수 있는 마루. 여름날 쏟아지는 소나기를 바라보며 튀어나온 청개구리랑 눈도 맞추던 마루는 겨울엔 볕이 따시고 여름엔 바람이 시원하다. 처마 밑에 제비집도 두어 채 세 들인 집이면 참으로 복되다. 마루에 떨어지는 제비 똥쯤이야 지지배배 사랑스런 음악가를 모신 값으로 얼마든지 치워 줄 수 있다.

  그런 집이 그립다. 그런데 집만 그리운 게 아니다. 이렇게 함께 그리워하고 좋아할 수 있는 누군가가 그립다. 진짜 좋지? 정말 그래! 맞장구쳐 줄 사람, 교감 나눌 대상이 없어 좀 쓸쓸하다. 공감과 교감이 곧 사랑이다. 사람은 누군가와 같은 마음이 되고 싶어 하고 함께 느끼고 싶어 한다. 보통의 사람들은 홀로 있으면 어딘가 비어 있는 듯 늘 누군가를 그리워한다. 인간의 그리움, 결핍감은 왜일까. 그래서 심지어 그대가 곁에 있어도 나는 그대가 그립다는 말까지 하게 될까. 그리하여 그렇게도 오랫동안 이토록 많은 사랑과 이별의 노래가 넘쳐나는 것일까.

  사랑의 본질은 하나 됨, 합일이다. 분리된 존재로서의 삶이 주는 결핍감, 불편함, 공허함. 본래 삼라만상은 하나인데 인간은 생각하는 존재가 되어 우주 만물에서 떨어져 나와 자신의 의식 속에 갇히게 되었다. 그러고는 끊임없이 하나 됨, 사랑을 갈망하는 것이다. 연인을 찾는 에로스적 사랑이나 신을 찾는 아가페적 사랑이나 본질은 같은 것이다. 분리 이전의 원래 상태로 돌아가고자 함이다. 천상병은 '귀천'이라고 표현했지. 나

하늘로 돌아가리라. 하늘은 누구나의 마음에 있는 본향이다. 귀향, 귀거래. 우리는 모두 돌아가고 싶어 한다. 어디로? 글쎄 그곳이 어디일까. 현자들은 그곳은 바로 이곳이라고 가리킨다. 아련한 과거도 먼 미래도 아니고 지금 이 순간, 만물이 생성하고 소멸하는 이 찰나의 신비. 눈으로 볼 수도 귀로 들을 수도 없는 '알 수 없음'의 세계. 시공을 뛰어넘고 생사도 초월한 합일의 세계란 있다고도 없다고도 말할 수 없는 '이것' 뿐이다. 아, 그러나 청맹과니 중생들에겐 귀신 '씨나락' 까먹는 소리로 들릴 뿐이다. 그러면서도 일심동체 사랑에 대한 갈구는 멈추지 않는다. 더 이상 결핍이 없는 합일의 상태에 도달한 사람, 사랑을 이룬 존재가 있을까.

몇십 년 전 전통찻집 벽에 걸린 족자에서 '진인자재眞人自在'라는 말을 읽었다. 그 순간 얼마나 그 말이 좋았던지. 늘 비어 있고 결핍감을 느끼고 방황하던 청춘 시절. 진정 자재하고 싶었다. 스스로 존재하는 사람. 아무것도 더 필요하지 않은 사람. 그런 사람이 진짜구나. 진인. 진리를 깨달은 사람. 진리의 사람. 진인은 홀로도 외롭지 않다. 들판에 홀로 선 나무가 외롭다고 징징대지 않듯이 진인도 홀로 자유롭다. 그러나 진인이 자재한다는 말은 세상 모든 것에서 벗어나 혼자만 산다는 뜻이 아니다. 교감과 사랑의 기쁨도 모르는 목석같은 존재라는 의미가 아니다. 자재란 홀로 존재함이 아니라 우주 만물과 분별 없이 일치함이다. 자재하는 사람은 어떤 한두 존재와의 제한적인 교감이 아니라 우주와 합일하는 사람이다.

 아무리 영원한 사랑에 대한 찬미가 많아도 인간의 사랑은 출렁출렁 흘러가고 훨훨 날아가고 흔적 없이 사라진다. 사람의 사랑은 영원하지 않다. 〈봄날은 간다〉에서 상우가 변심해 버린 첫사랑 그녀에게 말한다. 사랑이 어떻게 변하니? 그러나 그렇게 말한 그도 역시 변했다. 소리 내어 통곡하던 고통의 시간들이 지나고, 벚꽃 흩날리는 봄날, 변덕쟁이 여자는 작은 화분을 들고 상우를 찾아온다. 그러나 상우는 그 화분을 받지 않는다. 음향 기사인 그는 다시 들판으로 나가서 바람의 소리를 듣는다. 그래 사랑은 당연히 변한다. 삼라만상 변하지 않는 것은 없다. 인간의 감정과 생각이란 얼마나 간사한가. 하루에도 수천 번 널을 뛰는 것이 인간의 마음이다. 오히려 사물은 더디 변한다. 사랑은 끝난 지 오랜데 선물 받은 스카프는 실 한 올 흠이 없다. 사람보다 사랑보다 스카프가 오래간다. '범소유상 개시허망 약견제상비상 즉견여래凡所有相 皆是虛妄 若見諸相非相 卽見如來.' 어제 읽은 경전 한 구절. 〈금강경〉에서 제일 유명한 4구게다. '무릇 존재하는 것은 모두 허망하나니, 만약 모든 상을 상이 아니게 보면 바로 부처를 볼 것이다.' 허망함을 보아야 허망하지 않은 부처도 보인다.

그런데 끝없이 변하면서 또 한결같은 그 무엇, 감정도 아니고 생각도 아니고 육체도 아닌 무엇, 잡을 수도 볼 수도 없지만, 분명히 무언가가 있다. 어젯밤은 금강경을 읽다 잤고, 오늘밤은 웨하스를 먹으며 혼자 수다를 떨어 대는 나는 다르면서 다르지 않다. 사십 몇 년 전 엄마를 따라 외가에 가는 길. 나는 휘발유 냄새 지끈거리는 차부에서 분홍 웨하스를 들고 있다. 엄마도 멀미를 하고 나도 멀미를 해서 맛있는 웨하스도 귀찮기만 하다. 오늘 밤 웨하스는 달콤하고 폭신하다. 대여섯 살 그 어린 소녀와 이제 노년기가 가까운 나는 전혀 다른 인간이면서 또 똑같은 존재다. 조금도 변치 않은 나-무엇이 있다. 웨하스도 이렇게 내 앞에 있다. 몇십 년 동안 한결같이 달콤하고 폭신한 맛으로. 나이를 먹어도 마음은 청춘이라는 노인들의 말이 어려선 괜한 허세로 들리더니 살아 보니 알겠다. 우리의 참된 본성은 시공을 초월해 있다. 아무리 세월이 흘러도 어느 곳을 떠돌아 다녀도 우리 내면에는 온전한 본성, 실재가 살고 있다. 스승들은 거꾸로 말한다. 내가 사는 것이 아니라 바로 실재가 사는 것이라고.

세상은 와글와글 바글바글 6월 무논의 개구리 소리처럼

소란하다. 또한 이 밤 우주는 숨소리 하나 없이 고요하기도 하다. 소란하게도 고요하게도 느끼는 이것은 무엇인가. 누구인가. 이 달콤한 웨하스 맛은 어디로부터 온 것일까.

화(火)

...

 어젯밤, 페이스북 알림에 한 젊은 친구가 회원님의 이름을 언급했대서 뭔 글인가 들어가 봤더니, 다른 이의 글에 댓글을 달면서 내 의견을 구하는 내용이었다. 본문은 무슨 인쇄물을 복사해 올린 글인데, 내용인즉슨 이렇다.

 어린 딸이 피츄라는 작은 애완견에게 발가락 두 개를 물렸다. 아내에게 전화를 받고 병원에 가서 아이를 본 뒤 그 강아지 주인집으로 찾아갔다. 아마도 같은 아파트에 사는 듯. 강아지 주인이 몇 번 사과도 하고 치료비도 물어 내겠다 해서 나오는데, 뒤에서 "조그만 강아지한테 물려 봐야 얼마나 물렸다고……" 하는 소리를 듣고 말았다. 그 말에 분기탱천한 그 젊은 아빠는 강아지 좀 보자 해서 그놈을 받아 아파트 12층으로 내달아 올라가서 아래로, 시멘트 바닥을 골라서 집어던져 버렸다. 그리곤 개 주인한테 말했다. "지금 물린 게 문제가 아니라 앞으로 내 딸이 평생 가지게 될 개에 대한 부정적 이미지를 참을 수 없다"고. 당신은 내 아이 치료비 물고, 나는 당신의 재산 손실에 대해 배상하겠다 했단다.

이런 글에 '좋아요'와 댓글이 3천 개가 넘는다. 댓글들은 글쓴이를 비판하거나 지지하거나 둘 다 나쁘다거나 그냥 재밌다거나, 하여튼 난리 법석이었다. 안 그래도 종종 내 글에 흔적을 남기는 그 젊은 친구가 좀 궁금하던 차라 그의 댓글을 찾아 읽었다. 이 사건에 대한 의견이 너무나 분분한데, 선생님은 어떻게 생각하냐고. 자신은 홍 아무개 선생님의 제자인데, 나에게 배운 적은 없지만 내 글을 즐겨 읽고 나를 가장 지혜(!)롭게 생각해서 의견을 구한단다. 아하, 홍 선생님의 제자였구나. 내가 지혜와는 거리가 멀지만 젊은 친구의 말이 예뻐서 댓글만 한 줄 달려다가 내친 김에 글을 써 본다.

그 개 주인도 잘못이 전혀 없는 건 아니겠다. 그냥 사죄하고 말 일이지. 뭘 그렇게 구시렁거렸담. 아마도 글쓴이 기세를 봐서 어지간히 설치긴 한 모양이지만. 근데, 이 글쓴이, 딸이 평생 개에 대한 안 좋은 기억을 가지고 갈 것까지 걱정하는 분이, 12층에서 개를 던져 버리다니. 딸의 상처는 그렇게 크게 여기면서 개의 생명이나 그 개 주인이 받았을 충격이나 슬픔에 대해선 아무런 개념이 없다. 강아지의 죽음을 '재산 손실'이라고 표현한다. 무슨 개장수집 개도 아니고 반려동물인 걸 뻔히 알면서 그렇게 했다. 동물을 키우는 사람들은 그 동물을 자신의 가족처럼 여기던데. 자기중심, 인간 중심의 사고가 너무 강하다. 섬뜩하다.

사람들이 왜 이렇게 살벌할까. 무엇보다 안타깝게 생각되는 건 현대인들에게 이런 극단적인 분노가 넘쳐나고 있다는 것이다. 아파트 층간 소음으로 인한 싸움과 살인, 여자 친구랑 헤어지라 했다고 그 부모를 죽이는 일이며, 순간적인 분노를 못 참아서 엄청난 불행을 자초하는 일들이 너무나 많다. 순간적인 것만이 아니라, 분노를 그때그때 풀어 버리지 않고 차곡차곡 가슴속에 저장하며 사는 이들도 자꾸 늘어 가는 것 같다. 미국에서 툭 하면 벌어지는 총기 사고 같은 것도 그렇고 우리나라에서도 종종 일어나는 연쇄살인 같은 것도 내재

된 분노의 표출일 것이다.

헬레나 노르베리 호지의 《오래된 미래》를 보면 티베트의 라다크 사람들은 화를 잘 내는 사람을 가장 부끄럽게 여긴다고 한다. 그럴 만하다. 화를 잘 낸다는 것은 아주 작은 마음 그릇을 가지고 있단 말이다. 마음이 소주잔만 해서 몇 방울의 물만 더 넣어도 금세 넘어 버리는 사람. 타고난 천성이 그런 경우도 있겠으나 경쟁적인 사회구조, 비인간적인 관계들이 자꾸 그런 심성을 만드는 것 같다. 무엇보다 큰 스승인 자연과 동떨어져 사는 도시적 삶이 사람들을 더욱 황폐하게 만든다.

이런 글을 쓰기 부끄럽지만 나도 분노를 잘 참지 못하는 성정이었다. 사춘기 시절엔 특히 화가 많았다. 입학하던 날부터 입시 날짜를 헤아리며 죄수가 출소 날짜 기다리듯 보냈던 고교 시절. 화가 끓어오르면 혼자 빈 방에서 물건을 집어던지고 공책을 찢어 버린 적도 있었다. 그래도 던져서 깨어지지 않을 물건, 찢어도 괜찮을 연습장을 고르는 정도의 분별력은 잃지 않았다. 아무튼 그때는 속에서 늘 무언가가 부글거렸다. 사춘기는 화의 시기인지도 모르겠다.

모든 싸움이 그렇지만 학교에서도 학생들끼리나 교사와 학생 간의 충돌은 대부분 화를 자제하지 못하여 발생하는 것이다. 예전엔 별것도 아닌 일에 화를 내고 매를 드는 선생들 때문에 상처 입는 학생들이 많았다. 그런데 요즘은 불쑥불쑥 화를 내는 아이들 때문에 상처받는 교사들도 많아지는 것 같다. 아이들의 성정이 갈수록 곽팍해지는 것이다. 안 그래도 예민한 시기에 사육당하는 동물처럼 종일 공부라는 것에 얽매어 있으니 속에 갇힌 불길이 툭 하면 밖으로 튀어나오기도 하겠다. 아이들에게 화를 절제할 수 있도록 가르치는 것도 필요하지만 어른들이 푸근히 화를 받아 줄 수도 있어야 한다는 생각도 요즘은 하게 된다.

화라는 것은 내 마음 그릇에 담지 못하는 어떤 일에 의해 발생한다. 화를 유발하는 외적 자극을 없애도록 하는 일도 필요하지만 받아들이는 그릇이 크다면 작은 일에 크게 화를 내어 돌이킬 수 없는 재앙을 자초하는 일도 없을 것이다. 공자는 군자불기君子不器라고 했다. 그릇이 아니라는 말은 경계와 틀에 얽매이지 않는다는 것이겠다. 불교에서 말하는 대승大乘도 못 담을 것이 없는 크고도 큰 수레라는 말이다. 모름지기 성인들의 가르침은 작은 마음 그릇의 경계를 넘어서라는 것이다. 분노도 슬픔도 모든 감정이나 생각은 '나'라는 경계에 집착하기 때문에 발생하는 것이다. 인간이 도달할 수 있는 최고의 경지를 무아지경無我之境이라 한다. 내가 없어지는 경지, 이것은 그야말로 완벽한 자유의 상태다. 내가 없으면 모든 장애가 사라진다. 화를 내고 슬퍼할 무엇이 없는 것이다.

크고 근원적인 나는 이따위 얄팍한 세사에 휘둘리는 존재가 아니다. 지혜의 눈을 뜬 스승들이 가르치길 '나'는 조그만 육체 속에 갇혀 있는 존재가 아니라 우주 자체이다. 우물 안 개구리 같은 중생에게는 까마득한 말이지만, 우리 모두는 그렇게 밝고 큰 본성을 품고 있다니 말만 들어도 가슴이 시원해진다. 작은 일에 근심하고 화내다가도 이런 스승들의 가르침을 떠올리면 뭐 까짓것, 하며 마음이 대범해진다. 막 화의 불길에 휩싸이다가도 그 화를 바라볼 수 있으면 화의 불길은 금방 수그러든다.

물론 화를 무조건 참는 것이 능사는 아니다. 화가 날 땐 화를 내야 한다. 사적인 일에도 그렇고, 공적 사회에서 불의나 타락을 보고도 분노하지 않는다면 세상은 파멸할 것이다. 정당한 분노는 세상을 썩지 않게 하는 소금이기도 하다. 분노가 생산과 창조의 에너지로 전화되기도 한다. 세상만사를 멀찍이서 바라보는 구경꾼의 삶의 태도를 권장할 수는 없다. 그러나 별것 아닌 일에 부글부글 끓어넘치는 작은 나는 참 부끄럽다. 정당하게 분노하더라도 그 분노가 내 마음을 갉아먹는 상태까진 가선 안 되겠다. 분노에 내 정신을 통째로 내주지는 말아야 한다. 더구나 돌이킬 수 없는 범죄를 저지르는 상태로까지 분노로 스스로를 태워 버리는 것은 참으로 무서운 일이다. 화의 불길이 번질 뻔한 이야기를 덧붙인다.

수업 시간에 동전 치기를 하며 노는 두 녀석을 앞으로 불러내서 꾸중을 했다. 3학년이 전반적으로 공부에 대한 열의가 너무 없다고 좀 언성을 높여 화를 냈다. 두 녀석은 고개를 숙이고 말없이 이야기를 들었다. 자리로 돌려보낼 때 표정을 보니 한 녀석은 수긋한데, 다른 놈은 얼굴이 뻣뻣하다. 나의 화가 그 애의 화로 옮아간 모습이었다. 수업을 끝내고 나오는데 그 녀석이 중얼거리며 욕하는 소리를 내가 들어 버렸다. 바로 뒤에 내가 서 있었는데 녀석은 나를 보지 못한 모양이었다. 다른 아이들까지 들어서 모른 척하고 넘어갈 수도 없었다. 나는 잠시 고민하다 녀석에게 말했다.

"지금 그 말 나한테 한 거니?"

녀석은 당황해했다.

"아니에요, 설마요."

"그래 설마, 그렇지? 샘한테 그런 말을 할 리는 없지?"

일단 그렇게 교실을 나왔다. 거기서 너, 일루 와 봐. 나한테 욕한 거 맞지. 뭐 이런 놈이 다 있어. 이런 식으로 나가면 아름답지 못한 상황이 벌어졌을 테다. 서로가 서로의 화를 부추기기만 할 게 뻔했고 선생과 아이가 싸우는 꼴이 되고 말 것이다. 교실을 나와서 곰곰 생각을 해 봤다. 녀석이 그런 반응을 보인 것은 내가 지도를 잘못한 탓이라는 결론이 났다. 학생이 잘못된 행동을 부끄럽게 여기고 반성하도록 지도하지 못하고 모욕감을 느끼도록 했음이 분명하다. 그래서 나에게 그 모욕이 되돌아온 것 같다. "우리 사회에서 모욕이 제도적으로 정당화되는 곳이 교육 영역이다." 엄기호 선생의 책을 읽으며 다음 수업 시간에 들어가서 사과를 해야겠다 생각하고 있다.

위의 내용은 그 일이 있고 나서 페이스북에 쓴 글이다. 있었던 일과 나의 반성을 글로 써서 아이들에게 보여 주며 일을 풀어 보기로 했다. 다음 날 그 반에 들어가 글을 읽는데, 아이들이 힐끗힐끗 어제 그 녀석을 쳐다봤다. 녀석은 조금 놀란 듯한 표정이었다. 수업을 마치고 나오면서 아이를 불렀다. 우리는 잠시 말없이 서로를 쳐다보았는데 누가 먼저랄 것도 없이 씨익 웃음이 나왔다.

"내가 이런 글 올려서 혹시 기분 나쁘진 않니?"
"아, 아니에요!"
"그래, 그럼 됐다."
긴 말 안 했다. 이것으로 녀석도 나도 서로 사과를 한 셈이다. 모욕도 화도 훅~ 날아갔다. 그 뒤로 그 녀석은 수업 태도가 아주 좋아졌고, 모르는 것이 있으면 질문도 잘했다. 원래 착한 아이라 한다. 자칫 화를 크게 지펴 서로에게 흉터를 남길 뻔했다.

생각해 보면 스스로 마음 그릇을 키우는 일이 우리가 평생 해야 할 가장 큰 일인 것 같다. 우리 모두 언젠가 큰 바다의 마음을 가질 수 있을까. 분노의 파도가 아무리 몰아쳐도 끄떡없는 바다. 아득해 보여도 그런 바다의 꿈을 품는다. 내가 꿈을 닮아 가고, 꿈이 나를 키워 줄 테니까.

물이여,
흐름이 저와 같구나

...

    내 원초적 기억의 공간은 모두 물이 있는 장소들이다. 물이 많지 않은 우리 동네에선 두 개의 저수지로 농업용수를 충당했었다. 그 하나가 우리 집 바로 앞에 있었는데 논에다 물을 대는 것 외에도 저수지는 용도가 많았다. 동네 아버지들껜 낚시터였고 어머니들껜 빨래터였으며 우리들에겐 놀이터였다. 여름엔 어른들의 눈을 피해 멱을 감기도 했고(저수지는 익사 사고가 잦은 곳이라 못에서는 헤엄을 못 치게 했으나 기어이 동네 아이 하나가 빠져 죽었다) 못물이 꽝꽝 얼어붙은 겨울이면 썰매를 타기도 했다. 봄엔 물풀 사이로 올챙이를 잡았고, 풀이 짙어지면 못 둑에서 데굴데굴 구르며 흰 러닝셔츠가 파랗게 물들도록 놀았다. 아침엔 멍멍이와 함께 조깅을 했고, 어두워지면 반딧불을 쫓으며 놀았다. 아버지가 못가 뽕나무에 오디를 따러 올라가셨다가 떨어지기도 했고, 못 둑에 커다랗게 핀 호박꽃을 보며 내 멋대로 노래를 지어 부르던 생각도 난다. 여름에 논에 물 대느라 못물을 다 뺀 날에는 바닥에 지천으로 깔린 미꾸라지를 잡아서 온 동네가 추어탕을 끓여 먹었다. 작은 못 하나에 얽힌 추억이 얼마나 많은지……. 고향을 떠나고 내가 가장 그리워했던 곳도 바로 그 못이었다.

샘물도 빼놓을 수 없다. 산자락 밑에 작은 옹달샘이 있었는데 동네에서 좀 떨어진 곳이라 다른 집에선 잘 모르는 장소였다. 여름 한낮 일여덟 살 꼬맹이 나에게 주어지는 가사 노동은 그 샘에 가서 물을 한 주전자 길어 오는 것이었다. 어른들처럼 물동이를 일 순 없으니 부모님은 내게 주전자를 들려 주셨다. 그 샘의 물이 동네에서 가장 시원했다. 냉장고라는 것이 있는지도 몰랐던 시절이라(그때까지 우리 동네에선 호롱불을 켜고 살았다) 여름에 그 이상 시원한 물을 얻을 곳은 없었다. 주전자에 찬물을 길어 오면 주전자 밖으로 송골송골 물방울이 맺혔다. 들일을 하고 돌아오신 부모님은 그 차가운 샘물에다 밥을 말아 드셨다. 나는 그 샘물을 다른 애들에겐 알려 주지 않았다. 나만의 샘물로 마음속에 품고 싶었다. 동네에 몇 군데 있는 까마득한 깊이의 우물도 신비로웠지만 그 환하게 맑은 샘은 내 마음의 은밀한 보물이었다.

그리고 시냇물. 그곳은 우리 집에서 가장 멀었다. 동구 밖을 나가서 신작로를 건너야 시내에 닿을 수 있었다. 삼촌이나 오빠들은 밤이 되면 관솔불을 켜 들고 가재를 잡으러 시내에 나가기도 했지만 꼬마였던 나에게 시내까지 가는 일은 제법 먼 나들이라 자주 가지는 못했다. 이불 빨래를 인 어머니를 따라 몇 번 가 본 정도. 우리 집을 새로 지을 때 시냇가에서 벽돌을 찍었던 것 같기도 하다. 하얀 모래가 들여다보일 만큼 물은 맑았고 수양버들이 싱그럽게 늘어져 있었다. 시내에서 하는 이불 빨래는 기분 좋은 노동이었다. 비누를 칠하고 빨랫방망이로 팡팡 두드려서 때를 빼고 나서 그냥 시내에 넓게 펼치기만 하면 흐르는 시냇물이 저절로 헹궈 주었다. 맑은 물에 시원하게 펼쳐진 하얀 이불 홑청이 지금도 눈앞에 너울거리는 것 같다. 고여 있는 못물이나 우물보다 흐르는 그 시냇물을 나는 가장 낭만적인 물로 기억한다.

수도관 속에 갇혀 있다 수도꼭지를 틀어야 나오는 물이 아니라 그런 못물과 우물, 샘물, 시냇물과 함께 유년기를 보낸 것은 얼마나 큰 축복인지 모른다. 나는 갇히고 막힌 물이 아니라 살아서 샘솟고 흐르는 자유로운 물과 함께 살았다. 불도 마찬가지다. 아궁이에 활활 살아 있는 불, 까물거리는 호롱불, 겨울 방 안의 화롯불……. 모두 살아서 타오르는 불과 함께 자랐다. 어디서 어떻게 전달되어 오는지도 모르는 전깃불과 가스 불밖에 모르는 우리 아이들에 비하면, 꽁보리밥을 먹고 기운 옷을 입고 살았어도 그만한 복이 없었다. 내 가난한 어린 시절과 풍요로운 지금 아이들의 세계를 결코 바꾸지 않을 것이다. 내가 가지고 누린 것이 훨씬 많음을 알기 때문이다. 인간이 아무리 근사한 물질적인 부를 만들어 낸다 해도 자연이 주는 풍요를 대신할 순 없다.

우리 동네에 강이 있었다면, 내가 강가에 살았다면, 나는 더욱 깊고 유유한 사람이 될 수 있었을까. 얕은 시냇물이 전부였던 우리 고향이 좀 안타깝게 느껴진 적이 있었다. 헤르만 헤세의 《싯다르타》를 읽고 나서였다.

내 인생의 책을 꼽으라 하면 첫째 자리에 《싯다르타》를 앉힐 것이다. 중2 때 도서관에서 우연히 뽑아 든 그 책은 내 영혼을 흔들었다. 진아眞我, 아트만ātman 이런 말들은 가슴을 두근거리게 했고, 삶의 근원에 대한 동경을 싹트게 했다. 나도 싯다르타 같은 사람이 되겠다. 책장을 덮으며 내 마음 깊은 곳에는 이런 서원이 심어졌다. 구도자의 일생을 형상화하고 있는 그 책의 주인공, 생의 온갖 굴곡을 겪은 싯다르타는 말년에 뱃사공이 된다. 고요히 흐르는 강물을 굽어보며 저 언덕으로 사람들을 실어 나르는 뱃사공. 흔들리지 않는 평화의 경지에 도달한 그는 진정으로 일을 마친 사람이었다. 그 책을 읽고 난 뒤 내 마음속에는 깊고 고요한 강물이 흘렀다. 그때까지 한 번도 직접 강을 본 적이 없었지만 충분히 상상할 수는 있었다. 푸른 강둑, 반짝이는 물결, 풀 냄새, 물 냄새, 물소리, 바람 소리……. 나도 생의 굽이굽이를 돌아서 언젠가 강가로 갈 것이다. 오랜 벗들과 저 언덕으로 건너가는 뱃사공이 될 것이다. 생이 온통 안개 같고 꿈같던 그 시절, 공자가 학문에 뜻을 두었다는 지학志學의 나이에 나도 이런 만만찮은 서원을 세웠다. 그 마음은 평생을 지녀 온 내 존재의 뿌리이다.

강을 제대로 본 것은 대학 시절 시 동인회에서였다. 낙동강 하구 을숙도는 그 시절만 해도 부산에서 낭만의 상징이었다. 금정산 자락 부산대학교에서 부산의 하단 을숙도까지는 완전히 끝과 끝이었지만 우리 문청文靑들은 툭 하면 을숙도로 몰려갔다. 거기 강나루며 강촌이며 특히 갈대로 이은 주점들, 겨울엔 빨갛게 벽난로가 타오르는 그곳에서 통기타를 퉁기며 노래를 불렀다. 저물 무렵 을숙도는 황홀했다. 끝없는 갈대밭 저

편으로 빨갛게 저무는 석양, 배웅이라도 하듯 날개를 퍼덕이며 솟구치던 철새들. 바다에 맞닿은 하구는 넓고 평화로웠다. 을숙도는 정말 강과 바다와 하늘의 선물이었다. 거기선 모두 시인이었고 누구와도 금세 연인이 될 수 있었다. 그런데, 그 을숙도가 거의 사라졌다. 하구에 둑을 쌓고 빽빽한 아파트를 짓고…… 그렇게 갈대도 새도 사라져 갔다. 지금도 을숙도 생각만 하면 안타까움으로 가슴이 쓰린 이들이 많다. 부산의 교사들이 많이 참여하는 환경단체 〈습지와 새들의 친구〉 박중록 선생님은 말씀하신다. 그 을숙도를 그대로 두고 잘 가꾸어서 관광자원으로 했다면 을숙도는 세계적인 생태기행 명소가 되었을 것이라고. 한강의 그 멋진 정자며 모래톱이며 섬들도 다 사라져 갔듯이 을숙도 역시 그렇게 소멸해 가고 있다. 물론 지금도 자투리 남은 갈대밭에 을숙도를 잊지 못한 새들이 날아오긴 하지만 예전 그 천혜의 모래톱에 비길 것인가. 아깝고 안타깝고 슬프다. 모든 것은 흘러가고 사라지기 마련이지만 이렇게 우리 손으로 사멸을 재촉하지 않으면 훨씬 풍요하고 행복하게 살아갈 수 있을 텐데…….

항구에 사니 바다는 언제든 볼 수 있지만 강의 정취는 바다와는 다르다. 바다에는 강둑도 없고 갈대숲, 습지도 없고, 무엇보다 유유한 흐름이 없다. "흘러감이 저와 같구나. 밤낮으로 그치지 않음이여." 공자가 말했듯 흘러가는 강을 보는 것은 우리의 생을 보는 것 같다. 바다는 끊임없는 파도의 반복 때문에 변화를 잘 느낄 수 없지만, 강 앞에 서면 모든 것은 이렇게 흘러간다는 것을 자연스레 느끼게 된다. 근원적인 관점에서 보면 생도 없고 멸도 없다지만 범부 중생의 눈에 비친 경계의 세계는 저 강처럼 끝없이 흘러가며 변화한다. 강가에 고요히 앉아서 강물이 흘러가는 모습을 바라보기만 해도 마음은 저절로 깊고 평화로워진다. 저렇게 흘러가고 흘러가는데 무엇을 붙잡으려 그렇게 발버둥을 칠 것인가. 강가에 서면 누구나 구도자가 된다. 갠지스강에 모이는 그 순례자들을 보라. 그 강에 모든 것을 내려놓기 위해서 그들은 수천 리 길을 걸어온다. 강은 그럴 만한 가치가 있다. 모든 자연이 축복 아닌 것이 없지만 강만 한 것이 또 있을까.

그 고요하고 평화로운 강에 비극이 시작되었다. 돈을 신으로 모시는 권력자가 강을 봐 버린 것이다. 그는 저 강을 저대로 놀릴 수 없다고 생각했을 것이다. 물이 그냥 일없이 흐르기만 하다니 될 일인가. 누구나 일을 해야 한다. 산은 나무를 키우니 봐줄 만하더라도 강물은 그냥 노는 것으로 보였나 보다. 저 게으른 강물에 무언가를 얹어야겠다. 그래, 강을 길로 만들자. 땅도 좁은데 저 강을 도로처럼 쓸 수 있으면 얼마나 좋을 것인가. 화물선도 띄우고 유람선도 띄우고, 돈 될 만한 일이 얼마나 많은가. 강변 습지들도 그렇다. 저 너른 땅을 갈대나 물풀이나 자라게 버려 두다니, 저런 낭비가 어디 있는가. 싹싹 밀고 닦아서 공원이며 골프장이며 자전거 도로도 만들고, 모텔도 짓고 펜션도 들이고……. 그는 자신의 아이디어에 무릎을 쳤을 것이다. 그래서 경제를 살리겠다고 자신 있게 큰소리 치고 대통령 선거에 나왔을 것이다. 국민들이 촛불을 들고 운하는 안 된다니 슬쩍 굽히는 척했지만, 운하는 곧 강 살리기로 바뀐다. 정말 강이 거꾸로 흐를 일이다. 언제 강이 죽었단 말이냐.

전국의 강, 특히 낙동강 칠백 리 굽이굽이마다 포클레인과 덤프트럭이 개미 떼처럼 바글거리며 강을 파내고 흙을 실어 날랐다. 강변의 습지며 강 가운데 쌓인 모래톱, 강물의 자연 정화 장치인 하중도들은 다 들어냈다. 멀쩡한 농토에는 준설토들이 공동묘지처럼 즐비하게 쌓였다. 강도 망치고 농토도 망치고, 그래서 무얼 얻었는가. 강바닥을 깊이 파내고 보를 지은 이유는 물그릇을 크게 하여 물을 맑게 하기 위해서란다. 흘러가는 강을 물그릇, 저수지로 본다. 아, 흘러감을 모르는 무지하고 오만한 권력자여. 손만 대지 않으면 자연은 스스로 정화하고 살아나는 것을. 지난여름 거창 수승대에서 본 (2미터 가량 되는 보에 갇힌) 물 바닥의 자갈들은 이끼로 미끈거렸다. 상류에서 모래며 자갈들 사이로 자연스레 흐르는 물은 정말 맑았는데 보에 갇힌 물은 우울하게 죽어 있었다. 강은 흐름이 생명인데 낙동강에만 8개의 대형 보로 철커덕 철커덕 수갑을, 족쇄를 채워 놓았으니 여름이면 시퍼런 녹조를 뒤집어쓰고 강은 신음한다.

4대강 공사가 한창일 때 쓰라린 마음으로 강 저편 공사 현장을 건너다보면서 창녕 길곡에서 개비리길을 걸었다. 청소년 문예지 《푸른글터》 선생님과 학생 편집위원들과 함께한 답사 여행. 그야말로 '솔밭 사이로 강물'이 흐르는 아름다운 길이었다. 개비리길이란 강가의 벼랑길이란 뜻이란다. 울창한 풀과 나무들 벼랑 아래로 유유한 푸른 강물, 비가 뿌렸다 말았다 하고 날은 푹푹 찐다. 남지 철교 아래서 최병성 목사의 《강은 살아 있다》와 헬레나 노르베리 호지의 《오래된 미래》를 읽고 독서 토론회를 했던 이십 여명 남짓의 고교생들. 몰려드는 날벌레에 물리고 까칠까칠한 풀에 다리를 베기도 했다. 자연과 더불어 사는 삶이 좋다던 도시 아이들이지만 조금은 괴로웠을 것이다. 그러나 아무도 불평하지 않았다. 자연은 아름답기만 한 게 아니라 때론 불편하고 힘든 것이다. 그래도 딱딱한 시멘트 길보다 말랑말랑한 흙길이 더욱 포근하고 싱그러움을 아이들도 안다. 강 언덕 쪽에는 '개복숭아' 나무가 많다. 봄에 오면 기가 막히겠다. 가을에 이 벼랑길은 또 얼마나 황홀할 것인가. 강물은 더욱 깊고 푸르러 울긋불긋한 낙엽을 싣고 흘러가리라.

이쪽 언덕은 가팔라서 강을 내려다볼 수밖에 없지만 반대편은 모래톱이며 수초들이 많아서 얼마든지 강에 들어가서 놀 수도 있다. 여당 국회의원 정 아무개가 모든 강을 한강처럼 만들겠다는데 반대할 사람은 없다고 쓴 글을 읽고 '바보야 문제는 한강이야' 하고 쥐어박고 싶었다. 우리의 요구는 자연 그대로의 강을 저 인공적인 불쌍한 한강처럼 만들지 말라는 것이었다. 그렇게 둑으로 가둬 놓고 댐으로 막아 놓고 다리 올려서 차들 쌩쌩 달리게 하는 그런 강을 거부한다는 것이다. 이렇게 고요히 바라보고 물에 손을 적실 수 있는 강, 강둑을 따라 잠자리채를 들고 노래 부르며 거닐 수 있는 강으로 놔두라는 것이다. 높다란 강둑 위에 유원지가 만들어져 자동차가 붕붕거리며 오간다면 그게 무언가. 강은 모름지기 막힘없이 흘러야 하고, 강가는 너무 붐비지 말아야 한다. 세사에 시달리다가도 강으로 와서 "흘러감이 저와 같구나" 하고 깨달으며 한 마음 내려놓고 근원으로 귀의할 수 있는 강이어야 한다.

사람의 간교한 꾀와 권력이 아무리 날뛰어 봐야 대자연을 거스를 수는 없다. 어찌해도 강은 결국 흐를 것이다. 다만 그 사이에 우리가 치러야 할 낭비와 고통이 얼마만 할 것인가. 우리란 인간만이 아니다. 풀과 물고기와 새와…… 아, 그들 중엔 지구로 영영 돌아오지 못할 것들도 얼마나 많을 것인가. 저편 강 언덕으로 건너가는 뱃사공이 되고 싶은 내 오랜 서원은 어디쯤 흐르고 있을까.

토함산 아래
잠시 깃들다

...

 어제 경주 집에서 고구마를 캐 왔다. 동생들, 조카들이랑 고구마 밭 반 이랑을 놓고 아껴 가며 캤다. 부모님이 지난주에 캐고 손자 오면 캐 보게 하겠다고 남겨 두었던 건데, 초등 5학년 조카 녀석은 장화에 장갑까지 중무장을 하고 나가서는 몇 개 캐고는 "더 못 하겠어요. 제가 할 만큼은 다 했어요" 하고 들어와 버린다. 여동생이랑 남동생이 밭고랑에 앉아 캐다가 "누나가 해 봐, 생각보단 어려워" 하며 호미를 넘겨준다. 감자 고구마 캐기를 내가 얼마나 좋아하는데, 어렵기는 뭘, 하고 밭에 앉았는데, 음, 고구마는 동글동글한 감자보단 캐기가 어렵구나. 길쭉한 고구마가 꼿꼿이 박혀 있어서 자칫 호미로

찍기 일쑤다. 찍혀서 상처 나면 금방 상한다던데, 꼼꼼한 여동생은 흠 없이 캐는데 덜렁이 나는 호미로 찍고, 뽑아 올리다가 중간에 부러뜨리고, 성한 게 드물다. 남동생이 또 한마디. "누나는 그럴 줄 알았다니까. 성규하고 수준이 똑같네." "찍힌 건 빨리 먹으면 되잖아."

그래서 찍힌 거랑 자잘한 것들을 골라서 쪄서 썰어 말리기로 했다. 우리 고향 말로는 고구마 '뺏대기'라고 하는데 찐 고구마를 썰어 말려서 겨우내 간식으로 먹는다. 나는 단 것을 안 즐겨서 고구마를 잘 안 먹는데 뺏대기는 좋아한다.

좀 있다 아이들은 보문단지 놀이공원으로 가고 집이 고요해진다. 마당에 큰 양은솥을 걸고 불을 피워 고구마를 한 솥 쪄 냈다. 그 위에 콩도 꼬투리째로 찐다. 어머니는 마당에서 연기 올리며 불을 피우고, 아버지는 콩밭에서 콩잎을 고르신다. 동생은 장대로 뒷마당의 감을 따고, 나는 평상에서 뒹굴며 〈도덕경〉 몇 구절을 음미한다. 밝은 가을볕 부드러운 바람, 동양화 그림 속으로 들어온 느낌이다.

다 익은 고구마를 썰어서 옥상 위에 널었다. 옥상 위에서 바라보는 마을 풍경. 잘 익은 벼가 살랑대는 논이 노란 시루떡 같다. 한 입 베어 먹고 싶게 포슬포슬하다. 앞집에 조롱조롱 대추나무, 우리 집 붉은 감나무, 마당엔 자줏빛 소국, 길에서 콩을 털고 계신 옆집 할머니. 이 모든 것들을 그윽이 감싸 안고 있는 토함산. 아, 천년 고도 경주 토함산 아래 불국사 옆에 집 한 칸, 이 무슨 황감한 복인가.

고구마 한 상자를 우리 집에서 처치할 수는 없어서 월요일 아침에 쪄서 학교에 가져왔다. 우리 마당에서 직접 캔 거예요. 메이드 인 불국동. 여러 선생님들이 즐거워하며 드신다. 토함산의 음덕, 가을 햇살의 축복이다. 경주 시골집이 주는 선물이 푸짐하다.

— 2009년 10월 19일

몇 해 전에 쓴 글이다. 이 글을 쓴 때보다 두어 해 전에 경주에 살고 있는 여동생 집에 갔다. 작은 아파트 창으로 내다보는 풍경이 좋았다. 울을 대나무로 두른 기와집이 보였다. 어릴 적 할머니 집 같다. 저런 집에 살았으면……. 마음이 간절해진다. 방법이 없을까? 돈이 없으니 살 수는 없고, 설사 돈이 있다 해도 집을 사고파는 일은 가벼운 일이 아니니 머리깨나 굴려야 할 터. 그런 건 질색이다. 소유는 곧 구속이요 근심이다. 소유하지 않고 즐길 수 없을까. 어디 세놓는 시골집 없을까? 당장 부동산 몇 군데 번호를 알아내어 전화기를 눌러보니, 주택은 전세가 잘 안 난단다. 쳇, 실망이다. 그래도 진짜 경주 전체에 전세 놓는 주택이 한 채도 없을까. 그 뒤로 두어 달 경주 부동산 소식에 관심을 가졌다. 한번은 직접 마을에 가서 물어보기도 했다. 정말 전셋집이 없단다. 그러다가 인터넷 벼룩시장 부동산을 검색하기를 며칠. 눈을 확 끄는 임대

광고. 불국사에서 5분 거리. 마당에 텃밭 넓음. 뒷마당에 염소 키우고 있으나 처리할 것임. 연탄보일러. 당장 전화하고 방문하고 며칠 고민했다. 토지만 등기가 되어 있고 집은 무허가다. 주인도 왠지 좀 찜찜하다. 가족들은 말린다. '거기 들어가서 살 것도 아니고, 주말마다 가서 혼자 집을 어떻게 관리하려고 하느냐', '무허가 건물, 자칫하면 전세금도 못 받을 수 있다', '촌집 전세금이 왜 그리 비싸냐' 등등. 다른 이들에겐 그 집에 들어가야 할 이유가 하나도 없어 보였다.

그러나 그 집을 보고 온 뒤엔 자리에만 누우면 집이 눈앞에 어른거렸다. 울타리 밖 논밭으로 확 트인 전망, 광고 그대로 넓은 텃밭. 철망 울타리는 나무들로 가렸다. 무엇보다, 산초나무! 오~ 내 사랑하는 산초나무가 있는 집이라니! 나는 홀랑 넘어가고 말았다. 뭐, 설마 전세금 떼일까. 그리고 최악을 가정해서 그 전세금을 떼인다고 해도 내 인생이 어찌 되랴. 한 달에 며칠이라도 살고 싶은 공간에 살아 봐야지. 결국 계약을 다 끝내고 나서 식구들에게 얘기했다.

처음에 반대하던 식구들도 집을 빌려 놓으니 별장이 생긴 것도 나쁘지 않다 싶은지 즐겁게 집 단장을 했다. 주인들은 벽지만 갈아 준대서 우리가 장판도 새로 깔고 베란다에 직접 페인트칠도 했다(난생 처음). 연탄보일러는 아무리 해도 연탄

불이 안 붙어서 기름보일러로 바꿨다. 어쨌든 전세금 이외의 돈을 제법 들이고 우리는 그 집에서 삼 년 동안 행복하였다. 처음 일 년은 주말에만 간간히 오가다가 2년째엔 부모님이 그곳으로 들어가 사셨다. 마침 부모님 집이 재개발 대상이 되어서 새로운 거처가 필요했던 거다. 앞뒤 마당 스무 평 남짓한 텃밭 농사로 삼 년간 김장까지 담가 먹었으니 본전은 뽑고도 남았으리. 집 나올 때 주인 여자 땜에 몇 달간 괴로움을 당하긴 했지만, 그 집에서 얻은 행복을 그런 자잘한 불편들과 비교할 수 없다.

시골에 사는 사람들이야 우습게 보이겠지만, 도시의 갑갑한 아파트에서 사는 내게 한 달에 두세 번 시골집 생활은 늘 보리밥만 먹다가 모처럼 기름기 흐르는 쌀밥을 먹는 것처럼 차진 행복을 주었다. 시골집답지 않게 마루를 사이에 둔 두 개의 방 앞에 베란다가 있었는데, 전 주인은 거기다가 온통 화분을 들여놓았었다. 심지어 나무를 직접 심어 놓기까지 했다. 마당에 꽃도 나무도 많은데 굳이 베란다까지. 화분을 다 치우고 온라인으로 평상을 하나 주문해서 넣으니 크기가 꼭 맞았다. 어릴 적 살던 시골집에서 내가 제일 좋아하던 장소, 툇마루 흉내를 내게 되었다. 빈 평상만큼 용도가 많은 것도 드물다. 비 오는 날엔 덜 마른 빨래도 걸쳐 놓고, 고추며 콩이며 깨며 곡식들을 말린다. 그런데 내가 집에 가면 그 모든 것들을 걷어내고 평상은 내 차지다. 집에 있는 동안 낮에는 늘 평상에서 뒹굴뒹굴하며 책도 읽고 낮잠도 잔다. 늘 사람들이 오가는 안마루보다 별 쓸모가 없는 것 같았지만 내게는 가장 소중한 공간이었다. 비非실용이 주는 안식과 평화를 평상에서도 절실히 확인할 수 있었다.

3월 말 처음 이사했을 땐 울타리 너머에 마늘밭이 있었다. 그런데 달포쯤 지나니 그 밭이 사라지고 논이 생겼다. 밭에 물을 대어 논을 만든 것이다. 마당에 뿌려 놓은 푸성귀들이 무성하게 자랄 때 모내기한 논에 찰랑찰랑 물이 넘치고 밤이면 개구리가 천지를 떠메고 갈 듯 울어 젖혔다. 그 왕성한 생명력이라니, 세상에는 오로지 개구리들밖에 없는 것 같았다. 그 소리에 마음을 주고 있으면 그냥 무념무상, 복잡한 인간사 번뇌를 잠시 내려놓는다. 개구리들이 자기들이 다 살아 주겠다고 저리 난리지 않은가.

마당 텃밭에 심은 것들. 고추, 오이, 가지, 호박, 배추, 무, 콩, 감자, 고구마, 상추, 들깨, 아욱, 근대, 쑥갓, 당근, 양파……. 처음에 이 조그만 씨앗이 정말 돋아날까 싶었던 것들이 뾰족뾰족 싹이 돋기 시작할 때의 경탄과 기쁨. 일이 주일 만에 가 보면 몰라볼 만큼 쑥쑥 자라 있다. 이른 봄 황량한 흙뿐이었던 텃밭이 두어 달 지나자 거의 숲 수준이 되었다. 아홉 살 때까지 시골에 살면서 보았던, 어렴풋이 기억에 남아 있는 푸성귀들이 늘 그리웠는데, 목마른 이가 벌컥벌컥 물을 들이키듯 자라는 모습을 즐겼다. 사실 힘든 텃밭 일은 부모님이 다 지으셨다. 우리 형제들은 주말에 푸성귀 뜯어서 삼겹살이나 구워 먹고 오니 신선놀음일 수밖에. 다행히 부모님도 즐거워하셨다. 농사를 생업으로 밥줄을 걸고 있으면 물론 마음이 다르겠지만, 그래도 농업은 다른 어떤 일보다 기쁨과 경이가 많은 노동인 것은 분명하다. 생명을 뿌리고 키우고 거두는 일은 기계를 다루는 일과는 차원이 다르지 않겠는가.

어렸을 때의 아스라한 추억으로만 갖고 있던 시골살이를 삼 년 동안 겪어 보니, 시골 마을로 가고 싶은 생각이 더욱 간절해진다. 어쩌다 띄엄띄엄 들르는 객이 아니라 한 동네 사람이 되고 싶다. 어릴 적 고향처럼 집집마다 아이들이 넘쳐나고, 짐승들도 울어 대고, 마을 회관엔 힘센 장년들도 잘 모이는 마을. 동네 마당에서 혼례식을 하고, 장례식도 하던 따뜻하고 흥성거리던 공동체를 회복하고 싶다. 바깥세상으로 향한 나의 가장 큰 꿈은 마을이다. 떠나온 자리로 다시 돌아가는 것. 이제 그날이 멀지 않았다. 삶의 여정은 이렇게 신비한 원형이다.

나중에 너거는 어데 기대 살래

•••
우리 모두가 밀양이다

1

'촛불 켜고 살라 해라.' '살면 얼마나 살겠다고 노인들이 전자파 걱정하나.' '결국 보상금 더 받겠다는 거 아니냐.' '시위만 하면 빨갱이라 욕하던 노인들 한번 당해 보쇼.' '어버이연합 영감들 가스통도 부르시지.'

지난 5월 한전에서 밀양 송전탑 공사를 재개하여 주민들이 격렬히 저항한다는 뉴스가 뜨자 포털 사이트 '다음'에 이런 댓글들이 줄줄이 달렸다. 그야말로 강 건너 불구경, 자신이랑 아무 상관도 없는 타인들의 일일 뿐. 맘껏 놀려 먹어도 아무런 양심의 가책도 느끼지 않는다. 밀양의 노인들이 왜 9년째 싸우고 있는지는 알려고 하지도 않는다. 왜 알몸시위를 하고 무덤을 파고 목 매달 밧줄을 걸어 놓는 극단적인 방법까지 동원할 수밖에 없는지도 관심 없다. 나는 구정물을 뒤집어쓴 느낌으로 그 댓글들에서 빠져 나왔다. 이다지도 무심하고 무지할 수 있단 말인가. 송전탑을 둘러싼 갈등은 밀양의 몇몇 동네, 수십 명 촌로들만의 일이 아니다. 우리의 모든 삶은 전기에 의존해 있다. 우리는 어딘가에서 생산되어 송전되는 전기를 받아서 컴퓨터, 스마트폰, 냉장고, 텔레비전, 전기밥솥, 냉방기, 난방기, 엘리베이터를 이용하며 살아간다. 전기가 멈추면 생활도 멈춘다. 그래서, 그러므로, 우리는 무조건 더 많은 발전소를 짓고 송전탑을 세우라고 요구해야 할까. 그것이 인류를 회복 불능의 재앙에 빠뜨릴 수 있는 핵발전소이며, 그 아래 사는 사람들에게 질병과 끔찍한 소음과 재산상의 손실을 입히는 송전탑이라도, 당신들은 그리 살라고, 나의 편익을 위해서 누군가는 그리 살아 줘야 된다고 말할 수 있는가.

 2012년 1월 송전탑 문제로 오래 싸워 오던 이치우 어른이 분신을 했다. 그 전까진 밀양에서 무슨 일이 일어나고 있었는지 몰랐다. 내가 죽어야 이 일이 끝난다, 라고 외치며 자신의 논에서 몸을 불살랐던 칠십 노인의 이야기가 짧게 언론에 보도되자 그제야 사람들은 밀양을 돌아보게 되었다. 현대문명은 곧 에너지의 변용인데 지금 인류가 의존하고 있는 석탄, 석유, 핵 등의 주된 에너지원들 중 어느 하나 지속가능하지 않다. 에너지의 생산과 소비 방식을 시급히 바꾸지 않으면 인류는 생존이 위험하다. 그런데 체르노빌과 후쿠시마를 보고도 정부는 핵발전소 의존도를 더 높이려 한다. 학교도 언론도 제대로 가르쳐 주지 않으니 국민들은 무관심하고 무지하다. 후쿠시마 핵발전소 사고가 났을 때도 한국으로 날아올 방사능을 좀 걱정하다 말고, 생선을 먹을 때 조금 찜찜해하다 말 뿐이었다. 이런 와중에 밀양 송전탑 싸움을 계기로 우리나라의 에너지 정책이 국민들의 관심사로 떠올랐다. 오랜 세월 외롭게 싸워 온 밀양의 노인들이 지금 우리가 주목해야 할 가장 시급한 문제를 세상의 한가운데로 끌어다 놓은 것이다.

2

밀양 노인들의 목숨을 건 투쟁이 이어지면서 시민들도 차츰 송전탑 문제에 관심을 갖게 되었다. SNS에서도 밀양 이야기가 확산되고 시민과 노동자 조직, 환경단체들이 연대하여 주민들을 응원하는 활동들을 펼쳐 나갔다. 밀양의 할매들은 서울로 올라가서 농성을 하고 국회 앞에서 백팔배를 하고 신부님과 마을 이장님은 단식을 했다. 국회의 중재로 5월 말에 전문가협의체가 꾸려질 때는 희망도 보였다. 한전과 대책위 쪽의 전문가들이 협의해서 좋을 결말을 맺을 수도 있다는 희망. 그러나 부질없는 기대였다. 밀양에서 밀리면 앞으로 다른 곳에서도 송전탑을 세우기 어려우리라는 두려움 때문일까. 사실 밀양의 싸움은 에너지 정책의 근본을 바꾸라는 요구인데, 권력과 기업-핵 마피아들은 그런 의지가 없다. 협상은 한전 쪽의 무성의로 끝나고 몇 달 중단되었던 공사는 수천 명의 경찰 병력의 호위 아래 다시 시작되었다. 송전선이 바로 지나는 경과지가 아닌 지역의 주민들은 보상금을 받기로 했다는 소식도 들린다. 이제 밀양은 끝난 것이 아닌가. 국가가 저렇게 막무가내로 돌진해 들어오는데 힘없는 노인들이 어떻게 막아 낼 것인가.

그러나 노인들은 경찰들과 맞붙어 싸우고 붙잡혀 가면서도 포기하지 않았다. 공사가 시작되고 있는 곳에서도 천막을 치고 한전 직원들을 막아 냈다. 연일 처참한 소식들이 SNS를 타고 흘렀다. 어떻게 하면 좋을까. 멀리서 보고만 있을 것인가. 도시의 벗들을 중심으로 대규모 희망버스단이 조직되었다. 50여 대의 버스가 전국 각지에서 달려왔다. 공사지로 접근하기 위해서 경찰들과 대치하면서 저지선을 뚫고 현장으로 올라가기도 하고 막혀서 돌아오기도 했다. 밤에 밀양역에서 문화제가 열렸다.

공연을 보는 사이사이 지인들을 만나 인사를 하는데 진보 쪽의 웬만한 얼굴들은 다 모여든 것 같았다. 백기완, 홍세화, 문규현, 권영길……. 각 분야별 노동조합과 환경운동단체를 비롯한 시민단체들, 크고 작은 모임들, 쌍용자동차 해고자들, 용산 희생자들, 비정규직 노동자들, 골프장 투쟁위……. 우리들은 왜 이렇게 밀양으로 달려왔을까. 핍박받는 자들의 연대의식, 끼리끼리의 동지의식일까. 단순히 그뿐일까. 아니다. 우리들이 꿈꾸는 세계가 다르지 않기 때문일 것이다. 자연과 마을을 파괴하지 않고 노동자도 농민도 존중받으면서 사는 세상을 만들고 싶은 것이다. 또한 미래 세대의 몫까지 자원을 긁어 쓰고 싶지 않고, 자식들에게 위험한 세상을 물려주고 싶지 않은 것이다. 밀양 송전탑 문제는 더 이상 밀양만의 문제가 아니었다. 밀양을 기점으로 문명의 전환을 트는 물꼬를 낼 것인지, 기존의 관성대로 흘러가다가 막다른 벽에 부딪힐 것인지의 문제였다. 《녹색평론》 김종철 선생이 강조하는 말처럼 지금 우리 문명은 전환 아니면 자멸의 위기에 와 있다.

3

 작년 여름 송전탑 반대 시위를 하고 있는 농성장과 철탑 예정지 현장을 처음으로 찾았다. 노인들을 만난 느낌은 신선했다. 할머니들은 자신들이 하는 일의 의미를 명확히 알고 있었다.

 "우리가 그동안 공부를 엄청 했다. 할매들이 모두 전기 박사가 다 됐다 아이가. 기후온난환가 멋인가로 이제 농사지을 땅도 자꾸 줄어든다 카는데, 우리 밀양이라도 지켜야 안 되겠나. 우리야 전자파로 죽어도 괜찮다. 그런데 아아들을 우짤끼고. 밀양에다가 송전탑을 오십 몇 개를 지어 놓으면 누가 이 땅에 들어와 살라카겠노. 이래 농사지을 땅을 망쳐노믄 앞으로 뭐 묵고 살끼고. 묵는 거를 지 나라에서 해결 못 하고 수입만 해대믄, 불안해서 우째 살겠노. 그래갖고 나라가 되겠나. 참말로 커는 아아들이 불쌍타."

 노인들이 하나같이 하시는 말씀이 있다. 법원에 탄원서를 내면서 약속이나 한 듯 같은 구절을 쓰셨다. "저는 아무 욕심이 없습니다. 지금 요대로만 살게 해 주이소." 송전탑 공사지에서 전기톱으로 나무를 자르는데 끝까지 나무를 껴안고 서 있었던 한 할머니는 이렇게 외치셨다. "이 나무는 나와 같이 평생을 살아온 나무다. 이런 나무들을 다 잘라 내면 나중에

너거는 어데 기대 살래." 한 할머니는 통곡을 하며 외친다. "정부가 뭡니까. 정부라는 게 뭐하러 있는 겁니까. 국민들을 살리는 게 정부 아닙니까. 와 내 땅에서 내가 살지도 못하게 만듭니까!" 또 다른 할머니는 한전의 고소로 경찰서에 끌려가서 조사를 받으며 이렇게 대답했단다.

"움막은 누가 지었나? 구덩이는 누가 팠냐?"

"내가 죽을 구디다. 쇠사슬도 달아놨다. 끌키갈피사 깨끗하게 죽을라꼬 달아놨다."

"대표가 누구냐?"

"내다. 강도가 들오모 남이 싸우나? 내가 싸워야 될 거 아이가? 내가 대표다. 강도가 처들어와서 내 재산 내놔라문 그냥 내놓을끼가? 몬 내놓는다꼬 싸우다가 빼끼도 빼끼야 될 거 아이가? 내 목숨을 빼뜰어가야 재산을 가갈 수 있다."

— '카페 헤세이티' 페이스북

아, 할머니들은 지혜롭고 용감하고 처절하다. 밀양 소식을 듣고 있으면 가슴에 눈물이 고인다. 전기는 눈물을 타고 흐른다. 그리고 우리에게 묻는다. 국가란 무엇인가. 누구의 국가이며 누구를 위한 국가인가.

얼마 전 밀양 희망버스 집회 때, 공사 현장으로 줄지어 올라가는 '외부 세력'들을 보고 주민들은 박수를 치며 환영을 했다. 그날 밤엔 동네마다 잔치라도 하듯 들썩거렸다. 할매들은 호박죽을 끓이고 돼지를 잡아 '동지'들을 맞았다. 그런데 낮에 공사 현장 입구에서 경찰들과 대치하다 내려오는 우리에게 마을 입구에서 간이식당을 하는 한 주민은 말했다. 고맙긴 하지만 이미 끝난 싸움 아니냐고. 자신도 옛날엔 피 터지게 싸웠지만 이제는 어쩔 수 없지 않느냐고. 국가를 어떻게 이길 거냐고 말했다. 그래, 대부분이 그렇게 생각할 것이다. 어쩔 수 없지 않느냐. 그런 날이 올지도 모른다. 더 이상 어쩔 수 없는 날이. 그러나 할머니들은 오늘 모여서 싸운다. 이것은 오늘의 일이다. 앞으로 어떤 일이 일어날진 모른다. 희망을 말하지만 손쓸 수 없는 절망에 빠질 수도 있다. 그러나 할머니들의 눈물겨운 투쟁으로 많은 사람들이 밀양의 문제가 나와 무관한 당신들의 일만이 아니라 우리 모두의 일이라는 것을 깨달아 가고 있는 중이다. 변화는 이렇게 오는 것이 아닐까.

밀양에 있는 절에 열심히 다니는 후배 교사가 있다. 며칠 전 송전탑 마을 할머니 한 분이 절에 오셨더란다.

"운동하는 사람들이 우리 동네에 일 도와주러 왔는데 어찌나 싹싹하고 일도 잘하는지, 구들도 놓아 주고 못 하는 일이 없더라' 그러셔서 처음엔 못 알아듣고 '할머니 무슨 운동 하세요?' 물었어요. 스님이 먼저 알아듣고 '이 보살님이 운동권 할매 아이가. 잘 모셔라' 하시데요."

이 산골 할매의 입에서 '운동'이란 말이 자연스레 나올 줄을 생각도 못 했던 것이다. 이제 할머니들은 우리 민주주의 역사에서 최고령의 운동권 투사들이 되셨다.

"그 할머니가요, 얼굴은 쪼글쪼글 늙으셨는데 눈에서 반짝반짝 빛이 나고 기상이 보통 노인들하고 달랐어요."

이해가 된다. 일본군위안부 싸움을 오래 한 할머니들에게서도 그런 것을 느꼈다. 20년이 넘도록 수요집회를 이어 나가고 외국에 나가서 위안부 실상을 알리며 인권운동에 뛰어든 할머니들은 더 이상 나약하고 불쌍한 피해자가 아니었다. 그분들의 모습을 보면서 새삼 느꼈다. 고난과 투쟁이 불행이기만 한 것은 아니다. 새로운 삶의 전기, 더 큰 세계로 발을 내디디며 상처받고 폐쇄된 자아를 넘어서 확장된 세계를 껴안는 것이다. 성장은 청소년들만 하는 것이 아니다. 백발의 할머니에게도 영혼의 성장은 멈추지 않는다. 분노와 고통과 눈물 속에서 우정과 연대의 기쁨을 느낀다. 큰 사랑 안에서 모두가 하나라는 것을 깨닫는 것은 생의 신비며 축복이다. 이런 것이 삶의 의미인 것이다. 송전탑 싸움의 성패 여부를 떠나서

이 할머니들의 아름답고 처절한 투쟁이 수포로 돌아갈 리는 없다. 우리의 근원인 고향과 모성의 외침은 오래 미망을 헤매어 온 우리들에게 진짜 삶이 무엇인지, 진정 우리 문명의 방향이 어디로 흘러갈 것인지를 깨우쳐 주고 있다.

희망버스가 다녀간 다음 날인가 송전탑 경과지 마을 할아버지 한 분이 농약을 마셨고, 결국 며칠 뒤 돌아가셨다. 이치우 어른에 이은 두 번째 희생. 유한숙 할아버지. 경찰은 처음에 송전탑과는 관련 없는 신변 비관 자살이라고 언론에 흘렸다. 그리고 그날도 공사는 어김없이 진행되었다. 참으로 잔인한 권력이다. 권력의 힘은 국민에게서 나오건만, 그들은 단 한 번 선거 때만 고개를 숙일 뿐이다. 국민들은 이런 권력에 속고 또 속는다. 직접 당하기 전까진 환상에서 벗어나지 못한다.

대책위에서는 송전탑 공사를 중단할 때까지 장례를 연기하고 밀양 시내 영남루 앞에 분향소를 차리려 했다. 그러나 경찰들이 달려들어 천막을 찢고 주민들을 겁박했다. 비까지 몰아치는 엄동설한에 바닥에 까는 '파레트(팰릿pallet)' 몇 장도 용납하지 않다가 국가인권위원회와 민주당 의원의 중재로 겨우 바닥을 깔았다. "파레트 위에서 먹는 소고기 국밥이 꿀맛이다. 마치 프랑스혁명의 바리케이드를 연상케 한다. 비닐 천막 위로 빗방울이 떨어진다." 사진작가 장영식 선생이 페이스북에 쓴 글을 읽는데 울컥 눈물이 솟구친다.

겨울 칼바람 속에서 고령의 노인들이 노숙을 하며 분향소를 지키고 추모문화제를 열었다. 멀고 가까운 곳에서 몰려든 시민들이 모여 고인을 추모하고 남은 자들을 위로하는 촛불을 들었다. 서울에서도 분향소를 지으려 했지만 경찰들이 달려들어 모두 박살을 내 버렸다. 그러나 또다시 밤을 새워 분향소 천막을 차렸다. 이런 와중에 정부는 에너지기본계획 공청회를 연다면서 일반 시민들의 출입을 한사코 막았다. 공청회장 밖에서 밀양에서 올라온 주민과 할머니들은 외쳤다.

"우리도 따뜻한 곳에서 자고 싶고, 영화도 보고 드라마도 보며 편안히 쉬고 싶습니다. 그런데 왜 이렇게 오랫동안 우리를 거리에 내몰아서 싸우게 합니까. 정부는 왜 국민들 말을 듣지 않습니까. 내 고향이 통영인데 여름에 대통령이 물고기가 죽었다고 통영까지 왔습니다. 그런데 밀양에서 사람이 죽었는데 한번 들여다보지도 않습니까. 분향소 하나를 못 차리게 합니까. 오직 민생만 생각한다던 정부가 어찌 우리에게 이럴 수가 있습니까."

주민들의 분노가 얼마나 극에 달했는지를 '외부인'들은 짐작만 할 뿐이다. 마음만 같으면 그 '정부'라는 자들을 데려다 무릎을 꿇어앉히고 싶었다. 엄동설한에 천막도 못 치고 노숙을 하며 분향소를 지키는 노인들은 지칠 대로 지쳤다. 내일 또 어떤 상황이 발생할지, 이 지루하고 처절한 밀양의 싸움이 어떻게 전개될지 알 수 없다. 분명한 것은 전기 없이는 살지 못하는 우리 중 누구도 밀양과 무관한 사람은 없다는 것이다. 우리 모두가 밀양이다.

쌀과 고구마와 감자와 초콜렛과 돼지고기 등뼈 등등을 한 트럭분이나 싣고, 눈이 와 언 길을 기다시피 하며 천안 한국순교복자 수녀님들이 밀양에 오셨습니다. 너른마당과 분향소와 움막을 지키는 부북 어르신들께도 다녀갔습니다. 밀양 사는 주민들도 비닐만 겨우 친 분향소에서 밤을 지새우는 어르신들을 위해 따뜻한 옷을 가져오셨습니다. "을매나 추우꼬" 하시면서……. 어르신들은 말씀하셨습니다.

"우리는 몰랐는기라. 자기 일도 아닌데 자기 일처럼 남을 돕는 사람들이 이렇게 많다는 걸 참말로 몰랐데이. 을매나 고마운지……. 이젠 우리도 그렇게 살끼라."

— '밀양' 페이스북

이렇게 글을 맺을 생각이었다. 또 다른 주민 한 분의 음독이 일어나지 않았고, 대책위에서 제발 도와달라는 간절한 호소문이 없었다면, 그리고 〈조선일보〉 기사를 읽지 않았다면······.

4

〈조선일보〉가 웬일로 밀양 이야기를 톱기사로 썼나 했다. 첫 문단이 외부 세력 트집이다.

새만금 송전선로를 반대해 온 전북 군산 주민들에게도 경남 밀양처럼 연대 투쟁하자는 외부 세력이 있었다. 그러나 반대 대책위는 상대인 한전을 믿고 그 유혹을 뿌리치며 협상에 최선을 다했다.

— '송전탑 합의' 군산은 밀양과 달랐다, 〈조선일보〉, 2013년 12월 12일

토요일, 다시 밀양에 갔다. 희망버스가 다녀간 뒤 유한숙 할아버지께서 음독 자결을 하셔서 마음이 무척 불편한 터였다. 어르신들에게 희망고문을 하는 건 아닌가. 정말 〈조선일보〉 말대로 외부 세력 때문에 주민들이 더 힘든 건가. 타협? 수용? 혼자서 마음이 어지러웠다. 그런데 또 다른 여성 주민 한 분이 음독을 하셨다. 다시 밀양을 찾지 않을 수가 없었다. 얼기설기 비닐 천막 아래 붉은 조끼를 입고 모자를 쓴 주민들이

이십여 명 앉아 계셨다.

"군산에선 타협을 했다대요."

"그렇다카데."

"거긴 밀양하고 상황이 많이 다르대요. 기존선에서 우회하기로 했고 바로 동네 앞으로 지나는 건 하나 정도고, 크기도 345킬로볼트, 밀양보다는 작고. 근데 〈조선일보〉에선 밀양은 외부 세력 땜에 타협이 안 되고 싸움만 한다고 하던데요."

주민들이 하나같이 발끈한다.

"외부 세력은 무슨! 그기 다 거짓말입니데이. 우리가 9년 동안 싸워 왔어요. 우리 집 우리 땅에서 사람이 못 살게 됐는데, 우리가 목숨 걸고 싸우는 거라요. 신문이고 방송이고 전부 거짓말이고, 요새는 보도도 안 해 주잖아요. 촌사람들이라고 무시하지 말라카이소. 꺼주구리해 보여도 우리도 공부 많이 했습니다. 우리도 알 만큼 압니더. 우리는 끝까지 싸울 거라요."

"동화전마을 주민 한 분은 이미 끝나지 않았냐고 하시던데······."

"그기 문제 아입니까. 해 보지도 안 하고 안 된다 하니 뭐가 되겠습니까. 찬성하는 사람들은 바로 경과지가 아닌 기라예. 경과지 주민들은 찬성할 수가 없습니더. 그라고 바깥사람들이 찾아와서 우리 도와주고 하는 거 참말로 고맙습니데이. 안

그라면 우리 촌할마이들이 얼마나 외로불낀데. 저번에 희망 버스 왔을 때도 어찌나 좋고 고맙던지. 우리 끝까지 싸울게예. 마이 알려주고 도와주이소. 이래 찾아와 줘서 참말로 고맙습니데이."

"이렇게 싸워 주셔서 저희가 정말 고맙습니다."

인사하고 나오는데 서로 눈시울이 붉어진다. 이것이 주민과 외부 세력의 관계요 마음이다. 서로 고맙고 가슴 뭉클한 것. 대단히 불순한 의도를 가진 악의 집단인 것처럼 묘사하는 외부인은 고통받고 있는 이웃을 외면하지 못하는 사람들일 뿐이다. 이웃의 고통이 곧 나의 고통이며 세계는 근원적으로 하나로 연결되어 있다는 것을 깨달은 사람들이다. 그런데 지배자들에게는 피지배자들의 우정과 연대가 공포인가 보다. 분리된 개인으로 있을 때 지배할 수 있기 때문이다. 다수가 깨어나는 것, 진실을 보게 되는 것, 서로 연대하는 것은 권력에겐 최악의 상황일 것이다.

그러나 이는 그들의 무지와 미망 때문이다. 그들도 이기심으로 분리되어 있지 말고 큰 사랑 속으로 들어오면 될 텐데. 세계는 원래 하나. 나도 없고 너도 없는 대동세상이다. 지혜의 눈을 뜨고 집착과 탐욕에서 해방되면 된다. 그것이 진정 천국이요, 불국토다.

하지만 여기는 여전히 분리의 미망을 즐기는 사바세계. 또 다른 보수 신문에서는 저번 희망버스 집회 때 송전탑과 관계도 없는 반핵 구호가 나왔다고 썼다. 이건 필자가 바보거나 독자를 바보로 보는 거다. 핵발전소 때문에 이런 대규모 원거리 송전탑을 세워야 한다는 건 초딩도 아는 사실. 밀양의 주장 하나는 이것이다. 먼 바닷가에 핵발전소 그만 짓고 소비지 가까운 곳에서 재생에너지 만들어 쓰자. 햇빛도 바람도 강물도 쓰레기도 모두 전기의 재료다. 왜 십만 년도 더 독을 뿜는 핵만 고집하는가. 독일은 햇빛과 바람 조건이 우리보다 더 안 좋은데도 2050년까지 100% 재생에너지로 바꿀 예정이다. 현재까지 목표를 초과 달성하고 있단다.

그날 저녁 분향소가 있는 영남루에서 열린 촛불 문화제에서 지난여름 치열하게 싸웠던 주민들의 영상을 보여 주었다. 한전 직원이 마을에 나타나니 아주머니 한 분이 외친다.

"여기 뭐할라고 왔노! 가서 공부해라. 우리도 날마다 공부한다. 너거는 책상에 앉아서 뭐하노. 촌사람들 땅 뺏을 생각 말고 가서 공부해라. 공사하고 보상 줄 돈으로 기술 개발해라. 핵발전소 안 지으면 송전탑 필요 없잖아. 너거가 쓸 전기는 너거 땅에서 만들란 말이다.

공부하고 개발해라!"

아, 공부란 말이 이처럼 실감 나게 들린 적은 없었다. 밀양 어르신들은 살아 있는 공부, 살기 위한 공부를 하고 계시다. 공부해라. 진짜 공부를 좀 해라. 무식하면 짓밟힌다. 무관심해도 당한다. 안녕하지 못한 국가, 안녕하지 못한 국민들이여, 우리 모두 안녕하기 위해 진짜 공부 좀 하자.

| 시인의 교실에 놓인 책들 |

1부 시, 이 좋은 공부

- **씨앗 뿌리는 사람**
  이육사, 〈광야〉, 《광야》, 미래사, 2002
  윤동주, 〈십자가〉, 《별 헤는 밤》, 민음사, 1996

- **있는 그대로 족하다**
  두보, 〈강촌〉, 《문학Ⅱ》, 천재교과서

- **만물은 변화한다 - 절망을 극복하는 시 1**
  한용운, 〈님의 침묵〉, 《님의 침묵》, 미래사, 2002

- **나보다 크고 높은 것 - 절망을 극복하는 시 2**
  백석, 김재용 편, 〈남신의주 유동 박시봉방〉, 《백석전집》, 실천문학사, 2003

- **詩, 애프터서비스**
  이창동 감독, 〈시〉, 2010

- **시의 힘**
  비스와바 쉼보르스카, 〈경이로움〉, 《끝과 시작》, 문학과지성사, 2007
  파블로 네루다, 〈시〉, 《네루다 시선》, 민음사, 2007

파블로 네루다, 〈우리는 질문하다가 사라진다〉, 《문학 II》, 지학사
조향미, 〈함양 군내버스〉, 《그 나무가 나에게 팔을 벌렸다》, 실천문학사, 2006
김용규, 《철학카페에서 시 읽기》, 웅진지식하우스, 2011
옥타비오 파스, 《활과 리라》, 솔출판사, 1998

• 나도 시를 와싹 깨물어 먹었으면

김상욱, 《시의 길을 여는 새벽별 하나》, 푸른나무, 1998

2부 문학이 우리를 풍요롭게 할지니

• 소매를 부여잡는 이별

최명희, 〈몌별〉, 《문학시간에 소설읽기 1》, 나라말, 2004

• 어린 왕자와 희망버스

생텍쥐페리, 《어린 왕자》, 문학동네, 2007

• 성장하는 수업

최시한, 〈허생전을 배우는 시간〉, 《모두 아름다운 아이들》, 문학과지성사, 1996

• 그 겨울, 길 위의 청춘들

김승옥, 〈서울, 1964년 겨울〉, 《20세기 한국소설》 19권, 창비, 2005
황석영, 〈삼포 가는 길〉, 《20세기 한국소설》 25권, 창비, 2005

• 자유와 사랑의 광장

최인훈, 〈광장〉, 《광장/구운몽》, 문학과지성사, 1996

- 소유와 자유

  박지원, 〈광문자전〉, 《호질·양반전·허생전(외)》, 범우사, 2000
  박지원, 〈허생전〉, 《호질·양반전·허생전(외)》, 범우사, 2000

- 하늘과 땅과 사람

  톨스토이, 《부활》, 민음사, 2003
  톨스토이, 《참회록》, 범우사, 1998
  톨스토이, 《안나 카레니나》, 민음사, 2009

3부 나는 우리가 될 수 있을까

- 꽃도둑과 낙서회

  이시백, 《나는 꽃도둑이다》, 한겨레출판, 2013
  김수영, 〈하…… 그림자가 없다〉, 《김수영 전집 1》, 민음사, 2003

- 교사는 무엇으로 사는가

  이계삼, 《청춘의 커리큘럼》, 한티재, 2013

- 그 많은 수업 시간은 다 뭐란 말인가

  KBS 드라마, 〈학교 2013〉, 2013
  나태주, 〈풀꽃〉, 《이야기가 있는 시집》, 푸른길, 2006

- 영혼과 제도

  톰 후퍼 감독, 〈레 미제라블〉, 2012
  빅토르 위고, 《레 미제라블》, 동서문화사, 2002
  신동엽, 〈누가 하늘을 보았다 하는가〉, 《누가 하늘을 보았다 하는가》, 창비, 1989

- 싸울까, 사귈까
  강수돌, 《팔꿈치 사회》, 갈라파고스, 2013

- "세상은 우리가 모르는 것들로 가득하다"
  호소다 마모루 감독, 〈늑대아이〉, 2012

4부 고향으로 가는 길

- 소사(小便), 소사(小事)
  오기가미 나오코 감독, 〈카모메 식당〉, 2006

- 비, 바다, 집
  정철, 〈관동별곡〉, 《송강가사》, 지식을만드는지식, 2012

- 웨하스를 먹는 밤
  김태완, 《선으로 읽는 금강경》, 고요아침, 2004
  허진호 감독, 〈봄날은 간다〉, 2001

- 물이여, 흐름이 저와 같구나
  헤르만 헤세, 《싯다르타》, 민음사, 2002

교육공동체 벗

교육공동체 벗은 협동조합을 모델로 하는 작은 지식공동체입니다.
협동조합은 공통의 목적을 가진 사람들이 모여서 만든
권력과 자본으로부터 독립된 경제조직입니다.
교육공동체 벗의 모든 사업은 조합원들이 내는 출자금과 조합비로 운영됩니다.
수익을 목적으로 하지 않기에 이윤을 좇기보다
조합원들의 삶과 성장에 필요한 일들과
교육운동에 보탬이 될 수 있는 사업들을 먼저 생각합니다.
정론직필의 교육전문지, 시류에 휩쓸리지 않는 정직한 책들,
함께 배우고 나누며 성장하는 배움 공간 등
우리 교육 현실에 필요한 것들을 우리 힘으로 만들고 함께 나누고 있습니다.

조합원 참여 안내

출자금(1구좌 일반 : 2만 원, 터잡기 : 50만 원)을 낸 후 조합비(월 1만 원 이상)를 약정해 주시면 됩니다. 조합원으로 참여하시면 교육공동체 벗에서 내는 격월간 교육전문지 《오늘의 교육》을 받아 보실 수 있습니다. 매월 온라인으로 발행하는 조합 회지 〈벗마을 이야기〉도 보실 수 있습니다. 출자금은 종잣돈으로 가입할 때 한 번만 내시면 됩니다. 조합을 탈퇴하거나 조합 해산 시 정관에 따라 반환합니다. 터잡기 조합원은 벗의 터전을 함께 다지는 데 의미와 보람을 두며 권리와 의무에서 일반 조합원과 차이는 없습니다. 아래 홈페이지나 카페에서 조합 가입 신청서를 내려받아 작성하신 후 메일이나 팩스로 보내 주세요.

홈페이지 communebut.com
카페 cafe.daum.net/communebut
이메일 communebut@hanmail.net
전화 02-332-0712, 070-8250-0712
팩스 0505-115-0712

교육공동체 벗을 만드는 사람들

※ 하파타 순

후쿠시마 미노리, 황호연, 황지영, 황정하, 황정일, 황정인, 황정원, 황정욱, 황이경, 황은복, 황윤호성, 황승옥, 황순임, 황봉희, 황미숙, 황기철, 황금희, 황규선, 황귀남, 황고운, 홍혜숙, 홍유지, 홍용덕, 홍순성, 홍세화, 홍성은, 홍성구, 홍석근, 홍미영, 현복실, 현미열, 허효인, 허진희, 허은실, 허수옥, 허성균, 허보영, 허기영, 허광영, 함점순, 함영기, 한학범, 한지희, 한지혜, 한정혜, 한은숙, 한영숙, 한영선, 한숭모, 한소영, 한성찬, 한상업, 한봉순, 한민혁, 한만중, 한날, 한기현, 한경희, 하혜영, 하정호, 하인호, 하외정, 하승ुन, 하승수, 하순배, 하랑봉, 탁동철, 최희성, 최화근, 최현미a, 최현미b, 최탁, 최창기, 최진규, 최지혜, 최주연, 최종순, 최종민, 최정윤, 최정아, 최은희, 최은정, 최은아, 최은순, 최은숙, 최은숙b, 최은미, 최은경, 최윤미, 최원혜, 최영식, 최영란, 최연희, 최연정, 최애영, 최애리, 최승宗, 최승복, 최승범, 최설빈, 최선영a, 최선영b, 최봉선, 최보람, 최병우, 최미영, 최미선, 최미나, 최미경, 최문정, 최문선, 최류미, 최대현, 최기호, 최광용, 최광락, 최경미, 최경련, 채효정, 채현숙, 채종민, 채옥엽, 차종숙, 차유미, 차용훈, 진현, 진주형, 진유미, 진용용, 진영효, 진영준, 진수영, 진낭, 지정순, 지은미, 지윤경, 지수연, 주윤아, 주순영, 주수원, 주경희, 조희정, 조형식, 조형숙, 조향미, 조해주, 조하늘, 조프로, 조진석, 조지연, 조준혁, 조주원, 조정희, 조인재, 조용현, 조윤성, 조원배, 조용진, 故조영희(명예조합원), 조영현, 조영옥, 조영실, 조영선, 조영란, 조여은, 조여경, 조수진, 조성희, 조성진, 조성연, 조성실, 조성대, 조선주, 조석현, 조석영, 조상회, 조문경, 조두형, 조경원, 조경애, 조경아, 조경삼, 제납모, 정희영, 정희선, 정홍윤, 정혜령, 정현주a, 정현주b, 정현숙, 정현숙b, 정혜레나, 정춘수, 정철성, 정진영a, 정진영b, 정진규, 정종민, 정재학, 정인영, 정이든, 정은희, 정은주, 정은균, 정유진a, 정유진b, 정유숙, 정유섭, 정원석, 정용주, 정영현, 정영수, 정애순, 정수연, 정상희, 정부교, 정보라a, 정보라b, 정미옥, 정미라, 정명옥, 정명영, 정득년, 정남주, 정광호, 정광필, 정광일, 정관모, 정경진, 정경원, 전혜원a, 전혜원b, 전정희, 전유미, 전상보, 전보선, 전병기, 전민기, 전미학, 전미옥, 전미영, 전란희, 장효영, 장흥월, 장혜진, 장행주, 장진우, 장주섭, 장종성, 장재혁, 장인하, 장인수, 장은하, 장은미, 장용영, 장원영, 장영희, 장영경, 장시준, 장슬기, 장선영, 장선아, 장상훈, 장병학, 장도현, 장근영, 장군, 장경훈, 임혜정, 임향신, 임한철, 임지영, 임중혁, 임종길, 임정은, 임전수, 임양미, 임수진, 임성준, 임성빈, 임성무, 임선영, 임상진, 임명택, 임동헌, 임덕연, 임금록, 이희옥, 이효진, 이화현, 이호진, 이혜정, 이혜숙, 이혜린, 이형빈, 이현주, 이현종, 이현, 이혁라, 이향숙, 이한진, 이태영a, 이태영b, 이태구, 이충이, 이충근, 이초록, 이창진, 이진희, 이진해, 이진주, 이진숙, 이지현, 이지향, 이지향a, 이지영b, 이지연, 이중석, 이준구, 이주희, 이주탁, 이주영, 이종찬, 이종은, 이정희a, 이정희b, 이정희c, 이정현, 이정윤, 이재형, 이재익, 이재두, 이인사, 이용휘, 이은희, 이은진, 이은주a, 이은주b, 이은주c, 이은영a, 이은영b, 이은숙, 이은경, 이유엽, 이유순, 이유선, 이유미a, 이유미b, 이용경, 이용진, 이월녀, 이원주, 이원님, 이운서, 이우진, 이용환, 이용식a, 이용석b, 이용춘, 이영기, 이영화a, 이영화b, 이영호, 이영호b, 이영혜, 이영주a, 이영주b, 이영아, 이영선, 이영상, 이연진, 이연주, 이연숙, 이연수, 이애영, 이승헌, 이승태, 이승윤, 이승영, 이승연, 이승아, 이슬기a, 이슬기b, 이슨임, 이수정a, 이수정b, 이수미, 이소형, 이성원, 이성숙, 이성수, 이성구, 이설희, 이선희, 이선표, 이선용, 이선영, 이선애a, 이선애b, 이선미, 이상훈, 이상화, 이상직, 이상원, 이상영, 이상미, 이상대, 이분자, 이보라, 이병준, 이병백, 이범희, 이번호, 이민아, 이민덕, 이민주, 이민수, 이미옥, 이미영, 이미연a, 이미연b, 이미숙a, 이미숙b, 이미라, 이미, 이명훈, 이명형, 이매남, 이동철, 이동준, 이동범, 이동갑, 이도종, 이도연, 이덕주, 이남숙, 이난영, 이나경a, 이나경b, 이기규, 이근희, 이근철, 이근준, 이근영, 이균호, 이교열, 이광연, 이관형, 이계남, 이경진, 이경은, 이경옥, 이경연, 이경아, 이경립, 이건진, 이건민, 이갑순, 윤홍은, 윤지형, 윤종원, 윤우람, 윤영훈, 윤영희, 윤영백, 윤여강, 윤승용, 윤식, 윤상혁, 윤병일, 윤룬이, 육신혜, 유효성, 유재율, 유순아, 유영길, 유성희, 유성상, 위양자, 원지영, 원종희, 원윤희, 원실제, 우창숙, 우지영, 우완, 우수경, 우성조, 우경숙, 오혜원, 오혜영, 오현진, 오중근, 오정희, 오은정, 오은경, 오유주, 오유진, 오승훈, 오수민, 오세희, 오세연, 오세란, 오상철, 오민식, 오명환, 오동석, 오승국, 염정화, 염정화, 여회영, 여태전, 엄창호, 엄지선, 엄재훈, 엄영숙, 엄기호, 엄귀영, 양희전, 양해준, 양지선, 양은주, 양순숙, 양윤신, 양영회, 양애정, 양선영, 양선영, 양상기, 양동기, 안효빈, 안혜초, 故안혜영(명예조합원), 안찬원, 안지현, 안지욱, 안준철, 안정선, 안정민, 안재성, 안윤숙, 안용덕, 안옥수, 안숙역, 안선영, 안상태, 안경화, 심항일, 심은보, 심승희, 심수환, 심동우, 심규장, 심경일, 신홍식, 신혜선, 신혜경, 신충일, 신창호, 신장북, 신중휘, 신은정, 신은숙, 신은주, 신은경, 신소희, 신미옥, 신귀아, 신관식, 송화원, 송호영, 송혜란, 송현주, 송진아, 송정은, 송용석, 송숭훈, 송슨재, 송명숙, 송근희, 손호만, 손현아, 손진근, 손재덕, 손은경, 손소영, 손명선, 소수영, 성현주, 성현석, 성주연, 성유진, 성용혜, 성열판, 성나래, 설은주, 설원민, 선미라, 석경순, 서혜진, 서혜원, 서정오, 서인선, 서은지, 서윤수, 서우철, 서예원, 서슨일, 서명숙, 서금자, 서경훈, 서강선, 상형규, 복현수, 복준수, 변현숙, 백홍미, 백찬연, 백인식, 백영호, 백성범, 백기열, 배내철, 배희숙, 배주영, 배승환, 배정현, 배정원, 배일훈, 배이상현, 배영진, 배아영, 배성호, 배기표, 배경내, 방득일, 반영진, 박회진, 박희영, 박효정, 박효수, 박환조, 박혜숙, 박형진, 박형일, 박현희a, 박현희b, 박현주, 박현숙, 박현선, 박찬애, 박찬배, 박철호, 박진환, 박진숙, 박진수, 박진교, 박지희, 박지홍, 박지인, 박지원, 박중하, 박정현, 박정아, 박정미, 박재현, 박은하, 박은정, 박은아, 박은성, 박은경, 박예진, 박윤미, 박윤회a, 박윤회b, 박용빈, 박용선a, 박용선b, 박용규, 박영미, 박영희, 박신자, 박숭호, 박숙현, 박수현, 박수진a, 박수진b, 박수연, 박소영, 박성현, 박성찬, 박성규, 박선혜, 박선영, 박복선, 박미희, 박명희, 박명진, 박명숙, 박동혁, 박정도, 박덕수, 박대성, 박노해, 박노한, 박나실, 박고형준, 박계도, 박경화, 박경진, 박경주, 박경이, 박경숙, 박건형, 박건진, 민형기, 민애경, 민병성, 미류, 문회영, 故문홍빈(명예조합원), 문진숙, 문지훈, 문용석, 문영주, 문순창, 문순옥, 문수현, 문수영, 문수경, 문세이, 문성철, 문봉선, 무미절, 문명순, 믄 경희, 모은낑, 노녕와, 냉수민,

마연주, 마승희, 럼보, 류혜선, 류형우, 류창모, 류지남, 류정희, 류재향, 류원정, 류우종, 류영애, 류명숙, 류근란, 류경원, 도정철, 도인정, 도방주, 데와 타카유키, 노영필, 노영민, 노상경, 노미화, 노미경a, 노미경b, 노경미, 남효숙, 남주형, 남정민, 남유경, 남원호, 남예린, 남선우, 남미자, 남동현, 남궁역, 날맹, 나규환, 김희정, 김희옥, 김흥규, 김훈태, 김효정, 김효숭, 김환희, 김홍규, 김혜영, 김혜민, 김혜림, 김형우, 김형영, 김형렬, 김형근, 김현진, 김현은, 김현주, 김현조, 김현정, 김현영, 김현명, 김현실, 김현선, 김현경, 김현, 김헌택, 김필임, 김태옥, 김태우, 김춘성, 김천영, 김창진, 김찬영, 김진희a, 김진희b, 김진숙, 김진명, 김진, 김지훈, 김지현, 김지연a, 김지연b, 김지양, 김지미, 김지광, 김중미, 김준휘, 김준연, 김준산, 김주립, 김주기, 김종현, 김종원, 김종옥, 김종성, 김종만, 김정회, 김정현, 김정주, 김정식, 김정섭, 김정삼, 김정기, 김정규, 김재황, 김재원, 김재민, 김장환, 김인순, 김이은, 김이상, 김이민경, 김은희, 김은파, 김은주, 김은영a, 김은영b, 김은아, 김은식, 김은숙, 김은남, 김은규, 김은경, 김윤창, 김윤주a, 김윤주b, 김윤정, 김윤자, 김윤우, 김유미, 김유영, 김우, 김용훈, 김용양, 김용섭, 김용만, 김용란, 김용기, 김요한, 김영희a, 김영희b, 김영진a, 김영진b, 김영진c, 김영주a, 김영주b, 김영주c, 김영자, 김영아, 김영순, 김영삼, 김연정, 김연일, 김연오, 김연미, 김애숙, 김애령, 김시내, 김승규, 김순희, 김순천, 김수현a, 김수현b, 김수진a, 김수진b, 김수진c, 김수정a, 김수정b, 김수정c, 김수경, 김소희a, 김소희b, 김소영, 김세호, 김성진, 김성중, 김성애, 김성욱, 김성수, 김성보, 김설아, 김선희, 김선우, 김선산, 김선구, 김선경, 김석준, 김석규, 김상희, 김상정, 김상일, 김상숙, 김상남, 김상기, 김봉석, 김보현, 김병희, 김병훈, 김병주, 김병섭, 김병기, 김범주, 김방년, 김민희, 김민수a, 김민수b, 김민곤, 김민결, 김미향a, 김미향b, 김미향c, 김미진, 김미정, 김미숙, 김미선, 김미라, 김무영, 김묘선, 김명희, 김명섭, 김록성, 김동현, 김동춘, 김동일, 김동이, 김도형, 김도현, 김도연, 김도석, 김대현, 김대성, 김다희, 김다영, 김남철, 김남규, 김나혜, 김기용, 김기오, 김기언, 김규향, 김규태, 김규리, 김광민, 김광명, 김교종호, 김경호, 김경일, 김경영, 김경숙a, 김경숙b, 김가영, 김가연, 기호철, 기형훈, 기세라, 기선인, 금현진, 금현욱, 금명순, 권회중, 권혜영, 권현영, 권태윤, 권재우, 권자영, 국찬석, 구희숙, 구자숙, 구완회, 구수연, 구본희, 구미숙, 꽹이눈, 광흠, 곽혜영, 곽현주, 곽진경, 곽노현, 곽노근, 곽경미, 공현, 공은미, 공영아, 고춘식, 고진선, 고은정, 고은미, 고융정, 고영주, 고병헌, 고병연, 고민경, 강현주, 강현정, 강현이, 강한아, 강태식, 강진영, 강준희, 강이진, 강은정, 강영일, 강영구, 강얼, 강순원, 강수미, 강수돌, 강성규, 강선희, 강석도, 강서형, 강병용, 강곤, 강경미, 강경모

※ 2018년 2월 7일 기준 1,054명

* 이 책의 본문은 재생 용지를 사용해서 만들었습니다.
* 자원 재활용을 위해 표지 코팅을 하지 않았습니다.